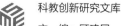

科教创新研究文库

主　编：顾建民
副主编：吴　伟

学术型硕士生
培养现状研究

The Current Situation of
Academic Master's training in China

高　耀　等　著

上海交通大学出版社
SHANGHAI JIAO TONG UNIVERSITY PRESS

内容简介

　　学术型硕士生由于其培养目标、职业定位的模糊性和学术训练的预备性,在研究生教育领域中是一个相对特殊且在相关研究中容易被忽视的群体。本书聚焦学术型硕士生群体,从"以学生为中心"的内部视角探讨学术型硕士生的选拔方式、课程教学、导师指导、科研训练、心理焦虑等不同维度的就读体验,并对代表性学科学术型硕士生的学位论文质量和初次就业状况进行专门分析,旨在从学科差异的视角全面、深入揭示我国学术型硕士生的培养及就业状况,探究学术型硕士生培养过程中存在的典型问题并寻找破解之道。

　　本书适合研究生教育政策制定者、管理者、高等教育研究者、研究生群体以及关心中国学位与研究生教育的读者大众阅读。

图书在版编目(CIP)数据

　　学术型硕士生培养现状研究/高耀等著.一上海:
上海交通大学出版社,2024.5
　　ISBN 978-7-313-30655-5

　　Ⅰ.①学… Ⅱ.①高… Ⅲ.①研究生教育-人才培养
-研究-中国　Ⅳ.①G643

　　中国国家版本馆 CIP 数据核字(2024)第 086995 号

学术型硕士生培养现状研究
XUESHU XING SHUOSHISHENG PEIYANG XIANZHUANG YANJIU

著　　者:	高耀　等		
出版发行:	上海交通大学出版社	地　　址:	上海市番禺路 951 号
邮政编码:	200030	电　　话:	021-64071208
印　　制:	苏州市越洋印刷有限公司	经　　销:	全国新华书店
开　　本:	710mm×1000mm　1/16	印　　张:	20.5
字　　数:	328 千字		
版　　次:	2024 年 5 月第 1 版	印　　次:	2024 年 5 月第 1 次印刷
书　　号:	ISBN 978-7-313-30655-5		
定　　价:	78.00 元		

总　序

这是一个充满变数、急剧变革的时代。人类正经历百年未有之大变局,新一轮科技革命和产业变革正在重塑经济社会发展格局和人类生活面貌。大学当然不会置身事外。正如工业革命需求催生一大批新兴大学,进而倒逼古典大学在办学理念、学科设置、学术范式、培养模式上产生巨大革新一样,当前的大学也正面临着前所未有的挑战,经历着更加深刻、更为全面的变革。

从挑战的角度来看,如今对于大学在社会发展全局中的地位的认识似乎开始模糊起来。一方面,我们常说,随着经济社会的不断发展,大学已经远离象牙塔而走向社会的中心,日益成为社会的轴心机构;另一方面,对于大学还能否扮演社会发展中知识发源地、创新发动机的角色,已有不少怀疑的目光。究其原因,从根本上说,是人类面临挑战的日趋复杂化对大学发展提出了更为迫切和更为高端的需求。

就科技创新而言,很多发现、发明并非首先出现在大学,甚至与大学没有直接关系。大学在有组织研究和重大成果产出上,不断面临来自领军型企业、一流科研机构的挑战。

就人才培养而言,虽说是大学最核心、最传统的功能,一时半会尚难被其他社会机构所完全替代。但不容忽视的事实是,许多新兴科教机构已经抛开了传统的物理校园和教育组织体系,在招生与培养方式、课程体系、教学模式等方面进行了颠覆性变革。

再从大学内部的变革实践来看,传统的院系-学科结构正遭遇巨大挑战,跨学科、交叉学科机构和平台大量涌现,科学研究的范式和组织体系正在发生快速变化。以上种种,都说明大学如不顺势而为,勇于变革,真有被其他组织"挤出"

的危险。

"双一流"建设是当前国内影响高等教育系统运行最为强大的政策话语，可以说是吹响了中国高等教育迈向世界一流的冲锋号。核心政策诉求在于，以师资队伍和学科建设为基本抓手，通过一系列改革举措，强化质量和贡献导向，着力实现大学内涵式发展。

实践层面的挑战和变化也深刻影响着高等教育研究。在我看来，深入实践、回应需求、聚焦问题、讲求实证，应该成为高等教育研究必须做出的范式转变。高等教育正在发生着翻天覆地的变化，我们的研究不能只停留在过去，止步于经典，应当更多地关注现实，面向未来，做出更多能够创新理论、影响实践、引领发展的成果。

我们策划科教管理与创新战略研究文库，重要目的之一就是关注和回应迅速发展的实践变革，尝试回答其中的一些学术问题。我们把"科教管理"与"创新战略"合在一起作为丛书名称，体现着实践层面的发展趋势，当然另一方面也是为了有较好的覆盖面。文库聚焦全球视野下的中国科教管理与创新战略，主题涵盖人才培养、"双一流"建设、科技政策、院校管理等，将持续推出新品种，形成相关领域优秀学者成果展示的学术品牌和开放平台。

加入文库的作者，都是国内各大学的中青年骨干教师，长期从事与大学发展相关的学术研究，其中部分人兼有行政职务，具有学术研究与管理实践相结合的天然优势。难能可贵的是，他们当中的许多人有着较为密切的研究合作，并发表过高水平的研究成果。这对于提高著作质量无疑将会有很大帮助。丛书设计策划得到浙江大学中国科教战略研究院吴伟博士和上海交通大学出版社易文娟编辑的大力支持，在此表示衷心感谢。最后，我要感谢各位作者，是他们的不懈努力和严肃认真，使得丛书达到了一个较高的水平。

浙江大学教育学院院长、教授

顾建民

前　言

　　研究生教育肩负着高层次人才培养和创新创造的重要使命，是国家发展和社会进步的重要基石，是应对全球人才竞争的基础布局。当前，我国学位与研究生教育迈入了新时代，要坚持走内涵式发展道路，以"服务需求、提高质量"为主线，不断深化研究生教育体制机制改革，不断统筹推进"双一流"建设，努力将我国建设成为研究生教育强国和人力资源强国。

　　在国家深入推进"双一流"高质量建设重大宏观战略决策部署下，不断提升研究生教育质量并进行质量治理成为"十四五"及未来更长时期我国研究生教育改革中的一个核心议题和前沿课题。2020年召开的全国研究生教育会议精神中明确指出，要深入学习贯彻习近平总书记关于研究生教育的重要指示精神，全面贯彻党的教育方针，落实立德树人根本任务，以提升研究生教育质量为核心，深化改革创新，推动内涵发展。立足新发展阶段、贯彻新发展理念、服务构建新发展格局，不断促进我国研究生教育高质量卓越发展是一项系统、重要且紧迫的核心任务。

　　一般而言，研究生教育从纵向上可以分为硕士生教育和博士生教育两个层次，从横向上可以分为学术学位和专业学位两大类型，横向和纵向交叉可将研究生划分为学术型硕士、学术型博士、专业型硕士和专业型博士四大类。由于培养定位、培养目标、培养方式、培养过程等方面的差异，这四大类基本划分是理解我国研究生教育"复杂图景"的初始切入口，有必要分别进行研究。介于本科生和博士生之间的学术型硕士生是一个相对特殊的群体：一方面，与专业型硕士生相比，学术型硕士生的培养目标和职业定位相对模糊；另一方面，与博士生相比，学术型硕士生的学术训练又属于"预备阶段"或"准备阶段"。在既往相关研究中，专门聚焦于学术型硕士生群体培养状况的研究成果较为缺乏,也不是非常系统和全面。

对研究生的培养状况进行分析,一般可以从外部视角和内部视角展开。所谓外部视角,主要指的是研究生的培养规模、培养结构、培养条件等,这种视角一般不涉及研究生培养的微观过程及研究生的主观就读体验。所谓内部视角,主要指通过对研究生培养的过程和研究生的就读体验展开调查和访谈,从"以研究生为中心"的视角切入,对研究生培养状况进行更全面和细致的分析。本书中的分析主要从"以研究生为中心"的内部视角展开分析,在对研究生在读期间的就读体验进行调查和访谈的基础上,更加深入细致了解我国学术型硕士生的培养状况及其内部呈现的差异,并提出针对性的政策建议和改进策略。从研究生的内部视角出发,详细了解研究生群体的实际就读体验和感受,掌握研究生对培养过程看法的第一手信息资料,其价值是从其他渠道获取的有关信息所无法替代的。

本书聚焦学术型硕士生群体,从"以学生为中心"的内部视角探讨学术型硕士生的选拔方式、课程教学、导师指导、科研训练、学术论文发表、心理焦虑等不同维度的就读体验,并对代表性学科学术型硕士生的学位论文质量和初次就业状况进行专门分析,旨在从学科差异的视角全面、深入揭示我国学术型硕士生的培养及就业状况,探究学术型硕士生培养过程中存在的典型问题并寻找破解之道。此外,本书还对硕士学位授权点建设过程中存在的典型问题进行了分析和讨论。

在过去的十多年中,专业学位研究生教育迅速崛起,其以促进经济社会发展为目标,为各行各业培养了大量的高级专业人才,成为我国社会经济持续发展的重要支柱。随着专业学位研究教育的迅速崛起,我国研究教育的整体格局发生了重大的变化,从学术人才培养为主转向兼顾学术人才和专业人才的新培养模式,这是我国研究生教育发展过程中的一次重要转型。专业学位研究生教育的(规模、结构)发展重新定义了研究生教育的功能和定位,对研究生教育的模式、培养目标、学科知识体系、师资要求以及质量观都提出了新的要求、机遇和挑战。顺应研究生教育的转型趋势,积极探索符合两类研究生教育发展规律的培养制度和培养模式,不断增强研究生教育的整体活力和韧性,是未来需要继续探索和实践的重大课题。

　　本书通过对学术型硕士生就读体验的反馈信息进行总体描述和细致分析，以把握我国学术型硕士生培养的整体情况，力图为进一步改进和不断提升学术型硕士生培养质量提供有价值的启示。本书适合研究生教育政策制定者、管理者、高等教育研究者、研究生群体以及关心中国学位与研究生教育的读者大众阅读，也可以用作高等教育学、教育经济与管理、研究生教育学等相关学科研究生的研读材料。

目 录

图目录

表目录

第一章
导论

　　研究生教育肩负着高层次人才培养和创新创造的重要使命,是国家发展和社会进步的重要基石,是应对全球人才竞争的基础布局。一般而言,研究生教育从纵向上可以分为硕士生教育和博士生教育两个层次,从横向上可以分为学术学位和专业学位两大类型,横向和纵向交叉可将研究生划分为学术型硕士、学术型博士、专业型硕士和专业型博士四大类。由于培养定位、培养目标、培养方式、培养过程等方面的差异,这四大类基本划分是理解我国研究生教育"复杂图景"的初始切入口,有必要分别进行研究。学术型硕士生由于其培养目标、职业定位的模糊性和学术训练的预备性,在研究生教育领域中是一个相对特殊且在相关研究中容易被忽视的群体。

第一节　研究问题的提出

　　随着中国经济迈入高质量发展的新阶段,研究生教育须加快培养高层次创新人才,为经济社会发展提供有力支撑[1]。为进一步加强高层次创新人才培养,2020 年 7 月我国首次召开了全国研究生教育会议,提出全面提升研究生教育质量、推动内涵式发展的新要求。教育部、国家发展改革委和财政部《关于加快新

---

[1] 中国学位与研究生教育发展年度报告课题组.中国学位与研究生教育发展年度报告(2019)[M].北京:社会科学文献出版社,2021:2.

时代研究生教育改革发展的意见》中明确指出,要坚定走内涵式发展道路,以立德树人、服务需求、提高质量、追求卓越为主线①。在上述背景下,不断提升研究生培养质量并进行质量治理成为新时期我国研究生教育改革发展中的一个核心议题。

介于本科生和博士生之间且作为"过渡性学位教育"的学术型硕士生是一个相对特殊的群体。② 一方面,与专业型硕士生相比,学术型硕士生的培养目标和职业定位相对模糊;另一方面,与博士生相比,学术型硕士生的学术训练又属于"预备阶段"或"准备阶段"③。图 1-1 显示,2013 年之前,我国硕士生培养规模持续扩大,2013 年之后,专业型硕士生培养规模持续扩张而学术型硕士生培养规模基本保持稳定。在培养质量要求不断提高的新形势下,各级层面相关政策的制定需要有充分的论据支撑,特别是需要来自学生对培养过程的就读体验作为参考。因此,这一群体的培养现状和存在问题亟待开展专门的调查研究。

对研究生的培养状况进行分析,一般可以从外部视角和内部视角展开。所谓外部视角,主要指的是研究生的培养规模、培养结构、培养条件等,这种视角一般不涉及研究生培养的微观过程及研究生的主观就读体验。所谓内部视角,主要指对研究生培养的过程和研究生的就读体验展开调查和访谈,从"以研究生为中心"的视角切入,对研究生培养状况进行更全面和细致的分析。本书中的分析主要从"以研究生为中心"的内部视角展开分析,在对研究生在读期间的就读体验进行调查和访谈的基础上,更加深入细致了解我国学术型硕士生的培养状况及其内部呈现的差异,并提出针对性的政策建议和改进策略。

开展研究生学情调查的意义就在于可以从研究生的内部视角出发,了解他们的实际就读体验和感受,掌握研究生对培养过程看法的第一手信息,其价值是从其他渠道获取的有关信息所无法替代的。正因为如此,许多国家都将开展大规模研究生学情调查作为了解研究生培养质量现状、为政府提供决策依据和重

---

① 教育部 国家发展改革委 财政部关于加快新时代研究生教育改革发展的意见[EB/OL]. (2020-9-21)[2022-3-10] http://www. moe. gov. cn/srcsite/A22/s7065/202009/t20200921_489271. html.
② 王传毅,王瑜琪,杨佳乐. 重思硕士培养定位:争论与可能[J]. 清华大学教育研究,2019(2):115-125.
③ 高耀,杨佳乐,沈文钦. 学术型硕士生的科研参与、科研产出及其差异——基于 2017 年全国研究生离校调查数据的实证研究[J]. 研究生教育研究,2018(3):36-44.

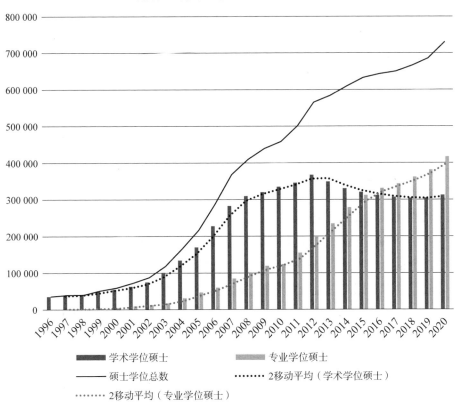

图 1-1　我国硕士学位授予规模变化情况

要手段[1][2][3]。

　　本书的研究重点是对学术型硕士生就读体验的反馈信息进行总体描述和细致分析，以把握我国学术型硕士生培养的整体情况，力图为进一步改进和不断提升学术型硕士生培养质量提供有价值的启示。

---

① 陈洪捷,等.博士质量:概念、评价与趋势[M].北京:北京大学出版社,2010:15-39.

② 袁本涛,王传毅,赵琳.解码研究生科研体验调查:基于澳、英的比较分析[J].现代大学教育,2015(3):70-77.

③ 杨佳乐,高耀,沈文钦,李敏.国外博士生调查主要调查什么?——基于美、英、澳、日四国问卷的比较分析[J].研究生教育研究,2017(6):90-95.

第二节　研究意义

本书的研究意义可以从理论意义和应用价值两个层面进行呈现。

理论意义主要体现在以下方面：

其一，实现对我国学术型硕士生培养状况的评估由宏观层面走向微观层面，将研究生的体验和感知贯穿培养状况评价始终，从而更加丰富对研究生培养状况评价的理论内涵。本书基于大规模调查数据和针对性访谈素材对我国学术型硕士生的微观培养过程和核心观测方面进行多维度呈现，有助于丰富学界对研究生培养状况评价的理论内涵。

其二，构造包括"入口‐过程‐出口‐条件"在内的分析框架，可以为研究生培养状况评估及培养质量提升提供一个更为综合可行的解释框架。既往对研究生培养状况的分析缺乏多层面、多维度的综合视角的解释框架，本书分析中，除了从"入口‐过程‐出口"全过程视角展开分析之外，还将硕士学位点建设情况这一重要的硕士生培养载体和基本条件纳入分析框架，从而为研究生培养状况评估及培养质量提升提供一个更为综合可行的解释框架。

其三，阐释学术型硕士生培养状况的影响因素、影响机理及作用机制，有助于深入揭示影响研究生培养状况的深层次原因、相互影响关系，从而为更具针对性政策建议的提出奠定基础。

应用价值主要体现在以下方面：

其一，有助于进一步提升我国研究生培养质量内部保障体系和外部质量监督体系建设效果。本书不仅可以为培养单位和硕士学位授权点有针对性地调整学术型硕士生培养理念、培养目标及培养方案提供持续改进的方向，从而有助于完善硕士生教育内部质量保障体系，还可以为政府相关职能机构完善硕士生教育质量评估、改进硕士生教育质量考核机制等提供政策建议，从而有助于提升硕士生教育外部质量监督体系建设效果。

其二，可以为政府决策部门和培养单位提供具有可操作性的学术型硕士生培养机制改革综合方案。近年来，为保障和提升我国硕士生培养质量，政府和高校层面进行了一系列改革举措。通过本书的系统研究，不仅可以检测改革的实际效果,还可以为我国未来学术型硕士生教育改革方向与改革举措提供直接的政策依据,进一步明确我国研究生教育治理路径调整的新方向。

第三节　章节结构

本书共包括十一章,除导论外,章节安排和主要内容如下:

第二章根据调查数据,从"以研究生为中心"的视角对学术型硕士生的总体培养状况进行分析,涉及的分析维度包括学术型硕士生对在读期间的导师指导情况、课程教学情况、课题参与情况、学术交流与同伴交往情况、院系管理服务情况、奖助支持情况、院校认同及专业认同情况、心理情绪状况、读研收获情况及学术型硕士生教育中亟待改进方面等。在对调查结果进行全面呈现的基础上展开相关讨论,对我国学术型硕士生的总体培养状况进行初步呈现。

第三章从学术型硕士生的入口切入,探讨不同招生选拔方式之间的培养效果呈现的差异性。主要试图回答如下两个基本问题:第一,推免生与统考生培养效果之间有何差异? 第二,进一步将推免生群体细分为外推生和内推生两种主要类型,这两类群体之间的培养效果有何差异? 本章的分析内容可以为我国硕士生招生选拔方式的完善提供实证依据和政策参考。

第四章聚焦课程评价,根据调查数据探讨学术型硕士生对课程结构设置、课程教学评价满意度现状及其影响因素,期望更加深入地探讨目前学术型硕士生教育在课程结构设置、不同课程结构教学质量评价等方面存在的典型问题,并在此基础上提出相关政策建议。

第五章聚焦导师指导,根据调查数据分析学术型硕士生的导师指导状况。主要回答如下问题:第一,目前我国学术型硕士生导师群体呈现何种特征? 第二,学术型硕士生对导师指导的满意程度如何? 第三,不同院校、不同学科及不同个体特征的研究生群体对导师指导的满意度呈现何种差异性?

第六章对学术型硕士生在读期间的科研训练状况进行分析。主要回答如下问题:第一,目前我国学术型硕士生在读期间的科研参与情况和科研产出情况如何? 第二,不同院校、不同学科及不同个体特征之间又存在何种差异? 第三,培养单位的论文发表规定对学术型硕士生的科研训练会造成何种影响?

第七章对论文发表激励与学术型硕士生的能力增值之间的影响关系进行探讨。主要回答如下问题：第一，论文发表行为与发表规定对硕士生不同维度上的能力增值会产生何种影响？第二，这种影响在人文学科、社会科学及自然科学中存在何种异质性？第三，细分发表类型后的国内论文发表经历和国际论文发表经历对硕士生不同维度上的能力增值自我评价的影响存在何种差异？第四，论文发表规定与论文发表经历的不同组合情况之间的硕士生能力增值自我评价存在何种差异？

第八章对学术型硕士生在读期间的心理焦虑状况进行探讨。主要回答如下问题：第一，学术型硕士生在读期间的焦虑程度如何？哪些院校和哪些学科硕士生的焦虑程度更为严重？第二，学术型硕士生的焦虑主要来源于哪些方面？焦虑来源在不同院校和不同学科间存在何种差异性？学术型硕士生缓解焦虑的途径主要包括哪些？第三，学术型硕士生高焦虑体验的典型样态是什么？第四，导生互动有助于缓解学术型硕士生的焦虑吗？

第九章对学术型硕士生的学位论文状况及其存在的典型问题进行探讨。主要回答如下问题：第一，学术型硕士生学位论文选题源于何处？学术型硕士生在撰写过程中对困难的感知度如何？存在何种差异？第二，学术型硕士学位论文整体质量状况如何？在不同学科之间呈现何种差异？第三，学术型硕士学位论文在不同个体特征之间呈现出何种差异性？第四，学术型硕士学位论文中存在哪些典型问题？

第十章对学术型硕士生的升学和初次就业状况及其影响因素进行探讨。主要回答如下问题：第一，学术型硕士生升学和就业机会状况如何？不同影响因素对升学和就业选择分别会产生何种影响？第二，学术型硕士生初次就业工作单位选择呈现何种特征？不同影响因素对初次就业单位选择会产生何种影响？第三，学术型硕士生初次就业满意度如何？哪些因素对初次就业满意度会产生显著影响？

第十一章对学术型硕士生培养的载体——硕士学位点建设状况进行专门分析，期望为进一步保障和提升学位点质量和研究生教育质量及促进学位点内涵建设提供参考。本章分析涉及的维度包括学科布局与特色、师资结构与质量、培养过程与效果、质量保障和支撑四个核心范畴和十个具体方面，并在此基础上提出相关政策建议。

第二章
学术型硕士生的总体培养状况

本章将采用全国层面的离校调查数据对学术型硕士生的总体培养状况进行全面呈现,涵盖的分析维度主要包括学术型硕士生对在读期间的导师指导情况、课程教学情况、课题参与情况、学术交流与同伴交往情况、院系管理服务情况、奖助支持情况、院校认同及专业认同情况、心理情绪状况、读研收获情况及学术型硕士生教育中亟待改进等方面。在对调查结果进行全面呈现的基础上展开相关讨论,从而对我国学术型硕士生的总体培养状况进行初步呈现。[①]

第一节 调查设计与数据收集

本调查的目的是对学术型硕士生培养的全过程进行质量评价和问题诊断,具体的调查问题将从"输入端""培养过程"和"输出端"三个方面进行问卷调查设计。其中,"输入端"主要包括学术型硕士生的个体背景信息和家庭背景信息;"培养过程"主要为学术型硕士生对培养过程的就读体验进行评价,主要涉及导师指导、课程教学、课题参与、学术交流与同伴交往、管理服务、心理状况等不同方面;"输出端"涉及学术收获、毕业去向等。根据上述调查问卷的框架结构,课

[①] 本章部分内容原载于《学位与研究生教育》,具体参见:高耀,等. 中国学术型硕士生的培养现状与问题——基于 2021 年全国硕士毕业生离校反馈调查的分析,《学位与研究生教育》,2022 年第 8 期,第 27 - 37 页。

题组在参考已有调查问卷的基础上编制了《学术型硕士毕业生调查问卷》,作为调查工具。

　　本次调查的对象为即将毕业离校的学术型硕士生群体,在抽样上采取了分层随机抽样的方式,以尽量保证调查样本的代表性。根据上述调查抽样设计,本次调查采用了网络调查的方式,调查的开展时间为 2021 年 5 月至 7 月,最终获得了全国范围内 338 所研究生培养单位的调查数据,共计回收调查问卷 70 318份,问卷回收率为 44.3％,在剔除填答时间过短、填答内容明显不合理的问卷后,共获得 69 387 份有效问卷,问卷有效率为 98.68％。经检验,问卷具有很好的信度和效度,并且调查样本在地区分布和学科分布上也基本符合全国的总体情况。表 2-1 为调查样本的基本背景信息。从入学方式来看,本次调查中普通招考方式制入学群体占比为 79.65％,推荐免试制入学群体占比为 20.35％。从读博意愿来看,根据学生的自我报告,有 84.13％的群体表示毕业后不继续读博。

表 2-1　调查样本的基本背景信息

变量	分类	人数	比例(％)	变量	分类	人数	比例(％)
性别	男性	27 383	39.96	学科类型	人文	9 181	13.24
	女性	41 144	60.04		社科	17 604	25.39
入学方式	普通招考	55 259	79.65		理学	11 034	15.91
	推荐免试	14 119	20.35		工学	21 974	31.69
院校类型	一流大学建设高校	18 484	26.65		农学	3 238	4.67
	一流学科建设高校	23 323	33.63		医学	6 300	9.09
	中科院和社科院系统	1 650	2.38	读博意愿	读博	11 011	15.87
	其他高校	25 903	37.35		不读博	58 376	84.13

注:部分变量信息有少量缺失值,百分比数据指的是排除缺失值后的有效百分比。

第二节　总体培养情况调查结果

一、学术型硕士生与导师交流的频率以及对导师的评价

对学术型硕士生导师群体特征的调查结果显示,从导师性别结构来看,学术型硕士生导师在总体上以男性导师(68.38%)为主,女性导师所占比例为31.62%;从导师年龄结构来看,学术型硕士生导师群体的年龄范围大多集中在"36~45 岁之间"(39.15%)和"46~55 岁之间"(37.03%);从导师选择方式来看,绝大部分(84.89%)的学术型硕士生通过自主选择确定导师,有 15.11%的群体则由院系指派(含调剂)而确定导师;从导师指导方式来看,65.05%的群体采用的是单一导师制,34.95%的群体采用的是导师指导小组联合指导制。

学术型硕士生与导师的交流频率见图 2−1 所示。可以看出,学术型硕士生

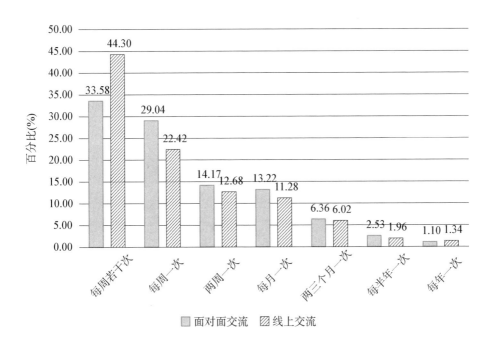

图 2−1　学术型硕士生与导师面对面或线上交流的频率

与导师的交流频率较高,超过 60% 的人能每周至少与导师面对面或线上交流一次,超过 70% 的人能每两周至少与导师面对面或线上交流一次,超过 90% 的人能每个月至少与导师面对面或线上交流一次。

图 2-2 为学术型硕士生对导师各方面的评价结果。整体而言,学术型硕士生对导师各方面的评价较高,尤其是对"导师的师德师风很好"(4.44)这一表述的认同程度最高,其次对"导师能够和学生平等进行学术交流"(4.34)、"送审前导师认真阅读了我的论文,进行了质量把关"(4.32)、"导师的学术水平很高"(4.30)、"整体上对导师指导很满意"(4.29)等表述的认同程度也较高,这表明,学术型硕士生对导师的职业素养、学术水平及指导效果非常认可。

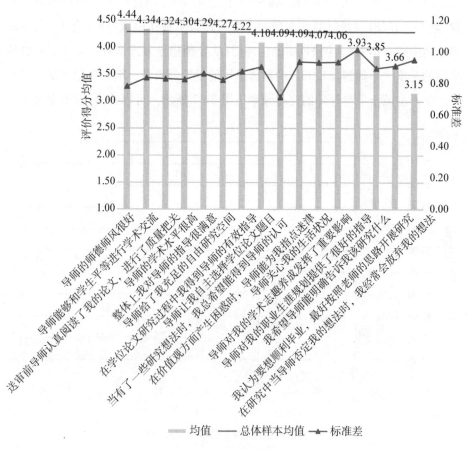

图 2-2　学术型硕士生对导师的分维度评价

二、学术型硕士生对课程结构和教学质量的评价

图 2-3 为学术型硕士生对不同结构课程质量的评价情况。学术型硕士生对各类课程质量的评价得分在 3.45～3.74 之间。整体而言,学术型硕士生对思政类课程质量的评价最高,其次为外语类课程和专业基础课程,而对实践类课程、跨学科课程、研究方法类课程及专业前沿课程这四大类课程质量的评价相对较低。结合课程结构数量设置合理性的调查结果可知,学术型硕士生认为实践类课程、跨学科课程、研究方法类课程及专业前沿课程等四类课程既存在开课数量偏少,也存在开课质量不高的"双重挑战"。

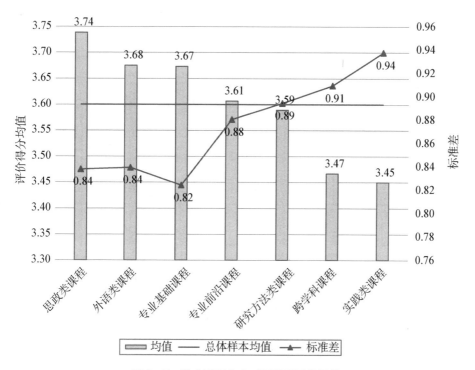

图 2-3　学术型硕士生对课程质量的评价

图 2-4 为学术型硕士生对课程教学体验的评价。从均值得分来看,学术型硕士生对"教师对课程教学准备充分"(3.98)和"整体上对修读课程很满意"(3.91)这两项表述的认同程度较高,这表明,学术型硕士生对任课教师的教学态

度及教学准备情况较为认可,对课程教学的整体满意度处于中等偏上水平。学术型硕士生对"开设课程的选择面非常广泛"(3.86)、"硕士课程与本科课程有很好的区分度"(3.82)、"硕士生能够方便地选修跨院系课程"(3.64)等有关课程覆盖面、区分度及跨学科课程等方面相关表述的认同程度居中,这表明,学术型硕士生认为目前课程的覆盖面、区分度、选修便利性、跨学科性等方面仍然有提升的空间。学术型硕士生对"经常在课堂上积极发表观点"(3.48)、"经常与任课教师讨论问题"(3.45)及"课业压力很大"(3.11)等有关自己课程表现方面相关表述的认同程度较低,这表明,学术型硕士生认为目前所授课程的课业压力和挑战度仍有较大的提升空间,课程教学中的师生互动仍有进一步提升的空间。

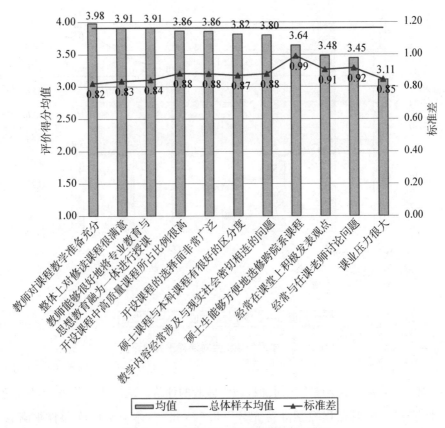

图 2-4　学术型硕士生对课程教学的评价

三、学术型硕士生的课题研究体验

关于课题参与数量和主持数量的调查题目为"您在读研期间主要参与的课题总数是＿＿＿项"，其中自己主持的课题＿＿＿项"。如图 2-5 所示，83.56％的学术型硕士生在读期间都参与过课题，其中参与 1 项课题的学术型硕士生占比最多，为 31.28％，其次是参与 2 项课题的比例，为 27.63％。对于主持课题的数量，共计 31.59％的学术型硕士生在读期间自己主持过课题，有68.41％的群体在读期间并未主持过课题。

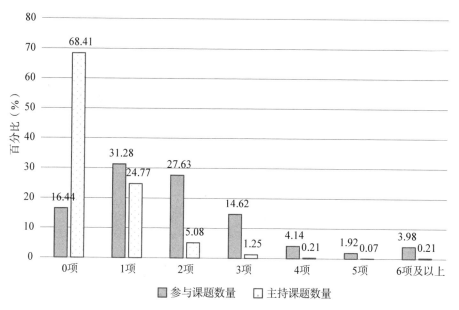

图 2-5　学术型硕士生就读期间参与课题和主持课题的数量

学术型硕士生对课题研究体验的评价见图 2-6。整体上学术型硕士生对课题研究过程和课题研究满意度的评价相对较高，评价得分均值为 3.94。具体来看，学术型硕士生对"投入时间最多课题与学位论文密切相关"(4.10)、"课题研究过程中经常得到有效指导"(4.09)和"经常与课题组成员进行深入交流"(4.06)三个维度上的评价得分表现较高，对"课题申请过程公平公正"(3.89)和"参与课题符合个体研究兴趣和意愿"(3.89)的评价居中，而对院系提供的课题申请机会的评价得分最低，为 3.62。

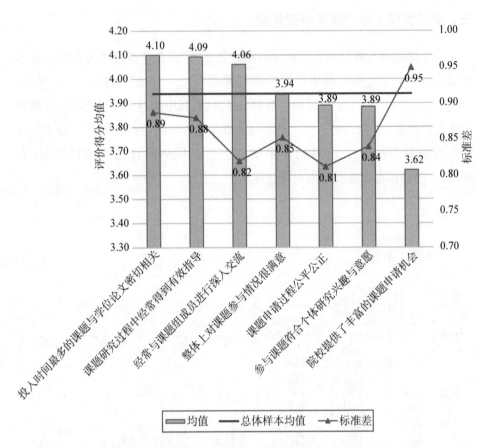

图 2-6　学术型硕士生对课题研究体验的评价

四、学术型硕士生对学术交流与同伴交往的评价

本次调查结果显示,从参加学术会议情况来看,整体而言,学术型硕士生在读期间没有参加过任何学术会议的比例不足两成,有超过八成的学术型硕士生群体在读期间均参加过数量不等的各类学术会议。从出国(出境)学习经历来看,有 95% 左右的学术型硕士生群体在读期间没有任何出国(出境)的学习经历,而仅有 5% 左右的群体在读期间有过出国(出境)学习的经历。

图 2-7 为学术型硕士生对学术交流与同伴交往情况的评价。从评价得分均值来看,学术型硕士生对在读期间的学术交流与同伴交往的评价较高,特别是

对硕士期间同伴交往情况的满意程度达到 4.15,对"有很好的学习同伴的理解和鼓励"问题上的评价得分也高达 4.13,这表明,同伴支持在学术型硕士生就读过程中发挥着较为重要的积极作用。

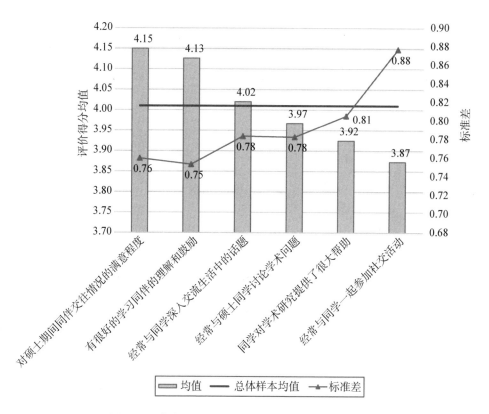

图 2‑7 学术型硕士生对学术交流与同伴交往的评价

五、学术型硕士生对院系管理服务和关键培养环节的评价

图 2‑8 为学术型硕士生对院系管理服务的评价。从评价得分均值来看,学术型硕士生对院系在招生(4.23)、资格考核(4.18)及论文开题(4.17)三个方面提供的管理服务评价满意度最高,对院系开展的文体活动(3.95)、各项通知的及时性和准确性(3.95)、院系提供的就业指导服务(3.95)三个方面的评价满意度居中,而对院系提供的心理健康咨询服务的专业性(3.93)和学生申诉渠道的安全有效性(3.85)方面的评价满意度相对居后。

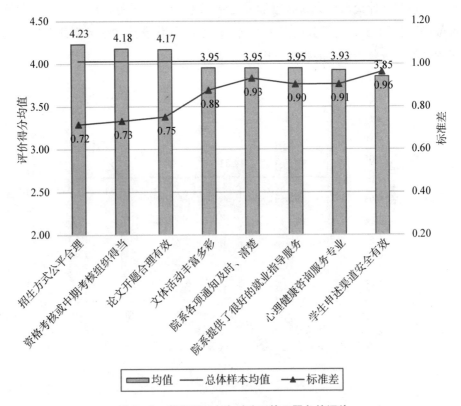

图 2-8   学术型硕士生对院系管理服务的评价

图 2-9 为学术型硕士生对招生方式、资格考核或中期考核、学位论文开题、学位论文预答辩、学位论文送审及答辩等关键培养环节执行严格程度的评价。从评价得分均值来看,学术型硕士生认为培养单位对关键培养环节的执行力度非常严格,均值为 4.19。细分培养环节来看,学术型硕士生认为培养单位在学位论文送审(4.37)和学位论文答辩(4.33)环节的执行力度最为严格,而对招生选拔方式(4.14)、学位论文预答辩(4.12)、学位论文开题(4.10)及资格考核或中期考核(4.09)等环节的执行力度也较为严格。这充分表明,目前我国研究生培养单位均非常重视学术型硕士生的培养和管理,特别是围绕学位论文撰写过程的考核和要求均非常严格,这对保障研究生培养质量发挥着至关重要的作用。

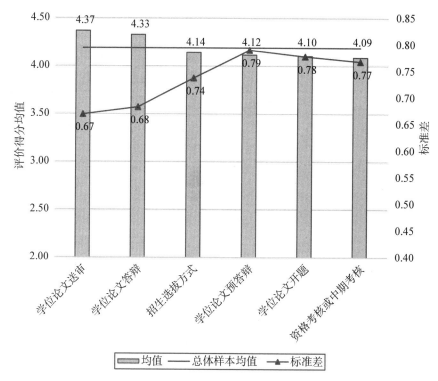

图2-9 学术型硕士生对关键培养环节执行严格程度的评价

六、学术型硕士生对奖助支持和培养条件的评价

图2-10为学术型硕士生对奖助支持和培养条件的评价。从奖助支持情况来看,学术型硕士生对奖助学金的评审过程(4.03)、评价结果(3.97)及奖学金的评选标准(3.93)的评价较高,而对学校提供资助渠道的丰富程度(3.75)和奖助学金能够满足生活需要(3.49)两个方面的评价相对较低。另外,学术型硕士生整体上对奖助体系满意程度的评价处于中等偏上水平,评价得分均值为3.90。

从培养条件来看,学术型硕士生对培养单位提供的图书及电子文献资源的保障程度(4.12)评价较高,而对培养单位提供的硬件条件及科研设备支持研究(3.89)和学校提供的住宿条件(3.74)方面的评价相对较低。另外,学术型硕士生整体上对院校提供的硬件条件满意程度的评价处于中等偏上水平,评价得分均值为3.91。

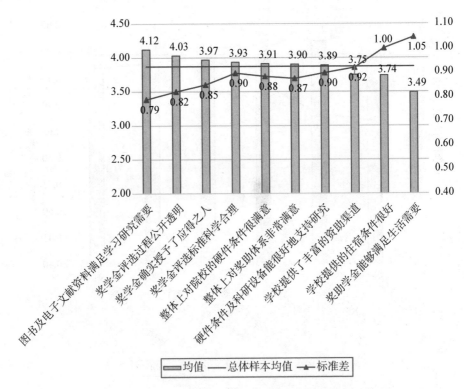

图 2-10　学术型硕士生对奖助支持和培养条件的评价

七、学术型硕士生的归属感、院校认同和专业认同感评价

本章中的归属感指的是研究生对努力取得硕士研究生身份的认可程度和亲密感受。课题组设置了"如果可以重新选择,您还会选择读研吗?"这一问题,若选"是",则继续回答如下三个子问题:"还会选择同一院校"、"还会选择同一专业"和"还会选择同一导师",希望通过上述问题的调查了解学术型硕士生的归属感及认同感。选项采用了从"非常不符合"到"非常符合"的 5 级计分方式。

调查结果显示,在重新选择的情况下,有 89.16% 的群体依然会选择读研,有 10.84% 的群体不再选择读研。在还会选择读研的群体中,学术型硕士生中"还会选择同一个导师"的得分较高,为 3.86,而"还会选择同一个专业"和"还会选择同一所院校"的评价得分分别为 3.64 和 3.51。

在上述调查的基础上,课题组继续通过设置相关问题对学术型硕士生读研期间的专业认同感评价进行了调查,结果见图 2-11。调查结果显示,学术型硕士生对专业认同的不同维度按照赋值得分均值由高到低排序依次为:知道所学专业对学习者能力的要求(4.06)、经常阅读与所学专业相关的资料(4.02)、了解所学专业的就业或升学情况(4.00)、积极参加和所学专业相关的活动(3.94)、乐意一直从事与所学专业相关的工作(3.86)、没有想过要更换专业(3.57)。

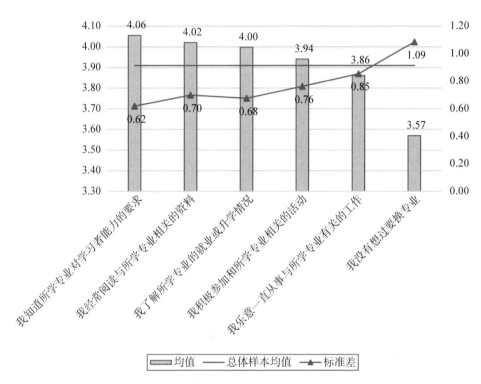

图 2-11 学术型硕士生对读研期间的专业认同感评价

八、学术型硕士生的情绪及心理状况评价

面对学术导向型的培养目标和日益严格的培养要求,学术型硕士生的情绪及心理状况也亟待关注。图 2-12 的调查结果显示,整体来看,学术型硕士生经常感到很充实、很快乐的评价得分接近"比较符合",而经常感到很焦虑、烦躁的评价得分为"一般",经常感到孤独、经常失眠的评价得分介于"比较不符合"和"一般"之间。这表明,学术型硕士生在读期间的情绪和心理状况总体上

较为积极、乐观和自信。此外,课题组还对学术型硕士生在读期间的焦虑程度（用 0—100 分进行测量）进行了调查,结果显示,焦虑程度的总体得分均值为51.70 分。

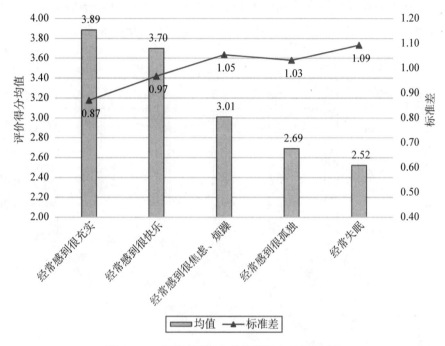

图 2‑12   学术型硕士生的情绪及心理状况评价

九、学术型硕士生对读研期间收获和进步的评价

学术型硕士生对读研期间的收获和进步的评价结果如图 2‑13 所示。调查结果显示,学术型硕士在读期间学术收获提升程度较大的方面集中在对中国当前发展阶段的深刻认识和理解（均值为 4.03）、对中国传统文化的认同感（均值为 4.02）、奉献社会的责任心（均值为 4.01）和对国家大政方针的关注度（均值为 3.99）等方面,这一方面充分表明,研究生教育阶段的学习和训练在学术型硕士生世界观、人生观和价值观塑造过程中发挥着非常重要和关键的基础作用;另一方面也充分表明,我国研究生培养单位和导师在研究生立德树人方面取得了显著成效,培养单位和导师在引导研究生正确认识世界和中国发展大势、正确认识

中国特色和国际比较、正确认识时代责任和历史使命方面的实际培养效果非常突出。而在通用性能力或专用性能力提升方面,整体而言,学术型硕士生也表现出了非常正向和积极的增值和提升。而相比较来看,学术型硕士生对通过硕士阶段的学习和研究,使其职业定位更加清晰程度上的评价相对较低,为3.74。

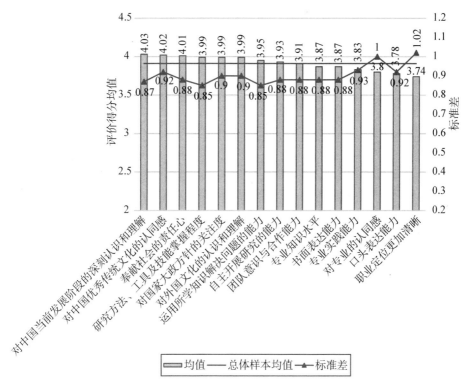

图 2-13　学术型硕士生对读研期间收获和进步的评价

十、学术型硕士生对研究生教育中亟须改革方面的评价

本次调查中,课题组进一步考察了学术型硕士生对我国研究生教育急需改革方面的评价和看法。相关调查问题为:"您认为我国硕士生教育中亟须改革的三件事情分别是(按重要性先后排序)"。待排序的内容包括:"①提高导师对硕士生指导的质量""②提高硕士生待遇""③增加国际学术交流的机会""④取消论文发表的硬性要求""⑤提高硕士生课程的质量""⑥增加对硕士生就业的指导""⑦减轻硕士生的科研压力""⑧其他(请注明)"。

调查结果显示,在被排在第一位的内容中,"提高硕士生待遇"被选择的比例最高,为28.96%。其次是"提高导师对硕士生指导的质量",被选择的比例为28.34%。此外,选择"取消论文发表的硬性要求"(11.90%)、"增加对硕士生就业的指导"(9.17%)、"提高硕士生课程质量"(8.51%)和"增加国际学术交流机会"(7.95%)的比例也相对较高,具体见图2-14。

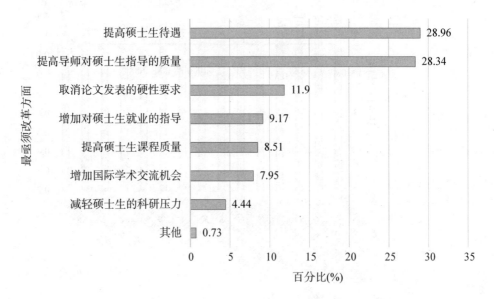

图2-14 学术型硕士生对研究生教育中亟须改革方面的评价

第三节 相关讨论

学术型硕士毕业生对培养过程的主观评价反映了学生的实际就读体验和感受,很大程度上代表了学生对培养过程的真实看法,能够为我国硕士生教育改革提供重要的参考价值。整体来看,学术型硕士毕业生对于导师指导、科研硬件条件与培养环节、读研收获等方面的评价较高,而对课程教学、奖助条件、职业定位方面的评价相对较低。

一、学术型硕士生对导师整体指导效果很满意

整体来看,在满分为 5 的情况下,学术型硕士生对导师指导各维度上的评价得分均值达到 4.29,尤其是对导师的师德师风的评价更是高达 4.44,与导师平等进行学术交流的评价也达到 4.34。相对而言,学术型硕士生对导师在职业生涯规划指导方面的评价相对较低,为 3.93。上述调查结果与自 2012 年起连续开展的全国研究生满意度的最新调查结果非常一致,研究生对指导教师的满意度持续处于较高水平①。尽管如此,培养单位仍需要密切关注导师的指导质量问题。在本次调查中,学术型硕士毕业生虽然对导师指导给出了非常正面的评价,但仍有接近三成的人认为导师指导质量的提升与我国学术型硕士生教育的改善密切相关。这说明在导师指导上还有一些深层次问题需要进一步思考和关注。教育部《关于全面落实研究生导师立德树人职责的意见》中明确指出,导师是研究生培养的第一责任人,同时明确了导师立德树人职责内容②。导师要遵循研究生教育规律,创新研究生指导方式,潜心研究生培养,全过程育人、全方位育人,做研究生成长成才的指导者和引路人。因此,加强导师的指导质量应当始终是我国研究生培养过程中的核心工作和关键抓手,导师应当在具体的培养情境和互动环境中③不断提升指导质量,切实担负起培养高层次创新人才的使命与重任。

二、学术型硕士生对课程结构和教学质量的评价较低

课程学习是我国学位和研究生教育制度的重要特征,是保障研究生培养质量的必备环节,课程教学质量保障是研究生培养质量保障机制的基础④⑤。本次调查结果显示,从课程结构方面来看,学术型硕士生认为目前实践类课程、跨学科课程、研究方法类课程及专业前沿课程等四类课程既存在开课数量偏少,也存

① 周文辉,黄欢,牛晶晶,刘俊起.2021 年我国研究生满意度调查[J].学位与研究生教育,2021(8):11 - 20.
② 教育部关于全面落实研究生导师立德树人职责的意见[EB/OL].(2018 - 1 - 18)[2022 - 3 - 12]http://www.moe.gov.cn/srcsite/A22/s7065/201802/t20180209_327164.html.
③ 彭湃.情境与互动的形塑:导师指导行为的分类与解释框架[J].高等教育研究,2019,40(09):61 - 67.
④ 周文辉,李明磊.基于高校调查的研究生培养质量保障机制研究[J].教育研究,2013(3):59 - 65.
⑤ 罗尧成.我国研究生教育课程体系研究[D].上海:华东师范大学,2005:59.

在开课质量不高的"双重挑战"。从课程教学评价来看,学术型硕士生对任课教师的教学态度及教学准备情况较为认可,而认为课程的覆盖面、区分度、选修便利性、跨学科性、教学过程中的生师互动等方面仍然有提升的空间。研究生教育课程体系建设问题很早就进入了研究者的视野①,相关研究也发现,本硕阶段课程设置存在层次性不明显、前沿性一般等现象②③,研究生课程体系和课程结构有必要不断进行调整和优化。相关研究也表明,提高研究生教育的质量,必须重视研究生课程的层次性。④ 因此,培养单位可以从如下两个方面切入进一步重视和加强课程质量建设:一是要继续调整优化课程结构,特别是不断加大实践类、跨学科类、研究方法类及学科前沿类课程的投入建设力度;二是不断提升课程教学实效,特别要增强教学中的师生互动、明晰课程层次和区分度。

三、学术型硕士生对培养条件和培养环节的评价很高

研究生培养质量的保障不仅需要培养条件、培养环境等软硬件条件提供良好支持,而且需要对关键培养环节进行严格执行才能取得实效。本次调查结果显示,学术型硕士生不仅对培养单位提供的图书及电子文献资料、硬件条件及科研设备等方面的保障程度评价较高,而且认为培养单位对硕士生关键培养环节的执行力度非常严格,这充分表明,目前我国研究生培养单位均非常重视学术型硕士生的培养和管理,特别是围绕学位论文撰写过程的考核和要求均非常严格,这对保障研究生培养质量发挥着至关重要的作用。在奖助支持方面,学术型硕士生对培养单位提供的奖助渠道的丰富程度(3.75)和奖助学金能够满足生活需要(3.49)两个维度上的评价相对较低,而在学术型硕士生教育亟须改革方面,接近三成左右的调查对象选择了提高硕士生待遇。这在一定程度上反映出学术型硕士生资助是我国硕士研究生教育中相对薄弱的环节。随着研究生招生和培养规模的不断扩张,学术型硕士生对奖学金及其他助学岗位申请的竞争程度可能

---

① 谢安邦. 构建合理的研究生教育课程体系[J]. 高等教育研究,2003(5):68-72.

② 刘宁宁. 本硕阶段学生创新能力培养体系衔接现状及其成效研究——基于1464名学术型硕士生的分析[J]. 现代教育管理,2019(1):108-113.

③ 俞婷婕,杨丽婷. 试析地方大学学术型硕士生之学习力:现状、影响因素及提升对策[J]. 浙江师范大学学报(社会科学版),2021,46(6):94-102.

④ 汪霞. 研究生课程层次性设计的改革:分性、分层、分类[J]. 苏州大学学报(教育科学版),2019,7(4):55-64.

会越来越激烈,因此,在扩大招生和培养规模的同时能够确保学术型硕士生的资助渠道和资助水平,是各研究生培养单位需要重视和努力解决的重要问题。

四、学术型硕士生对读研期间的收获进步和能力增值评价很高

研究生培养过程中,立德树人的成效始终是根本任务和首要目标。本次调查结果显示,学术型硕士生读研期间收获和进步提升程度最大的方面主要集中在对中国当前发展阶段的深刻认识和理解(4.03)、对中国传统文化的认同感(4.02)及奉献社会的责任心(4.01)等方面。这充分表明,我国研究生培养单位和导师在研究生立德树人方面取得了显著成效,实际培养效果最为突出。此外,在研究方法、工具及技能掌握、问题解决能力、自主开展研究的能力、团队意识与合作能力、专业知识、沟通表达能力及专业实践能力等通用性或专用性能力提升方面,学术型硕士生也表现出了非常正向和积极的评价。相比较而言,学术型硕士生对经过硕士阶段的学习和研究,其自身职业定位更加清晰程度上的评价相对较低。在学术型硕士生教育亟须改革方面,有接近一成的调查对象选择了"增加对硕士生就业的指导"。从毕业后的读博意愿来看,有接近85%的学术型硕士生表示毕业后不打算继续读博[1][2]。因此,培养单位和导师应更加注重对学术型硕士生开展职业生涯规划和就业方面的指导和帮助,切实增强学术型硕士生的就业能力[3]。

本书尝试对我国学术型硕士生的培养过程进行现状考察和问题诊断,虽然无法揭示出所有问题,但获得的一些发现仍能够对我国硕士生培养质量的改进带来有益的启示和参考。对于培养单位来说,尤为重要的是要能够真正做到以学生为中心,同时兼顾培养目标和培养规律的学科差异[4],切实关心硕士生的发展成长,根据形势的变化对硕士生教育实践进行持续不断的思考和改进。

---

[1] 徐伟琴,岑逾豪."读博"还是"工作"——基于扎根理论的硕士生读博意愿影响机制研究[J].高等教育研究,2021,42(7):67-77.

[2] 牛晶晶,周文辉.谁更愿意读博士——学术型硕士研究生读博意愿影响因素分析[J].中国高教研究,2021(4):82-88.

[3] 高耀,杨佳乐.学术型硕士生初次就业状况及其影响因素——基于2016年全国研究生离校调查数据的实证研究[J].中国人民大学教育学刊,2018(3):82-101.

[4] 袁本涛,杨佳乐,王传毅.变革中的硕士生培养目标:概念、动力与行动[J].学位与研究生教育,2018(12):14-20.

第三章
学术型硕士生的选拔方式效果比较

本章将从学术型硕士生的入口切入，探讨不同招生选拔方式之间的培养效果呈现的差异性。具体而言，本章将回答如下主要问题：其一，推免生与统考生的培养效果有何差异？其二，进一步将推免生群体细分为外推生和内推生两种主要类型，这两类群体的培养效果有何差异？本章的分析内容可以为我国硕士生招生选拔方式的完善提供实证依据和政策参考。[①]

推免全称"普通高等学校推荐优秀应届本科毕业生免试攻读硕士学位研究生"[②]，是我国研究生招生体系的重要组成部分，已成为研究生招生单位选拔人才、扩大招生自主权、完善多元录取机制、提高研究生招生质量的关键举措。自1985年推免政策正式实施以来，具有研究生推免资格的高校数量稳步增加，经过2006年（新增20所）、2008年（新增32所）、2010年（新增50所）和2017年（新增54所）四次新增，截至2022年全国共有366所高校具备推免资格，约占当年本科院校总数的28.82%[③]。2010—2012年，国家又连续三年提高211高校推免比例，推免生规模逐年扩大，在1998年突破1万人，2007年突破5万人，2015年突破10万人，推免生占全国研究生录取比例长期维持在10%～20%。近五年来，我国硕士研究生报考规模大幅增加，屡创新高，2022年达到457万人，较前一年的377

---

① 本章部分内容原载于《复旦教育论坛》，具体参见：杨佳乐，高耀，陈洪捷. 推免政策人才选拔效果评价——基于学术型硕士调查数据的实证研究，《复旦教育论坛》，2022年第6期，第80-87页。
② 直博生不纳入本章研究范围。
③ 根据中国教育在线（https://www.eol.cn/html/ky/gxmd/tm.shtml）公布的《推荐免试高校名单》及教育部公布的《全国高等学校名单》估算得到。

万人增长了 21%[①]。特别是在新冠肺炎疫情冲击下,受国内经济形势下行、就业压力加剧以及国外留学政策收紧等多重因素影响,大批优秀应届本科毕业生选择国内升学,推免竞争更为激烈,推免政策逐渐成为学界及社会各界热议的焦点话题之一。

推免作为我国硕士生统一招生考试的有益补充,在某种程度上类似于本科阶段曾经的自主招生,或是现在的强基计划,都是为避免"一考定乾坤"、提前锁定优秀生源的一种人才选拔手段。目前已有诸多文献探讨自主招生政策的人才选拔效果[②③],为本研究提供了宝贵参考。继 20 世纪末中国本科教育经历大规模扩招后,柯林斯笔下的文凭社会开始上演,学历通胀愈演愈烈,对优质教育机会的竞争也渐从本科层次延伸到研究生教育层次[④⑤],特别是在当前研究生教育扩招背景下,保证研究生教育人才选拔的有效性尤为关键,然而目前还鲜有从全国层面对推免人才选拔效果的系统分析,也未揭示全国范围内外推和内推两种不同推免方式的人才选拔效果。鉴于此,本章力图从推免生与统考生,以及内推生和外推生比较的视角考察推免的人才选拔效果。

第一节　研究假设

中外硕士教育的人才选拔机制存在鲜明差异:中国以考试制为主,辅之以推荐制,因而有统考生和推免生之分;国外虽然也有 GRE、GMAT 等标准化测试,但硕士入学普遍实行申请制,标准化测试成绩只做参考[⑥],所以比较推免生与统

---

① 中国教育在线. 2022 全国研究生招生调查报告[R/OL]. https://www. eol. cn/e_ky/zt/report/2022/index. html.

② 吴晓刚,李忠路. 中国高等教育中的自主招生与人才选拔:来自北大、清华和人大的发现[J]. 社会,2017,37(5):139 - 164.

③ 马莉萍,卜尚聪. 重点大学自主招生政策的选拔效果分析[J]. 北京大学教育评论,2019,17(2):109 - 126+190.

④ Mateos-González J L, Wakeling P. Exploring socioeconomic inequalities and access to elite postgraduate education among English graduates [J]. Higher Education, 2022,83(3):673 - 694.

⑤ Wakeling P, Laurison D. Are postgraduate qualifications the 'new frontier of social mobility'? [J]. The British journal of sociology, 2017,68(3):533 - 555.

⑥ Hu A, Kao G, Wu X. Can greater reliance on test scores ameliorate the association between family background and access to post-collegiate education? Survey evidence from the Beijing College Students Panel survey [J]. Social Science Research, 2020,88:102425 - 102442.

考生表现成为中国情境中检验人才选拔效果的一种可行思路。随着我国研究生教育规模的持续扩张,围绕推免人才选拔有效性的争论也日趋激烈。推免涉及本科院校分配推免资格与硕士院校分配入学机会两个人才选拔环节,本研究聚焦第二环节人才选拔的有效性,并因推免人才选拔的有效性之争主要集中在学术型硕士(以下简称学硕)群体,而学硕与专硕的培养定位各异,因此本研究重点关注学硕推免的人才选拔效果。

国内已有不少学者致力于推免生与统考生的比较研究,但两类群体孰优孰劣却未达成共识。比较南京大学推免生和统考生的学习经历发现,统考生在学习动机、情感准备、学习收获、学习经历评价与学习结果上优于推免生;但二者在深层学习法和学习参与上并无显著差异[①]。基于北京高校学生发展研究生调查数据的比较结果显示,推免生的硕士成绩排名高于统考生,而统考生的科研产出数高于推免生[②]。基于 N 校 568 名硕士生调查数据的分析结果显示,推免生的硕士学业成绩与社会活动能力均高于统考生,但在科研创新能力方面两类群体并不存在显著差异[③]。基于 D 校 15 081 名硕士生的调查数据研究结果表明,推免生的课程成绩与科研产出均优于统考生[④]。N 校 354 名硕士生调查结果证实,在读研学术动机、学术素养和学业成就方面,推免生与统考生均无显著差别[⑤]。全国学术型硕士学位论文抽检结果则表明,推免生的学位论文质量高于统考生。[⑥] 以上研究结论出现分歧的可能原因之一是缺乏具有全国代表性的数据作为支撑,基于某一地区或某一院校调查数据得到的研究结果易受情境特殊性所限,可比性较差。另外,现有文献多将推免视为"铁板一块",忽视了不同推免方式可能造成的潜在影响。

根据本科与硕士院校是否相同可以将推免方式分为内推和外推两种类型,本科与硕士院校相同属内推,不同则属外推。2014 年前,两种推免方式的名额

① 刘娣,吕林海. 追踪选拔后的学习质量:硕士推免生与考研生的学习经历比较——基于南京大学的案例分析[J]. 教学研究,2018,41(4):12-18.
② 郭丛斌,闵维方,刘钊. 保研学生与考研学生教育产出的比较分析——以北京高校硕士研究生为例[J]. 教育研究,2015,36(3):47-55.
③ 曾赛阳. 我国研究生推免制度研究[D]. 南京:南京师范大学,2019:65-68.
④ 李宇航. 推免制度下硕士研究生学业表现的差异研究[D]. 大连:大连理工大学,2021.
⑤ 吴琪. 推免生更优秀吗?[D]. 南京:南京大学,2019.
⑥ 高耀,陈洪捷,杨佳乐. 全国学术型硕士学位论文质量差异研究——基于个体属性特征的视角[J]. 中国高教研究,2017(10):51-56.

分配原则是外推比例不得少于 20%。为留住本校优秀生源,大部分高校将外推比例控制在底线 20% 左右,近 80% 名额用以内推。2014 年教育部印发《关于进一步完善推荐优秀应届本科毕业生免试攻读研究生工作办法的通知》规定,推荐高校要充分尊重并维护考生自主选择志愿的权利,不得将报考本校作为遴选推免生的条件,也不得以任何其他形式限制推免生自主报考,所有推免名额均可向其他招生单位推荐。尽管不再限制内推和外推比例,学界对于这两种推免方式的讨论却仍在持续。支持外推的学者依据 2 495 名院士成长路径数据,发现 80.90% 的院士在不同院校接受本科教育和研究生教育,从而得出外推更有利于人才成长的结论①。如果说从院士成长经历数据倒推外推优于内推可能存在"幸存者偏差",那么基于国内某研究型大学大一至大四本科生学业发展及是否读博数据的一项研究则从另一角度提供佐证,该研究证实内推成为相对保守学生的"备胎选择",虽然内推生本科成绩较高,但学业投入、毕业时解决问题和批判性思维能力却显著低于外推生②。

　　适应理论(Fit Theory)为本研究判断推免人才选拔有效与否提供了分析框架。适应包括人与文化适应(person-culture fit),人与环境适应(person-environment fit)和人与职业适应(person-vocation fit)三个维度③。根据该理论,如果与统考生相比,推免生的各方面表现更适应学硕教育,即可认为推免政策有效。在英美研究生教育体系中,类似学硕的硕士学位通常被视作研究型博士学位的过渡阶段,中国的学位制度也尤为强调学硕的学术性。借鉴适应理论,有效的推免政策应选拔出如下"画像"的学硕:认同学术文化,在入口阶段对学术研究抱有强烈兴趣,即人与学术文化适应;适应学术环境,积极参与培养过程中的科研训练、课程学习环节,并展现出较强的科研水平,即人与学术环境适应;追求学术职业,在出口阶段继续深造攻读博士学位,即人与学术职业适应。尽管读博并不必然意味着会从事学术职业,但鉴于学硕读博的比例仅占一

① 张旭菲,卢晓东.推荐免试研究生"保内"还是"保外"?——基于院士学缘异质性分析的视角[J].现代大学教育,2019(3):26-33+112.

② 牛新春,杨菲,杨滢.保研制度筛选了怎样的学生——基于一所研究型大学的实证案例研究[J].教育发展研究,2019,38(9):1-10.

③ Baker V L, Pifer M J. Antecedents and Outcomes: Theories of Fit and the Study of Doctoral Education [J]. Studies in Higher Education, 2015,40(2):296-310.

成左右①,因而有理由相信继续攻博者更青睐学术职业。遵循此逻辑,如推免人才选拔有效则需满足下述研究假设:

H1:推免生读研的学术动机显著高于统考生;

H2:推免生的科研参与表现显著优于统考生;

H3:推免生的课程参与表现显著优于统考生;

H4:推免生的科研产出表现显著优于统考生;

H5:推免生的读博概率显著高于统考生。

参照适应理论,如外推方式选拔人才比内推有效,则可得到如下研究假设:

H6:外推生读研的学术动机显著高于内推生;

H7:外推生的科研参与表现显著优于内推生;

H8:外推生的课程参与表现显著优于内推生;

H9:外推生的科研产出表现显著优于内推生;

H10:外推生的读博概率显著高于内推生。

综上,本研究基于适应理论,使用更具代表性的全国大规模抽样调查数据,通过对比推免生与统考生、内推生与外推生学术文化适应性、学术环境适应性及学术职业适应性检验上述研究假设,试图回答推免人才选拔有效与否这一核心命题,以期为进一步优化我国研究生推免政策提供实证依据。

第二节　研究设计

一、变量测量与描述统计

本章研究采用 2021 年全国硕士毕业生(学术型)调查数据。自变量包括入学方式和推免方式,推免生赋值为 1,统考生赋值为 0,外推生赋值为 1,内推生赋值为 0。因变量读研学术动机通过题项"您攻读学术硕士学位的动机是对学术研究的兴趣"测量,1—5 依次代表非常不符合到非常符合。学业表现考察科

---

① 高耀,杨佳乐.学术型硕士生初次就业状况及其影响因素——基于 2016 年全国研究生离校调查数据的实证研究[J].中国人民大学教育学刊,2018(3):82-101.

研参与、课程参与和科研产出三个维度,以在读期间主要参与的科研课题数反映科研参与情况;以"我经常积极参与课程学习"的符合程度反映课程参与情况;考虑到学生主观汇报的能力提升由于基准不同使得可比性偏低,本研究并未纳入能力提升变量,而选择相对客观的科研产出,前期研究表明学硕的科研产出近八成是国内外期刊论文[①],故科研产出操作化为在读期间发表的国际国内期刊论文数。是否读博通过毕业去向判断,在国内外继续读博赋值为1,其他去向赋值为0。

其他影响因变量的潜在因素作为控制变量,涵盖学生个体特征、教育背景特征和家庭背景特征。学生个体特征包括性别和年龄。教育背景特征包括本科院校层次、硕士专业、硕士院校类型和地域。本科院校层次分为一流大学建设高校、一流学科建设高校和双非高校[②],依次赋值3—1。硕士就读专业分为人文艺术、社会科学和自然科学,其中人文艺术包括文学、历史学、哲学和艺术学;社会科学包括经济学、管理学、法学和教育学;自然科学包括理学、工学、农学和医学。硕士院校类型分为一流大学建设高校、一流学科建设高校、中国科学院大学和中国社会科学院大学(以下简称中科院和社科院大学)和双非高校,依次赋值4—1。硕士院校区域分为东部地区、中部地区、东北地区和西部地区,依次赋值4—1。家庭背景特征按照家庭社会经济地位常用测量维度,依次包括父母学历、父母职业和家庭年收入。父母双方均未接受研究生教育即家庭第一代研究生赋值为1,任意一方学历达到研究生层次赋值为0;父母任意一方职业为专业技术人员赋值为1,双方均为其他职业赋值为0;家庭年收入大于15万视为高收入家庭,赋值为1,否则赋值为0。上述各变量的描述性统计结果见表3-1。

表3-1　变量描述性统计($N=64\,802$)

	全样本	推免生	统考生
男性	39.87%	35.68%	40.93%
年龄	27.096	26.497	27.248

---

① 高耀,杨佳乐,沈文钦.学术型硕士生的科研参与、科研产出及其差异——基于2017年全国研究生离校调查数据的实证研究[J].研究生教育研究,2018(3):36-44.

② 鉴于第二轮"双一流"高校名单发布时间晚于本研究数据收集时间,故院校层次划分以首批"双一流"高校名单为准。

（续表）

	全样本	推免生	统考生
本科院校层次			
一流大学建设高校	13.29%	31.14%	8.63%
一流学科建设高校	20.03%	37.22%	15.54%
双非高校	66.68%	31.64%	75.83%
硕士就读专业			
人文艺术	13.17%	12.87%	13.25%
社会科学	25.37%	26.65%	25.05%
自然科学	61.46%	60.49%	61.71%
硕士院校类型			
一流大学建设高校	26.62%	52.07%	20.16%
一流学科建设高校	33.84%	31.04%	34.56%
中科院和社科院大学	2.29%	2.56%	2.23%
双非高校	37.24%	14.33%	43.06%
硕士院校区域			
东部地区	48.27%	57.72%	45.87%
中部地区	19.31%	15.24%	20.35%
东北地区	10.96%	8.43%	11.60%
西部地区	21.46%	18.61%	22.19%
家庭第一代研究生	98.05%	96.89%	98.35%
父母职业为专业技术	26.53%	32.51%	25.01%
高收入家庭	19.24%	25.27%	17.71%

注：参照《中国统计年鉴》地区划分标准，东部地区包括北京、天津、河北、上海、江苏、浙江、福建、山东、广东和海南；中部地区包括山西、安徽、江西、河南、湖北和湖南；西部地区包括内蒙古、广西、重庆、四川、贵州、云南、西藏、陕西、甘肃、青海、宁夏和新疆；东北地区包括辽宁、吉林和黑龙江。

二、研究方法

出于系数比较便利性考虑，本研究将读研学术动机、科研参与、课程参与和科研产出视作连续变量，采用多元线性回归分析比较推免生与统考生、内推生与外推生在上述方面的表现,回归模型见公式(1),定序 logit 回归和负二项回归结果作为稳健性检验[①]。需要说明的是,本研究旨在通过回归分析揭示,在控制其他因素后,入学方式和推免方式与学硕各环节表现的相关关系而非因果关系。以科研产出为例,如果推免生的科研产出显著高于统考生,仅说明相比于统考方式,以推免方式入学的学生更大概率科研产出也高,并不意味推免政策必然提高科研产出。

$$Performance_i = \alpha + \beta mode_i + \gamma control_i + \varepsilon \tag{1}$$

(1)式中 $Performance_i$ 表示学生 i 的读研学术动机、科研参与、课程参与和科研产出表现;$mode_i$ 表示学生 i 的入学方式或推免方式,β 是自变量 $mode_i$ 的回归系数;$control_i$ 表示控制变量,具体包括学生个体特征、教育背景特征和家庭背景特征,γ 是控制变量 $Control_i$ 的回归系数;α 为常数项,ε 是随机扰动项。

是否读博为二分变量,因此采用 logit 回归,回归模型见公式(2)。

$$\mathrm{Logit}(P) = \ln \frac{P}{1-P} = \alpha + \sum \beta mode_i + \gamma_i Control_i + \varepsilon \tag{2}$$

(2)式中 P 表示学硕毕业后继续读博的概率,$1-P$ 代表不读博的概率,其余项含义与(1)式相同。

此外,全样本为 64 802 名学硕,但在比较内推生和外推生时,一个前提是两类群体都属推免生,所以分析只能在 13 125 名推免生中进行,而 51 677 名统考生则被排除在外,导致样本选择有偏,并且推免生和统考生的身份分配也不随机。因此本研究引入 Heckman 两阶段模型处理样本选择偏差导致的内生性问题。

第三节　研究发现

一、推免生与统考生比较分析

由表 3-2 可知,在控制学生个体特征、教育背景特征和家庭背景特征后,推免生在科研参与、课程参与及科研产出方面的表现确实显著优于统考生,H2、

[①] 经检验,本研究回归结果均保持稳健,限于篇幅未呈现,感兴趣读者可联系作者。

H3 和 H4 成立,表明推免生更适应学术培养环境,一定程度上证实推免政策人才选拔的有效性。不过应当注意,推免生与统考生的读研学术动机与是否读博并没有显著差别,H1 和 H5 未得到验证,即推免政策选拔出的人才相较于统考生并非对学术研究抱有更浓厚的兴趣,毕业后继续读博的概率也并不显著更高,这也揭示出推免政策仍有改进空间。

表 3-2 学术型硕士生读研学术动机、学业表现与是否读博回归结果

	读研学术动机	科研参与	课程参与	科研产出	是否读博
推免生[统考生]	0.003	0.165***	0.022*	0.064***	−0.030
	(0.009)	(0.016)	(0.010)	(0.015)	(0.032)
控制变量	已控制				
学科/院校/区域固定效应	已固定				
N	56 430	56 430	56 430	56 430	56 430
Adj R^2/Pseudo R^2	0.016	0.081	0.031	0.032	0.024

注:汇报回归系数,[]内为参照组,()内为标准误。* $p<0.05$,** $p<0.01$,*** $p<0.001$。

二、推免生与统考生异质性分析

表 3-3 中呈现不同学科、院校及区域推免生与统考生读研学术动机、学业表现和是否读博的异质性分析结果。分学科看,各学科推免生的科研参与均显著高于统考生,不过理工农医等自然科学类推免生的比较优势最小,可能因为相较于人文社科,自然科学类学硕的培养模式更依赖项目制,无论是推免生还是统考生科研参与都已成为惯习。且人文艺术及自然科学类推免生的科研产出显著高于统考生,社会科学类推免生的课程参与显著高于统考生,而在读研学术动机与是否读博方面,推免生和统考生并未表现出显著差异。

表 3-3 学术型硕士生读研学术动机、学业表现与是否读博异质性回归结果

		读研学术动机	科研参与	课程参与	科研产出	是否读博
人文艺术	推免生[统考生]	−0.006	0.064***	0.016	0.031*	−0.169
		(0.025)	(0.040)	(0.028)	(0.046)	(0.091)

（续表）

		读研学术动机	科研参与	课程参与	科研产出	是否读博
	Adj R^2/Pseudo R^2	0.017	0.022	0.023	0.058	0.057
社会科学	推免生［统考生］	−0.010	0.060***	0.026**	−0.003	0.048
		(0.018)	(0.036)	(0.019)	(0.027)	(0.072)
	Adj R^2/Pseudo R^2	0.010	0.017	0.022	0.047	0.028
自然科学	推免生［统考生］	0.008	0.041***	0.003	0.027***	−0.027
		(0.011)	(0.019)	(0.013)	(0.018)	(0.039)
	Adj R^2/Pseudo R^2	0.011	0.012	0.020	0.027	0.013
一流大学建设高校	推免生［统考生］	0.017*	0.040***	0.012	0.014	−0.075
		(0.014)	(0.024)	(0.016)	(0.020)	(0.048)
	Adj R^2/Pseudo R^2	0.011	0.096	0.033	0.037	0.022
一流学科建设高校	推免生［统考生］	−0.006	0.041***	0.011	0.010	−0.016
		(0.015)	(0.027)	(0.017)	(0.025)	(0.058)
	Adj R^2/Pseudo R^2	0.015	0.093	0.026	0.027	0.019
中科院和社科院大学	推免生［统考生］	0.035	−0.005	−0.012	−0.041	0.114
		(0.053)	(0.103)	(0.066)	(0.090)	(0.166)
	Adj R^2/Pseudo R^2	0.028	0.063	0.029	0.115	0.048
双非高校	推免生［统考生］	−0.008	0.059***	0.013	0.036***	−0.010
		(0.020)	(0.036)	(0.022)	(0.034)	(0.075)
	Adj R^2/Pseudo R^2	0.018	0.065	0.022	0.010	0.027
东部地区	推免生［统考生］	−0.001	0.049***	0.011	0.030***	−0.042
		(0.012)	(0.022)	(0.014)	(0.019)	(0.044)
	Adj R^2/Pseudo R^2	0.015	0.080	0.035	0.025	0.029
中部地区	推免生［统考生］	0.010	0.042***	−0.007	0.029**	0.027
		(0.022)	(0.039)	(0.025)	(0.037)	(0.081)
	Adj R^2/Pseudo R^2	0.013	0.073	0.024	0.012	0.026
东北地区	推免生［统考生］	0.002	0.027*	0.004	−0.009	−0.069
		(0.030)	(0.050)	(0.034)	(0.044)	(0.105)
	Adj R^2/Pseudo R^2	0.016	0.096	0.044	0.060	0.023

(续表)

		读研学术动机	科研参与	课程参与	科研产出	是否读博
西部地区	推免生[统考生]	0.000	0.050***	0.026**	0.012	−0.071
		(0.020)	(0.036)	(0.022)	(0.034)	(0.070)
	Adj R^2/Pseudo R^2	0.019	0.073	0.023	0.031	0.026
控制变量		已控制				
学科/院校/区域固定效应		已固定				

注:汇报 beta 系数,[]内为参照组,()内为标准误。* $p<0.05$,** $p<0.01$,*** $p<0.001$。

　　分院校看,除中科院和社科院大学外,高校系统推免生的科研参与情况均显著优于统考生,不过双非高校推免生的科研参与优势更明显,这可能与不同院校科研参与机会的差异有关。科教融合是中科院和社科院系统研究生培养的典型特色,"双一流"高校的科研项目也普遍较多,因而无论是推免生还是统考生,都有充足机会参与科研项目。而在双非高校,科研项目更可能成为稀缺资源,所以推免生的科研参与会显著高于统考生。此外,一流大学建设高校推免生读研的学术动机显著高于统考生,双非高校推免生的科研产出显著多于统考生。而在其他方面,两类群体未表现出显著差别。

　　分区域看,各地区推免生的科研参与情况均显著优于统考生,但东北地区推免生的相对优势最小。东部和中部地区推免生的科研产出显著高于统考生,西部地区推免生的课程参与显著高于统考生,而推免生和统考生的读研学术动机和是否读博没有显著差异。概言之,单从科研参与、课程参与及科研产出看,东北地区推免政策人才选拔的有效性有待进一步提升。

三、外推生与内推生比较分析

　　表3-4中进一步比较推免生中外推生与内推生的读研学术动机、学业表现与是否读博,以衡量不同推免方式下人才选拔的有效性。为处理样本选择偏差导致的内生性问题,引入 Heckman 两步法。回归结果显示,外推生对学术研究的兴趣显著高于内推生,H6 得到验证,但科研参与、课程参与和科研产出方面的表现显著低于内推生,两个群体继续读博的概率没有显著差异,即 H7、H8、H9 和 H10 均未成立。本校内部推免学生学术研究兴趣较低的结论与既有研究

一致[①]，其在科研参与、课程参与和科研产出方面的优势可能源于更熟悉学习、科研环境从而降低环境适应成本。

表3-4　推免生读研学术动机、学业表现与是否读博 Heckman 两步法回归结果

	读研学术动机	科研参与	课程参与	科研产出	是否读博
外推生［内推生］	0.050***	−0.258***	−0.052**	−0.193***	−0.007
	(0.014)	(0.027)	(0.017)	(0.023)	(0.028)
控制变量	已控制				
学科/院校/区域固定效应	已固定				
N	56 430	56 430	56 430	56 430	56 430
Athrho	0.075***	0.054*	0.204***	0.833***	−0.043
	(0.020)	(0.021)	(0.021)	(0.052)	(0.031)
Lnsigma	−0.259***	0.387***	−0.073***	0.367***	
	(0.007)	(0.007)	(0.007)	(0.015)	

注：汇报回归系数，［］内为参照组，（）内为标准误。$^*p<0.05$，$^{**}p<0.01$，$^{***}p<0.001$。

四、外推生与内推生异质性分析

　　同样对内推生和外推生的读研学术动机、学业表现与是否读博进行学科、院校与区域异质性分析，回归结果见表3-5所示。分学科看，各学科外推生的科研参与及科研产出均显著低于内推生；人文艺术类外推生的课程参与也显著低于内推生，不过外推生继续读博的概率显著高于内推生；社会科学类外推生读研的学术动机显著高于内推生。分院校看，在一流大学建设高校，外推生的读研学术动机显著高于内推生，但科研参与情况显著低于内推生；而在一流学科建设高校，内推生的科研参与、课程参与、科研产出及是否读博均显著高于外推生。分区域看，东部地区外推生的读研学术动机和继续读博的概率显著高于内推生，而科研参与和科研产出情况显著低于内推生；在中西部地区和东北地区，内推生的学业表现及继续读博概率均不同程度优于外推生。

---

① 牛新春，杨菲，杨滢.保研制度筛选了怎样的学生——基于一所研究型大学的实证案例研究［J］.教育发展研究，2019，38（9）：1-10.

表3-5　推免生读研学术动机、学业表现与是否读博 Heckman 两步法回归结果

		读研学术动机	科研参与	课程参与	科研产出	是否读博
人文艺术	外推生[内推生]	0.077	−0.329***	−0.159***	−0.309***	0.252**
		(0.041)	(0.073)	(0.045)	(0.067)	(0.077)
	Athrho	0.004	0.141*	0.054	0.683***	−0.310***
		(0.054)	(0.059)	(0.054)	(0.091)	(0.085)
	Lnsigma	−0.224***	0.352***	−0.144***	0.380***	——
		(0.018)	(0.019)	(0.018)	(0.028)	
社会科学	外推生[内推生]	0.091**	−0.212***	−0.040	−0.167***	−0.021
		(0.028)	(0.058)	(0.032)	(0.039)	(0.059)
	Athrho	0.039	0.103**	0.148***	1.349***	−0.066
		(0.039)	(0.040)	(0.039)	(0.100)	(0.064)
	Lnsigma	−0.255***	0.489***	−0.111***	0.407***	
		(0.013)	(0.013)	(0.013)	(0.026)	
自然科学	外推生[内推生]	0.030	−0.242***	−0.036	−0.151***	−0.042
		(0.018)	(0.032)	(0.022)	(0.031)	(0.035)
	Athrho	0.101***	0.009	0.267***	0.617***	0.008
		(0.026)	(0.027)	(0.027)	(0.097)	(0.039)
	Lnsigma	−0.273***	0.289***	−0.060***	0.326***	
		(0.009)	(0.008)	(0.009)	(0.024)	
一流大学建设高校	外推生[内推生]	0.051*	−0.220***	−0.007	−0.037	0.051*
		(0.021)	(0.041)	(0.026)	(0.041)	(0.021)
	Athrho	0.146***	0.071	0.228***	0.017	0.146***
		(0.040)	(0.060)	(0.046)	(0.067)	(0.040)
	Lnsigma	−0.248***	0.348***	−0.047***		−0.248***
		(0.010)	(0.009)	(0.011)		(0.010)
一流学科建设高校	外推生[内推生]	−0.042	−0.500***	−0.079*	−0.832***	−0.178**
		(0.028)	(0.063)	(0.034)	(0.043)	(0.057)
	Athrho	0.197***	0.242***	0.064	2.047***	0.295***

（续表）

		读研学术动机	科研参与	课程参与	科研产出	是否读博
		(0.046)	(0.068)	(0.050)	(0.072)	(0.082)
	Lnsigma	−0.254***	0.450***	−0.107***	0.706***	——
		(0.013)	(0.016)	(0.012)	(0.019)	
东部地区	外推生［内推生］	0.070***	−0.239***	−0.021	−0.162***	0.160***
		(0.019)	(0.037)	(0.023)	(0.027)	(0.039)
	Athrho	0.100***	0.080**	0.150***	1.290***	−0.020
		(0.028)	(0.031)	(0.029)	(0.055)	(0.044)
	Lnsigma	−0.250***	0.405***	−0.077***	0.447***	——
		(0.009)	(0.009)	(0.009)	(0.016)	
中部地区	外推生［内推生］	−0.006	−0.262***	−0.058	−0.370***	−0.249***
		(0.038)	(0.069)	(0.046)	(0.063)	(0.074)
	Athrho	−0.066	0.035	0.176***	0.272***	−0.025
		(0.048)	(0.048)	(0.049)	(0.062)	(0.073)
	Lnsigma	−0.247***	0.345***	−0.039*	0.253***	——
		(0.017)	(0.017)	(0.017)	(0.019)	
东北地区	外推生［内推生］	0.101	−0.344***	−0.032		−0.162
		(0.053)	(0.090)	(0.062)		(0.096)
	Athrho	0.286***	0.091	0.379***		−0.291*
		(0.071)	(0.079)	(0.075)		(0.114)
	Lnsigma	−0.182***	0.324***	−0.006		——
		(0.026)	(0.023)	(0.028)		
西部地区	外推生［内推生］	−0.002	−0.243***	−0.154***	−0.298***	−0.165*
		(0.032)	(0.065)	(0.038)	(0.058)	(0.066)
	Athrho	0.011	0.064	0.245***	0.430***	−0.176**
		(0.046)	(0.049)	(0.046)	(0.078)	(0.067)
	Lnsigma	−0.325***	0.388***	−0.126***	0.324***	——
		(0.015)	(0.015)	(0.016)	(0.021)	

（续表）

		读研学术动机	科研参与	课程参与	科研产出	是否读博
控制变量		已控制				
学科/院校/区域固定效应		已固定				

注：汇报 beta 系数，[ ]内为参照组，( )内为标准误。* $p<0.05$，** $p<0.01$，*** $p<0.001$。中科院和社科院 99.68% 为外推，故省略。双非高校回归结果不显著，为节约篇幅，故省略。——表示值不存在。

第四节　结论与建议

一、结论与讨论

本研究基于适应理论实证回应了当前围绕推免政策人才选拔有效性的主要论争，核心结论如下：

其一，总体而言，推免生在科研参与、课程参与及科研产出方面的学业表现明显优于统考生，一定程度上说明推免生比统考生更适应学术培养环境，即从环境适应性角度看推免政策的人才选拔有效，这与既有研究结论[1]一致。背后可能原因有二，一则出于"霍桑效应"，保研光环下的推免生更倾向于积极融入学术生活；二则推免生能够在本科推免资格分配阶段脱颖而出，就表明其拥有较高人力资本与社会资本，且家庭经济、文化资本也存在优势，多重资本累积叠加共同塑造出推免生的高环境适应性。

其二，推免生与统考生的读研学术动机与是否读博概率没有显著差异，表明两类群体的学术文化适应性及学术职业适应性整体差别不大。异质性分析发现，一流大学建设高校推免生读研的学术动机显著高于统考生，但二者继续读博的概率并无明显分别，这也印证了学硕就业去向的多元化趋势。

其三，将推免生进一步区分为内推生和外推生，总体上外推生对学术研究的兴趣明显高于内推生，更适应学术文化；而内推生在科研参与、课程参与及科研

---

[1] 李宇航. 推免制度下硕士研究生学业表现的差异研究[D]. 大连：大连理工大学，2021.

产出方面的学业表现显著优于外推生，更适应学术培养环境。在学术社会化理论视域下，高学术动机通常是高学业表现的重要前因[1]，外推生的学术动机在向学业表现转化过程中出现的不通畅，可能原因之一是院校未能提供充足的学术社会化支持。异质性分析结果显示，内推生和外推生是否读博存在明显的学科、院校及区域异质性，人文艺术类、一流大学建设高校和东部地区外推生继续读博的概率显著高于内推生。以上发现有助于丰富目前几乎一边倒支持外推人才选拔效果更优的研究结论。

二、政策建议

第一，继续坚持推免政策，适度扩大推免范围。本研究证实，推免政策的人才选拔效果有保障，有利于选拔出适应学术培养环境的人才，作为研究生招生统考制的有益补充应当坚持实施，并且在当下我国研究生教育规模持续扩招的发展趋势下，还应适度扩大推免范围。推免名额增量配置可遵循以下原则：一是对于尚未获得推免资格的高校，在下一批新增推免资格高校名单中可根据办学定位、学科特色、招生和培养方案设计情况予以优先考虑；二是对于已经获得推免资格的高校，可根据人才培养成效稳步提高推免名额比例，若确为优秀人才但因名额所限无法获得推免资格，可探索建立推免名额转移支付机制，使用招生单位推免名额完成录取；三是对于已经获得推免资格，但优秀生源流失严重的高校，建立推免名额补偿机制，所补偿推免名额可适当用于校内保送。

第二，改进推免复试标准，强调考察学术志趣。学术型硕士教育侧重选拔、培养科研创新人才，学术志趣是大学拔尖人才培养的基础[2]乃至关键[3]，其之于科研创新的重要性不言而喻。然而本研究发现，当前通过推免选拔的人才读研学术动机并未显著高于统考生，毕业后也并不比统考生更倾向于继续攻读博士学位，折射出推免生学术志趣不高的问题。尽管一流大学建设高校推免生读研之初的学术动机高于统考生，但在毕业之际留在学术轨道的概率与统考生已无二异，而在其他院校，推免生的学术志趣更为堪忧。从国际经验看，基于申请制

① Weidman J C, Twale D J, Stein E L. Socialization of Graduate and Professional Students in Higher Education—A Perilous Passage？［R］. ASHE-ERIC Higher Education Report, 2001：49.
② 陆一，史静寰. 志趣：大学拔尖创新人才培养的基础［J］. 教育研究，2014，35(3)：48-54.
③ 薛其坤. 对我国杰出人才培养的一些思考［J］. 科学与社会，2022，12(1)：4-7.

的美国研究生招生模式已逐渐转向综合审核以弥补以往过度依赖标准化测试成绩的弊端，并通过个人陈述、推荐信等材料综合考察申请人的学术恒心与学术热情[1]。推荐免试意味着免除硕士研究生入学考试初试，慧眼识才的重担就落到复试环节。我国研究生招生单位有必要将学术志趣纳入推免复试环节考核标准，并加大考核权重，从而遴选出具有强烈学术志趣的优秀本科毕业生，使其通过推免方式继续接受研究生教育。

第三，入口过程出口联动，保障人才选拔效果。关于内推和外推何者更优，既有研究普遍支持外推，本研究却证明内推亦有可取之处。诚然外推生读研的学术动机显著高于内推生，在人文艺术类专业、一流大学建设高校和东部地区继续读博的概率也显著高于内推生，不过内推生的学术环境适应性更高，在科研参与、课程参与及科研产出方面的表现显著优于外推生。外推生学术兴趣更浓厚但学业表现不理想的矛盾反差，或许是学术场域转换引致的环境适应代价，相较之下内推生更熟悉本校学术环境与惯习，与导师等重要他人的沟通成本更低，科研延续性可能更高。这同时也折射出当前的学硕培养模式值得反思，对有志学术者并未做好"扶上马，送一程"，学术理想在现实培养环境中难以落地转化。因此保障推免政策人才选拔效果绝不能就入口谈入口，还必须统筹考虑招生、培养与毕业去向，让适合的人才选拔得上、表现得优、发展得好。

三、不足与展望

受数据结构所限，本章研究仅纳入过程性的课程参与变量而非结果性的课程成绩变量，未来还需收集课程成绩信息，以进一步丰富硕士学业表现的评价标准。另外，本研究仅选择硕士教育入口、过程和出口三个节点评价推免政策人才选拔效果，未将评价节点延伸至毕业后更长时段，从职业生涯发展中回溯硕士教育经历。评价节点的不同也部分解释了为何基于院士成长路径数据的研究[2]支持外推优于内推，而本章研究却证实内推生的学业表现优于外推生。这启示我们对推免政策人才选拔效果更全面的评价需纳入追踪数据，在更长时段中加以综合考察。

---

[1] 杨佳乐，王传毅. 研究生招考中综合审核何以实现——来自美国的经验[J]. 研究生教育研究，2019(4)：84-90.

[2] 张旭菲，卢晓东. 推荐免试研究生"保内"还是"保外"？——基于院士学缘异质性分析的视角[J]. 现代大学教育，2019(3)：26-33＋112.

第四章
学术型硕士生的课程满意度状况

　　课程学习是我国学位和研究生教育制度的重要特征,是保障研究生培养质量的必备环节,在研究生成长成才中具有全面、综合和基础性作用。重视课程学习,加强课程建设,提高课程质量,是当前深化研究生教育改革的重要和紧迫任务。[①] 为深入贯彻党的十九大关于实现高等教育内涵式发展的要求,落实《中国教育现代化 2035》,加强研究生课程建设,提高研究生培养质量,国务院学位委员会第 34 次会议决定,组织专家编写并公开出版《学术学位研究生核心课程指南(试行)》和《专业学位研究生核心课程指南（试行）》(以下均简称《指南》)。[②] 2020 年三部委联合发布的《关于加快新时代研究生教育改革发展的意见》中明确指出,要加强课程教材建设,提升研究生课程教学质量。培养单位要紧密结合经济社会发展需要,完善课程设置、教学内容的审批机制,优化课程体系,加强教材建设,创新教学方式,突出创新能力培养。[③] 上述举措充分体现了国家层面对研究生课程建设工作的高度重视,也对我国研究生课程建设提出了更高的要求。课程建设和课程满意度评价已成为各研究生培养单位必须面对的重要课题。

① 教育部关于改进和加强研究生课程建设的意见[EB/OL]. (2014 - 12 - 05)[2022 - 03 - 04]. http://www. moe. gov. cn/srcsite/A22/s7065/201412/t20141205_182992. html.

② 《研究生核心课程指南(试行)》出版发行[EB/OL]. (2020 - 09 - 22)[2022 - 03 - 04]. http://www. moe. gov. cn/jyb_xwfb/gzdt_gzdt/s5987/202009/t20200922_489842. html.

③ 教育部　国家发展改革委　财政部关于加快新时代研究生教育改革发展的意见[EB/OL]. (2020 - 09 - 22)[2022 - 03 - 04]. http://www. moe. gov. cn/srcsite/A22/s7065/202009/t20200921_489271. html.

　　在我国,与本科阶段课程教学受到的重视程度和取得的建设成效相比[1],研究生阶段的课程建设成效和学生对课程满意度的评价相对较低。孙春兰在2020年全国研究生教育会议上的讲话中指出[2]:"在实地调研中发现,很多老师反映,研究生课程不受重视,管理比较松散,授课问题突出,甚至简单重复本科的课程,没有体现研究生教育应有的强度、难度和深度。"学位与研究生教育杂志社连续多年对全国研究生学习满意度的调查数据也显示,研究生对课程学习的满意度长期处于较低状态。该团队2020年对全国112个研究生培养单位的109 253位研究生进行的问卷调查结果显示,研究生对课程教学的满意率为80.4%,比总体满意率低2.3个百分点。其中,学术学位研究生对课程体系合理性和课程前沿性的评价较低,满意率分别只有76.5%和76.6%,低于对课程教学的总体评价。[3] 有学者对C9高校学术学位研究生教育现状进行了调查分析,结果发现,研究生对课程教学内容实用性(3.66)、教学方法(3.71)、与科研的联系(3.97)及课程设置(3.90)几个维度上的满意度相对较低。[4] 中国研究生院院长联席会发布的《中国研究生教育年度报告(2011)》中也指出,我国研究生课程中存在着一些亟待解决的问题。[5] 有学者对基于B大学教育学部的调查数据发现,学术型硕士生对课程资源的满意度最低,普遍认为课程资源开发不充分。[6] 本研究团队在前期调查中也发现,学术型硕士生对课程教学的满意度相对较低。[7]

　　上述代表性研究为本研究设计提供了重要参考价值,但现有研究也存在一

① 黄雨恒,周溪亭,史静寰.我国本科课程教学质量怎么样?——基于"中国大学生学习与发展追踪研究"的十年探索[J].华东师范大学学报(教育科学版),2021,39(1):116-126.
② 孙春兰副总理在全国研究生教育会议上的讲话[EB/OL].(2020-07-30)[2022-03-04].http://www.moe.gov.cn/jyb_xwfb/xw_zt/moe_357/jyzt_2020n/2020_zt15/.
③ 周文辉,黄欢,牛晶晶,刘俊起.2020年我国研究生满意度调查[J].学位与研究生教育,2020(8):28-36.
④ 廖文武,程诗婷,廖炳华等.C9高校学术学位研究生教育现状的调查研究[J].复旦教育论坛,2016(5):67-74.
⑤ 中国研究生院院长联席会.中国研究生教育年度报告(2011)[M].北京:高等教育出版社,2012:64-69.
⑥ 刘雪倩,崔学敏,宋雨林,李姿.学术型研究生课程满意度调查研究[J].大学(研究版),2019(6):53-62+52.
⑦ 高耀,王立,杨佳乐.学术型硕士生就读体验满意度的学科差异——基于2016年全国研究生离校调查数据的实证研究[J].高教探索,2018(12):40-48.

定局限性和进一步探索的空间,主要表现为:其一,尽管目前学术界对研究生课程体系设计的理论性探讨较多[1][2][3],但尚缺乏建立在大规模调查数据基础上的对课程结构设置合理性及不同结构课程质量评价的实证类研究成果。与本科生相对固定的课程结构设置不同,在研究生教育层面,课程结构设置呈现较大的灵活性和自主性。研究生教育更加侧重研究能力训练和学术思维训练,对不确定性知识的探讨,研究方法的专门训练,对专业前沿领域的探索,培养宽广的学术视野。因此,对研究生课程的研究,首先必须考虑课程结构设置的合理性问题。提高研究生教育的质量,必须重视研究生课程的层次性、分性、分类、分层推进改革。[4] 研究生课程体系应符合学科特色,做好顶层课程设计。[5] 其二,现有研究对博士生的课程设置和课程教学探讨较多,而对硕士生层面的课程教学效果及其内部差异探讨较少。例如,有学者基于48所研究生院高校的调查结果显示,目前博士生课程中存在与硕士生课程有较多重复,在选修课的选择范围和研究方法课程量上存在明显不足,课程内容的广度与深度以及前沿知识与跨学科知识比重有待提升等典型问题。[6] 相关研究还发现,博士生课程教学(包含课程内容质量、课程与课题密切度、教学规范化、师生互动和教学管理)不仅对学术型博士生专业知识与技能提升具有显著正向作用,对其内在学术思维与品质培养也有显著正向影响。[7] 目前有关学术型硕士生的课程教学效果及其内部差异的实证类成果尤其缺乏。

由于硕士生和博士生在培养目标、培养定位、培养方式等方面均存在明显差异,同样地,学术学位和专业学位之间的培养目标、培养定位、培养方式、能力要求等方面也各不相同。因此,对研究生课程及教学满意度情况的分析有必要进一步考察不同层次、不同类型之间的区别。本章将分析对象定位到介于本科生和博士生之间的相对特殊的学术训练属于"准备阶段"的学术型硕士生群体,采

① 谢安邦. 构建合理的研究生教育课程体系[J]. 高等教育研究,2003(5):68-72.
② 罗尧成. 对我国研究生教育课程体系改革的思考[J]. 高等教育研究,2005(11):61-67.
③ 王传毅,黄俭. 基于价值取向分析的我国研究生课程体系优化研究[J]. 学位与研究生教育,2017(6):55-64.
④ 汪霞. 研究生课程层次性设计的改革:分性、分层、分类[J]. 苏州大学学报(教育科学版),2019(4):42-47.
⑤ 曾静平. 打造符合学科特色的研究生课程体系[J]. 中国高等教育,2019(11):56-58.
⑥ 包志梅. 我国高校博士生课程设置的现状及问题分析[J]. 研究生教育研究,2021(2):53-60.
⑦ 包志梅. 高校课程教学对学术型博士生科研能力提升的影响[J]. 现代教育管理,2022(3):119-128.

用 2021 年全国层面研究生培养质量反馈调查数据对课程结构设置、课程教学评价满意度现状及其影响因素展开分析讨论,期望更加深入地探讨目前学术型硕士生教育在课程方面存在的典型问题,并在此基础上提出相关政策建议。

第一节　课程满意度评价指标体系构建

从上述文献梳理中可知,目前相关研究对学术型硕士生课程结构合理性及不同结构课程质量评价的实证研究非常缺乏,因此,本章对学术型硕士生课程满意度评价指标体系分为课程结构和课程教学两个大的方面,其中,课程结构又包括不同结构课程数量设置合理性和不同结构课程质量评价两个维度,希望从课程数量和课程质量相结合的综合视角对课程结构进行综合考察;课程教学则侧重考察教师授课态度、课程中的师生互动情况及学生的课程收获等不同方面。具体而言,对课程结构设置的合理性而言,课题组将课程结构分为专业基础课程、专业前沿课程、实践类课程、研究方法类课程、跨学科课程、思政类课程及外语类课程七类,并从每类课程设置数量"偏少、适中及偏多"三类进行测量;对不同结构课程质量高低而言,课题组按照上述七类课程类型划分,采用李克特五点量表计分法进行测量,数值越大代表调查对象对课程质量的评价越高;对课程教学不同维度的评价情况而言,课题组设置了 11 个子问题进行评价和测量,这些子问题主要包括课程教学中的生师互动情况、课程教学区分度情况、教师授课态度、课程选择面、课业压力、整体上对修读课程的满意度情况等方面,同样采用李克特五点量表计分法进行测量。构建的课程满意度评价指标体系如图 4-1 所示。

本章从研究生个体特征、学科特征及院校特征三个维度展开对比分析和差异性检验。具体来看,个体特征方面包括性别、就读方式(全日制与非全日制)、入学方式(考研入学与推免入学);学科特征方面,按照一般的研究惯例,将学科分为人文学科(包括文学、历史学、哲学和艺术学)、社会科学(包括法学、教育学、经济学和管理学)、理学、工学、农学和医学六大类别;院校特征方面,按照一般的研究惯例,将学术型硕士生的培养单位分为"一流大学"建设高校、"一流学科"建设高校、中科院和社科院系统及其他高校四大类。

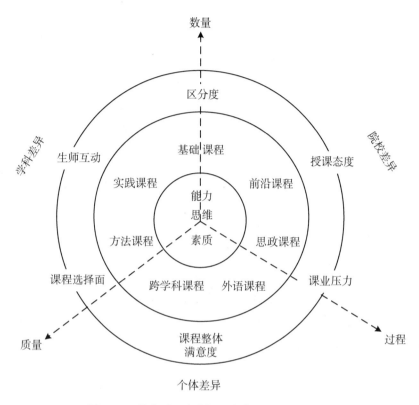

图4-1　学术型硕士生课程满意度评价指标体系

在上述研究设计之外,本章还加入了学科流动和院校流动两个非常有特色的分析维度进行比较分析。我们认为,个体对课程及教学质量或满意度的评价是在比较的基础上得出的。换言之,真实或更加深刻的就读体验建立在先前就读体验和新环境下就读体验进行动态比较的基础上,而之前的相关研究均未将流动这一重要的研究视角纳入分析框架当中。基于上述考虑,并出于简化分析模型的考量,课题组对学科流动的划分方式为:首先将调查对象的本科就读学科和硕士就读学科均分为人文学科(记为 1)、社会科学(记为 2)和自然科学(记为 3)三大类,然后对本-硕之间的学科流动划分为"1→1;1→2;1→3;2→1;2→2;2→3;3→1;3→2;3→3"九种类型,其中"1→1;2→2;3→3"可以认为未发生明显的学科流动,而除此之外的六种类型则可以认为发生了明显的学科流动。对于院校流动的划分方式类似于上述思路进行,不同的是,院校之间还呈现出明显的层次差异,因此需要在纵向比较和横向比较两个维度展开,为简化分析,将调查对象的本科就读院校和硕士就读院校分为"一流大学"建设高校(记为3)、"一流学科"建设高校(记为2)和其他高校(记为1),这样院校流动类型可以划分为如下三种类型:平行流动(包括1→1;2→2;3→3)、向上流动(包括1→2;1→3;2→3)和向下流动(2→1;3→1;3→2)。本章将尝试从这一全新的本-硕学科流动和院校流动视角展开比较分析和差异性检验,力图提出新的有政策价值的研究结论和启示。

第二节   课程结构设置合理性

首先,从不同结构课程数量设置的调查反馈情况来看,整体而言,学术型硕士生认为目前实践类课程(38.47%)、跨学科课程(36.54%)、专业前沿类课程(25.42%)和研究方法类课程(21.74%)数量偏少;而在数量偏多选择方面,不同类课程选择比例由高到低依次为:专业基础课程(6.34%)、外语类课程(6.09%)、专业前沿课程(5.5%)、研究方法类课程(5.13%)、实践类课程(3.58%)、跨学科课程(3.41%)。

其次,分学科大类来看,表4-1显示,尽管所有学科学术型硕士生均认为目前实践类课程、跨学科课程、专业前沿课程及研究方法类课程设置数量偏少,但在不同学科间的选择比例又呈现出一定差异性。具体而言:对于实践类课程而言,人文和社科类学科学术型硕士生认为这类课程数量偏少的比例最高,达到45%左右,而理学、工学、农学和医学等自然科学类学科学术型硕士生认为这类课程数量偏少的比例也较高,在30%左右。对于跨学科课程而言,理工农医类学科均有超过30%的调查对象认为这类课程数量偏少,而在人文和社科类学科中,更有四成左右的调查对象认为这类课程数量偏少。对于专业前沿课程而言,所有学科均有超过20%的调查对象认为这类课程数量偏少,而在人文学科中,认为这类课程数量偏少的比例最高,接近30%。对于研究方法类课程而言,所有学科均有20%左右的调查对象认为这类课程数量偏少,而人文学科的调查对象认为这类课程数量偏少的比例最高,为24.22%。上述从学科大类课程结构设置合理性角度的调查结果对于培养单位进一步调整优化学科结构布局提供了一定的借鉴意义和参考价值。

表4-1　不同学科门类学术型硕士生对课程结构设置合理性的评价(%)

课程结构设置合理性评价		人文	社科	理学	工学	农学	医学
专业基础课程	数量偏少	11.37	10.42	7.58	7.19	6.86	9.19
	数量适中	81.94	83.37	85.96	86.51	85.58	85.37
	数量偏多	6.69	6.2	6.46	6.3	7.57	5.44
专业前沿课程	数量偏少	28.15	26.61	23.31	24.74	23.04	25.37
	数量适中	66.49	67.08	71.64	70.02	70.69	69.92
	数量偏多	5.37	6.31	5.05	5.24	6.27	4.71
实践类课程	数量偏少	44.89	45.47	36.5	34.83	31.07	29.59
	数量适中	51.15	51.13	60.28	61.79	63.71	66.48
	数量偏多	3.96	3.4	3.23	3.38	5.22	3.94
研究方法课程	数量偏少	24.22	23.06	21.25	20.71	20.94	19.32
	数量适中	70.32	71.19	74.2	74.42	73.72	75.94
	数量偏多	5.46	5.75	4.55	4.87	5.34	4.75
跨学科课程	数量偏少	39.25	40.22	36.12	33.44	36.2	34.06
	数量适中	56.91	56.29	60.88	63.04	60.38	62.98
	数量偏多	3.83	3.49	3	3.52	3.43	2.95
思政类课程	数量偏少	5.14	5.81	5.34	5.37	6.27	4.44
	数量适中	81.94	82.09	86.22	84.9	84.13	85.27
外语类课程	数量偏少	10.1	11.63	8.58	8.76	8.12	9.68
	数量适中	82.26	82.74	86.15	85.06	85.15	84.35
	数量偏多	7.65	5.63	5.27	6.18	6.73	5.97

最后,表4-2显示,分培养单位来看,不同院校特征的学术型硕士生对就读专业课程结构设置合理性的选择比例呈现出一定差异性。具体来看,对于实践类课程而言,中科院和社科院系统硕士生认为这类课程数量偏少的比例最高,达到43.52%,其次为"双一流"建设高校,这一选择比例在40%左右,而其他高校的这一选择比例为34.65%。对于跨学科课程而言,"双一流"建设高校硕士生

认为这类课程数量偏少的比例要明显高于中科院和社科院系统及其他高校,这反映出"双一流"建设高校硕士生对跨学科课程有着更为强烈的现实和兴趣需求。对于专业前沿课程而言,"双一流"建设高校硕士生认为这类课程数量偏少的比例要高于中科院和社科院系统及其他高校。对于研究方法类课程而言,中科院和社科院系统学术型硕士生认为这类课程数量偏少的比例最高,为27.33%,而其他高校的这一选择比例则为19.67%,明显低于"双一流"建设高校硕士生的这一选择比例。此外,与高校系统相比,中科院和社科院系统学术型硕士生认为所学专业在专业基础课程、实践类课程、研究方法类课程及思政类课程等方面数量偏少的比例均最高,这种选择结果与科研系统研究生培养的特点、方式及相关课程教学整体力量较高校系统而言相对薄弱有关。因此,未来可考虑进一步增强高校与科研系统的交流合作广度和深度,优势互补,相互学习借鉴培养经验,共同促进硕士生课程质量建设效果,以进一步满足研究生的课程实际需求,不断提升研究生人才培养的质量。

表4-2　不同院校特征学术型硕士生对课程结构设置合理性的评价(%)

课程结构设置合理性评价		其他高校	中科院和社科院系统	"一流大学"建设高校	"一流学科"建设高校
专业基础课程	数量偏少	8.72	10.24	9.93	8.79
	数量适中	85.04	83.33	84.46	84.87
	数量偏多	6.23	6.42	6.15	6.34
专业前沿课程	数量偏少	23.94	24.85	26.30	26.41
	数量适中	70.38	67.52	68.33	68.36
	数量偏多	5.68	7.64	5.36	5.23
实践类课程	数量偏少	34.65	43.52	39.70	41.83
	数量适中	61.36	52.79	56.70	55.22
	数量偏多	3.99	3.70	3.60	2.95
研究方法课程	数量偏少	19.67	27.33	22.49	23.22
	数量适中	74.83	68.18	72.43	72.06
	数量偏多	5.50	4.48	5.08	4.72
跨学科课程	数量偏少	34.46	30.91	38.28	37.77

（续表）

课程结构设置合理性评价		其他高校	中科院和社科院系统	"一流大学"建设高校	"一流学科"建设高校
	数量适中	61.93	64.00	58.39	59.13
	数量偏多	3.61	5.09	3.33	3.10
思政类课程	数量偏少	5.81	6.42	5.89	4.14
	数量适中	84.32	81.64	83.92	83.89
外语类课程	数量偏少	8.29	10.67	9.77	11.44
	数量适中	85.12	81.64	84.20	83.21
	数量偏多	6.59	7.70	6.03	5.35

第三节　不同结构课程质量评价的差异

一、个体特征、学科特征和院校特征视角下的不同结构课程质量评价及其差异

在课程结构设置合理性评价的基础上，本部分继续展开学术型硕士生对不同结构课程质量的评价及影响因素分析。表 4-3 的描述性统计结果显示，整体来看，学术型硕士生对不同结构课程质量的满意度评价均值介于 3.45～3.74 之间，这一满意度评价表现整体处于"一般"水平。具体来看，不同结构课程质量评价满意度均值由高到低依次为：思政类课程（3.74）＞外语类课程（3.68）＞专业基础课程（3.67）专业前沿课程（3.61）＞研究方法类课程（3.59）＞跨学科课程（3.47）＞实践类课程（3.45）。结合前面的分析结果可知，学术型硕士生认为实践类课程、跨学科课程、研究方法类课程及专业前沿课程等四类课程既存在开课数量偏少，也存在开课质量不高的"双重挑战"。因此，如何增加上述四类课程数量的同时，进一步提升课程教学质量是未来各研究生培养单位需要重点思考和花大力气解决的关键问题。

表 4-3   学术型硕士生对不同结构课程质量评价的总体状况

课程类型	样本量	均值	标准差	最小值	最大值
专业基础课程	69,387	3.67	0.82	1	5
专业前沿课程	69,387	3.61	0.88	1	5
实践类课程	69,387	3.45	0.94	1	5
研究方法课程	69,387	3.59	0.89	1	5
跨学科课程	69,387	3.47	0.91	1	5
思政类课程	69,387	3.74	0.84	1	5
外语类课程	69,387	3.68	0.84	1	5

在描述性统计结果的基础上,下面继续从学科差异及院校差异这两个关键视角切入进行差异性分析。由于被解释变量是典型的定序变量,本部分将通过构造逻辑回归模型展开计量分析和显著性检验。解释变量将包括学生个体特征、学科特征及院校特征等变量,分析结果见表 4-4 所示。

首先,从个体特征层面来看,在控制其他影响因素的情况下,学术型硕士生对不同结构课程质量的评价在性别之间、就读方式之间和入学方式之间均存在差异性。男性硕士生在实践类课程、思政类课程及外语类课程上的满意度均显著低于女性群体。与非全日制就读的群体相比,全日制就读的学术型硕士生在七类课程质量评价上的满意度均显著更低。与考研入学群体相比,推免生群体在七类课程质量评价上的满意度均显著更低。

其次,从学科特征层面来看,在控制其他影响因素的情况下,不同学科学术型硕士生在不同结构课程满意度评价方面存在不同程度的显著性差异。与人文学科相比,社科类学术型硕士生对思政类课程满意度显著更高,而对其他六类课程的满意度评价均显著更低;理学类学术型硕士生对七类课程的满意度评价均显著低于人文学科;工学类学术型硕士生对专业基础课、专业前沿课、方法类课程及跨学科课程的满意度评价也均显著低于人文学科,但对思政类课程的满意度评价则显著更高;农学和医学类学术型硕士生对除了实践类课程之外的其他六类课程的满意度评价也均显著低于人文学科。

表 4 - 4 学术型硕士生对不同结构课程课程质量评价的影响因素分析

解释变量		被解释变量						
		专业基础课	专业前沿课	实践类课程	方法类课程	跨学科课程	思政类课程	外语类课程
个体特征	性别(女性)	-0.015	-0.013	-0.026*	-0.015	-0.016	-0.046***	-0.044***
		(-0.941)	(-0.811)	(-1.654)	(-0.958)	(-1.010)	(-2.951)	(-2.794)
	就读方式(非全日制)	-0.255***	-0.212***	-0.326***	-0.256***	-0.286***	-0.146**	-0.162**
		(-3.627)	(-3.063)	(-4.742)	(-3.718)	(-4.121)	(-2.079)	(-2.301)
	入学方式(考研)	-0.061***	-0.080***	-0.102***	-0.046**	-0.052***	-0.076***	-0.069***
		(-3.279)	(-4.334)	(-5.501)	(-2.507)	(-2.816)	(-4.080)	(-3.704)
学科特征(人文)	社科	-0.226***	-0.166***	-0.132***	-0.132***	-0.128***	0.094***	-0.066***
		(-9.314)	(-6.920)	(-5.502)	(-5.503)	(-5.313)	(3.872)	(-2.732)
	理学	-0.373***	-0.298***	-0.124***	-0.333***	-0.224***	-0.092***	-0.134***
		(-14.016)	(-11.322)	(-4.718)	(-12.626)	(-8.463)	(-3.461)	(-5.038)
	工学	-0.265***	-0.259***	-0.016	-0.233***	-0.087***	0.082***	0.017
		(-10.869)	(-10.736)	(-0.680)	(-9.680)	(-3.597)	(3.366)	(0.689)
	农学	-0.374***	-0.343***	0.022	-0.335***	-0.209***	-0.116***	-0.156***
		(-9.730)	(-9.015)	(0.591)	(-8.772)	(-5.470)	(-3.015)	(-4.064)
	医学	-0.447***	-0.406***	-0.039	-0.319***	-0.213***	-0.162***	-0.238***
		(-14.606)	(-13.375)	(-1.290)	(-10.538)	(-6.993)	(-5.320)	(-7.766)

（续表）

解释变量		被解释变量						
		专业基础课	专业前沿课	实践类课程	方法类课程	跨学科课程	思政类课程	外语类课程
院校特征（其他高校）	中科院和社科院系统	0.325***	0.338***	0.123***	0.109**	0.316***	0.169***	0.247***
		(6.742)	(7.114)	(2.600)	(2.278)	(6.678)	(3.529)	(5.161)
	"一流学科"建设高校	-0.041**	-0.017	-0.079**	-0.022	-0.062***	0.022	-0.004
		(-2.377)	(-1.029)	(-4.644)	(-1.307)	(-3.602)	(1.319)	(-0.237)
	"一流大学"建设高校	0.094***	0.109***	-0.023	0.066***	0.107***	0.131***	0.132***
		(4.901)	(5.724)	(-1.227)	(3.465)	(5.616)	(6.881)	(6.908)
截距1		-5.041***	-4.496***	-3.853***	-4.291***	-3.891***	-4.404***	-4.508***
		(-61.875)	(-58.109)	(-51.947)	(-56.639)	(-51.907)	(-55.647)	(-56.678)
截距2		-3.372***	-2.965***	-2.532***	-2.981***	-2.698***	-3.277***	-3.198***
		(-45.278)	(-40.659)	(-35.205)	(-41.145)	(-37.103)	(-43.989)	(-42.929)
截距3		-0.884***	-0.608***	-0.290***	-0.595***	-0.255***	-0.566***	-0.512***
		(-12.144)	(-8.481)	(-4.078)	(-8.357)	(-3.555)	(-7.827)	(-7.047)
截距4		1.219***	1.257***	1.400***	1.216***	1.465***	1.369***	1.406***
		(16.705)	(17.479)	(19.594)	(17.028)	(20.324)	(18.868)	(19.285)
N		68471	68471	68471	68471	68471	68471	68471

注:(1)括号内为 t 值,根据个体聚类的稳健标准误计算;(2) $*p<0.1$, $**p<0.05$, $***p<0.01$。

最后，从院校特征层面来看，在控制其他影响因素的情况下，与其他高校相比，"一流大学"建设高校学术型硕士生在除了实践类课程之外的其他六类课程质量满意度上的评价得分均显著更高，而"一流学科"建设高校学术型硕士生对专业基础课、实践类课程和跨学科课程上的满意度评价均显著更低，中科院和社科院系统学术型硕士生对七大类课程质量满意度上的评价均显著更高。

二、本-硕学科流动和院校流动视角下的不同结构课程质量评价及其差异

表4-5中呈现的是九种学科流动类型下不同结构课程质量评价的得分均值情况，下面具体进行分析。对于专业基础课程和专业前沿课程而言，"2→1"和"1→1"类型的评价得分均值最高，而"2→3"和"3→3"类型的评价得分均值最低，其他类型得分均值大致居中，这表明，人文社科类硕士生对专业基础课程及前沿课程质量的评价较高，而自然科学及社科流动到自科的硕士生对上述两类课程质量的评价相对较低；对于实践类课程而言，"1→3"类型的评价得分均值最高，其次为"1→1"和"2→1"类型，而"2→3"和"1→2"类型的评价得分均值最低，这表明，由人文流动到自科的硕士生对实践课程质量评价最高，且人文学科及社科流动到人文学科的硕士生对实践类课程质量的评价也相对较高；对于研究方法类课程而言，得分均值高于总体样本平均值的五种类型（按照得分均值由高到低排序）依次为："1→1""2→1""3→2""2→2"和"3→1"，而得分均值低于总体样本平均值的四种类型（按照得分均值由高到低排序）依次为："3→3""2→3""1→2"和"1→3"，这表明，人文社科类硕士生及由自然科学流动到人文社科专业的硕士生对研究方法类课程质量的评价更高，而自然科学类、人文流动到社科及人文流动到自然科学的硕士生对研究方法类课程质量的评价相对更低；对于跨学科课程而言，得分均值高于总体样本平均值的五种类型依次为："1→1""2→1""1→3""3→2"和"2→2"，而得分均值低于总体样本平均值的四种类型依次为："3→3""3→1""1→2"和"2→3"，这表明，人文学科、人文流动到自科、社科流动到人文及社科类的硕士生对跨学科课程质量的评价相对更高，而自然科学、自科流动到社科、人文流动到社科、社科流动到自科的硕士生对跨学科课程质量的评价相对更低；对于思政类课程而言，"2→2"类型得分均值高于总体样本平均值，其他类型得分均值均低于总体样本平均值；对于外语类课程而言，"1→2"和"2→3"类型的得分均值要明显低于其他类型。

表4-5　九种学科流动类型下不同结构课程质量评价描述性统计结果

学科流动类型	专业基础课	专业前沿课	实践类课程	方法类课程	跨学科课程	思政类课程	外语类课程
1→1	3.79	3.71	3.49	3.69	3.53	3.73	3.70
1→2	3.65	3.59	3.35	3.55	3.43	3.73	3.59
1→3	3.74	3.69	3.57	3.53	3.51	3.73	3.64
2→1	3.80	3.73	3.47	3.64	3.52	3.74	3.68
2→2	3.69	3.64	3.42	3.63	3.47	3.78	3.68
2→3	3.59	3.51	3.38	3.55	3.40	3.71	3.63
3→1	3.67	3.58	3.44	3.61	3.45	3.59	3.64
3→2	3.67	3.62	3.46	3.63	3.48	3.73	3.68
3→3	3.64	3.57	3.46	3.56	3.46	3.73	3.67
总体样本均值	3.67	3.61	3.45	3.59	3.47	3.74	3.68

　　从上面的分析中可知,整体来看,学术型硕士生的学科流动情况确实会对不同结构课程质量评价产生明显影响,这表明,本-硕之间的学科流动分析视角是更加深入理解学术型硕士生对课程质量评价差异的重要切入点之一。此外,从学科大类情况来看,上述分析也表明,整体上而言,人文学科及流动到人文学科的硕士生群体对不同结构课程质量的评价相对更高,而自然科学及流动到自然科学的硕士生群体对不同结构课程质量的评价相对更低。

　　下面继续对不同院校流动类型视角下不同结构课程质量评价结果进行分析,统计结果见表4-6所示。对于专业基础课程而言,"1→3"和"3→1"类型的评价得分均值最高,而"2→1"和"3→2"类型的评价得分较低;对于专业前沿课程而言,"1→3"和"2→3"类型的评价得分均值最高,而"3→2""3→3"和"2→2"类型的评价得分均值最低,这表明,院校流动属于"向上流动"类型且向上流动幅度越大,则学术型硕士生对专业前沿课程质量的评价也越高,而院校流动属于"向下流动"和"平行流动"的学术型硕士生对专业前沿课程质量的评价较低;对于实践类课程和方法类课程而言,"1→3"和"3→1"类型的评价得分均值较高,而"3→3"和"3→2"类型的评价得分均值较低;对于跨学科课程而言,"1→3"和"2→3"类型的评价得分均值较高,而"3→2"和"2→2"类型的评价得分均值较低,这表明,院校流动属于"向上流动"类型且向上流动幅度越大,则学术型硕士生对跨学科课程质量的评价也越高,而院校流动属于"向下流动"和"平行流动"的学术型硕士生对专业前沿课程质量的评价较低;对于思政类课程而言,"1→3"和"2→3"类型的评价得分均值较高,而"3→1"类型的评价得分均值最低;对于外语类课程而言,"1→3"和"2→3"类型的评价得分均值较高,而"3→3""1→1"和"2→2"类型的评价得分均值较低,这表明,院校流动属于"向上流动"类型且向上流动幅度越大,则学术型硕士生对外语类课程质量的评价也越高,而院校流动属于"平行流动"的硕士生群体对外语类课程质量的评价最低。

表 4-6 九种院校流动类型下不同结构课程质量评价描述性统计结果

院校流动类型		专业基础课	专业前沿课	实践类课程	方法类课程	跨学科课程	思政类课程	外语类课程
平行流动	1→1	3.69	3.62	3.50	3.61	3.48	3.74	3.68
	2→2	3.66	3.59	3.45	3.60	3.45	3.74	3.66
	3→3	3.68	3.59	3.41	3.59	3.49	3.75	3.69
向上流动	1→2	3.68	3.62	3.45	3.60	3.45	3.76	3.69
	1→3	3.76	3.70	3.52	3.66	3.55	3.81	3.76
	2→3	3.72	3.68	3.45	3.63	3.53	3.79	3.74
向下流动	2→1	3.67	3.63	3.51	3.61	3.49	3.74	3.70
	3→1	3.76	3.63	3.53	3.68	3.47	3.64	3.72
	3→2	3.61	3.60	3.40	3.59	3.42	3.78	3.70
总体样本均值		3.69	3.63	3.47	3.61	3.48	3.76	3.69

上述分析结果表明,整体来看,本-硕就读院校流动属于"向上流动"且向上流动幅度越大,则学术型硕士生对不同结构课程质量的评价也越高,这种差异尤其体现在跨学科课程、思政类课程及外语类课程上;而院校流动属于"向下流动"和"平行流动"类型,则学术型硕士生对专业前沿课程、实践类课程、跨学科课程、思政类课程及外语类课程的质量评价相对更低。

下面继续构造回归分析模型展开学科流动和院校流动视角下学术型硕士生对不同结构课程质量评价差异的显著性检验,分析结果见表 4-7 所示。

表4-7　学科流动和院校流动视角下不同结构课程质量评价差异的显著性检验结果

解释变量		被解释变量						
		专业基础课	专业前沿课	实践类课程	方法类课程	跨学科课程	思政类课程	外语类课程
学科特征	人文→社科	-0.305*** (-5.038)	-0.245*** (-4.068)	-0.246*** (-4.032)	-0.261*** (-4.301)	-0.159** (-2.607)	0.024 (0.394)	-0.210*** (-3.423)
	人文→自科	0.029 (0.162)	0.114 (0.644)	0.403** (2.281)	-0.190 (-1.035)	0.143 (0.801)	0.206 (1.148)	0.005 (0.030)
	社科→人文	0.018 (0.247)	0.021 (0.297)	-0.039 (-0.543)	-0.137* (-1.895)	-0.068 (-0.949)	0.017 (0.229)	-0.070 (-0.956)
	社科→社科	-0.208*** (-7.400)	-0.149*** (-5.360)	-0.135*** (-4.858)	-0.123*** (-4.441)	-0.117*** (-4.203)	0.117*** (4.181)	-0.054* (-1.938)
	社科→自科	-0.530*** (-6.182)	-0.454*** (-5.346)	-0.261*** (-3.087)	-0.340*** (-4.045)	-0.303*** (-3.576)	-0.079 (-0.938)	-0.181** (-2.148)
	自科→人文	-0.268** (-2.398)	-0.259** (-2.329)	-0.085 (-0.766)	-0.077 (-0.693)	-0.148 (-1.318)	-0.329*** (-2.872)	-0.159 (-1.410)
	自科→社科	-0.264*** (-4.722)	-0.197*** (-3.569)	-0.047 (-0.848)	-0.119** (-2.157)	-0.115** (-2.076)	0.012 (0.215)	-0.065 (-1.162)
	自科→自科	-0.359*** (-14.307)	-0.321*** (-12.924)	-0.070*** (-2.833)	-0.304*** (-12.244)	-0.171*** (-6.867)	-0.046** (-1.847)	-0.104*** (-4.132)
院校特征	1→2	-0.028	0.001	-0.087***	-0.020	-0.055***	0.035	0.016

（续表）

解释变量	被解释变量						
	专业基础课	专业前沿课	实践类课程	方法类课程	跨学科课程	思政类课程	外语类课程
	(−1.323)	(0.057)	(−4.098)	(−0.958)	(−2.598)	(1.633)	(0.736)
1→3	0.162*** (6.053)	0.189*** (7.109)	0.050* (1.876)	0.117*** (4.403)	0.163*** (6.120)	0.183*** (6.874)	0.203*** (7.614)
2→1	−0.074 (−1.013)	0.007 (0.094)	0.014 (0.199)	−0.005 (−0.071)	0.016 (0.213)	0.013 (0.186)	0.058 (0.794)
2→2	−0.026 (−1.043)	−0.014 (−0.543)	−0.056** (−2.249)	0.006 (0.222)	−0.036 (−1.447)	0.036 (1.417)	−0.003 (−0.129)
2→3	0.136*** (3.706)	0.187*** (5.180)	−0.011 (−0.297)	0.088** (2.421)	0.154*** (4.248)	0.171*** (4.701)	0.187*** (5.149)
3→1	0.104 (0.898)	−0.041 (−0.363)	0.036 (0.317)	0.100 (0.880)	−0.042 (−0.363)	−0.170 (−1.462)	0.101 (0.883)
3→2	−0.163** (−2.259)	−0.013 (−0.176)	−0.167** (−2.344)	−0.037 (−0.519)	−0.083 (−1.164)	0.098 (1.384)	0.077 (1.082)
3→3	0.045 (1.610)	0.026 (0.936)	−0.099*** (−3.587)	0.031 (1.130)	0.069* (2.503)	0.104*** (3.717)	0.084*** (3.041)
控制变量	控制	控制	控制	控制	控制	控制	控制
N	68471	68471	68471	68471	68471	68471	68471

注：(1)括号内为 t 值，根据个体聚类的稳健标准误计算；(2)* $p<0.1$，** $p<0.05$，*** $p<0.01$；(3)学科特征和院校特征的参照组分别为人文→人文,1→1。

　　第一,从本-硕阶段学科流动的视角来看,在控制其他影响因素的情况下,与"人文→人文"的硕士生群体相比,"人文→社科""社科→社科"和"社科→自科"群体硕士生对除了思政类课程之外的其他六种课程类型质量评价的满意程度均显著更低,"人文→自科"群体硕士生对实践类课程质量评价的满意程度要显著更高,"社科→人文"群体硕士生对研究方法类课程质量评价的满意程度要显著更低,"自科→人文"群体硕士生对专业基础课、专业前沿课程及思政类课程质量评价的满意程度要显著更低,"自科→社科"群体硕士生对专业基础课、专业前沿课、研究方法类课程和跨学科课程质量评价的满意程度要显著更低,而"自科→自科"群体硕士生对七大类结构课程质量评价的满意程度均显著更低。上述显著性差异可以用表4-8进行更加直观的表示。

表4-8　学科流动类型对不同结构课程质量评价的影响示意图

(人文→人文)	人文→社科	人文→自科	社科→人文	社科→社科	社科→自科	自科→人文	自科→社科	自科→自科
专业基础课程	－			－	－	－	－	－
专业前沿课程	－			－	－		－	－
实践类课程	－	＋		－	－			－
方法类课程	－		－	－	－		－	－
跨学科课程	－			－	－		－	－
思政类课程				＋		－		－
外语类课程	－			－	－			－

注:"－"代表显著的负向影响效应;"＋"代表显著的正向影响效应;空白单元格代表影响效应并不显著。

　　第二,从本-硕阶段院校流动的视角来看,在控制其他影响因素的情况下,与"其他高校→其他高校"的硕士生群体相比,"其他高校→'一流学科'建设高校"的硕士生群体对实践类课程和跨学科课程质量的满意度要显著更低,"其他高校→'一流大学'建设高校"的硕士生群体在七类不同课程质量上的满意程度均要显著更高,"'一流学科'建设高校→'一流学科'建设高校"的硕士生群体对实践类课程质量的满意度要显著更低,"'一流学科'建设高校→'一流大学'建设高校"的硕士生群体对除实践类课程之外的其他六类课程质量的满意度要显著更低,"'一流大学'建设高校→'一流学科'建设高校"的硕士生群体对专业基础课程和实践类课程质量的满意程度显著更低,"'一流大学'建设高校→'一流大学'建设高校"的硕士生群体对跨学科课程、思政类课程和外语类课程质量的满意程度更高,而对实践类课程质量的满意程度更低。上述分析结果表明,本-硕阶段的院校"向上流动"能显著提升学术型硕士生对不同结构课程质量的满意度,且院校层次向上流动的幅度越大,则对不同结构课程质量满意度的提升和促进作用会更加明显。本部分的分析结果再次表明,院校流动视角是理解和分析学术型硕士生对课程满意度差异状况的一个重要切入点,个体对就读体验的满意度判断很大程度上是建立在与之前受教育经历的就读体验相比较的基础之上。上述显著性差异可以用表4-9进行更加直观地展示。

表4-9　院校流动类型对不同结构课程质量评价的影响示意图

(1→1)	1→2	1→3	2→1	2→2	2→3	3→1	3→2	3→3
专业基础课程		+			+		−	
专业前沿课程		+			+			
实践类课程	−	+						
方法类课程		+			+			
跨学科课程	−	+			+			+
思政类课程		+			+			+
外语类课程		+			+			+

注:"−"代表显著的负向影响效应;"+"代表显著的正向影响效应;空白单元格代表影响效应并不显著。

第四节　课程教学不同维度的评价

一、个体特征、学科特征和院校特征视角下的课程教学不同维度评价及其差异

在上述课程结构数量和课程结构质量调查分析的基础上,课题组进一步设

置了八个评价学术型硕士生课程教育满意度的测量指标作为被解释变量,按照前文的研究设计和分析思路,对课程教学不同维度的评价主要包括师生互动(调查问题包括课堂发表观点情况和与任课教师讨论问题两个方面,纳入分析时进行了合并处理)、课程教学区分度(指所开设的硕士课程与同类型本科课程之间的区分度)、教师授课态度、课程选择面(调查问题包括选修跨院系课程的方便程度和开设课程选择面广泛程度两个方面,纳入分析时同样进行了合并处理)、课业压力及整体上对课程教学的满意程度。与上述分析类似,解释变量也从个体特征、学科特征及院校特征三个层面展开,根据因变量的类型,采用定序逻辑回归模型进行显著性检验。

　　表4-10的描述性统计结果显示,整体来看,学术型硕士生对不同维度课程教学的满意度评价均值介于3.46～3.98之间,这一满意度评价表现整体处于"一般"到"比较满意"水平之间。具体来看,不同课程教学不同维度质量评价满意度均值由高到低依次为:任课教师授课态度(3.98)＞课程教学整体满意度(3.92)＞硕士课程与本科课程教学内容区分度(3.82)＞课程选择面(3.75)＞师生互动(3.46)。这表明,整体而言,学术型硕士生群体认为目前课程教学中师生互动不足或互动效果未达到理想效果,而课程教学中的课业压力(3.11)处于适中水平。

表4-10　学术型硕士生对课程教学不同维度评价的总体状况

课程评价维度	样本量	均值	标准差	最小值	最大值
师生互动	69 387	3.46	0.82	1	5
教学区分度	69 387	3.82	0.88	1	5
授课态度	69 387	3.98	0.94	1	5
课程选择面	69 387	3.75	0.89	1	5
课业压力	69 387	3.11	0.91	1	5
整体满意度	69 387	3.92	0.84	1	5

　　从表4-11的回归分析结果中可知,不同个体特征、不同学科特征及不同院校特征的硕士生群体对课程教学不同维度上的质量评价存在不同程度的显著差异,下面进行具体阐述。

表4-11　学术型硕士生对课程教学不同维度质量评价的影响因素分析

解释变量		被解释变量					
		师生互动	教学区分度	授课态度	课程选择面	课业压力	整体满意度
个体特征	性别(女性)	0.345*** (22.882)	0.077*** (4.882)	-0.066*** (-4.203)	0.054*** (3.631)	0.081*** (4.993)	-0.014 (-0.921)
	就读方式(非全日制)	-0.274*** (-4.075)	-0.160** (-2.267)	-0.293*** (-4.125)	-0.271*** (-4.028)	-0.303*** (-4.192)	-0.256*** (-3.613)
	入学方式(考研)	0.013 (0.710)	-0.163*** (-8.668)	-0.107*** (-5.657)	-0.039** (-2.180)	-0.095*** (-4.909)	-0.121*** (-6.468)
学科特征	社科	-0.220*** (-9.588)	-0.280*** (-11.496)	-0.301*** (-12.249)	-0.047** (-2.040)	-0.136*** (-5.502)	-0.163*** (-6.722)
	理学	-0.655*** (-25.722)	-0.440*** (-16.505)	-0.503*** (-18.624)	-0.194*** (-7.635)	-0.274*** (-9.991)	-0.401*** (-15.042)
	工学	-0.628*** (-26.968)	-0.389*** (-15.897)	-0.470*** (-19.061)	0.006 (0.280)	-0.336*** (-13.442)	-0.278*** (-11.403)
	农学	-0.476*** (-12.941)	-0.477*** (-12.352)	-0.457*** (-11.701)	-0.057 (-1.557)	-0.195*** (-4.903)	-0.339*** (-8.806)
	医学	-0.793*** (-26.812)	-0.542*** (-17.652)	-0.602*** (-19.440)	-0.163*** (-5.591)	-0.267*** (-8.435)	-0.537*** (-17.553)

（续表）

解释变量		被解释变量					
		师生互动	教学区分度	授课态度	课程选择面	课业压力	整体满意度
院校特征	中科院和社科院系统	-0.375***	0.036	0.044	0.419***	-0.051	0.143***
		(-8.042)	(0.752)	(0.914)	(9.172)	(-1.032)	(2.983)
	"一流学科"建设高校	-0.206***	-0.120***	-0.141***	-0.076***	-0.033*	-0.089***
		(-12.550)	(-7.016)	(-8.133)	(-4.634)	(-1.868)	(-5.215)
	"一流大学"建设高校	-0.395***	-0.165***	-0.116***	0.073***	-0.049***	-0.065***
		(-21.306)	(-8.585)	(-5.996)	(4.021)	(-2.479)	(-3.394)
截距		—	—	—	—	—	—
N		68471	68471	68471	68471	68471	68471

注：(1)括号内为 t 值，根据个体聚类的稳健标准误计算；(2) $^{*}\,p<0.1$，$^{**}\,p<0.05$，$^{***}\,p<0.01$；(3)学科特征和院校特征的参照组分别为人文和其他高校。

首先，从个体特征方面来看，在控制其他影响因素的情况下，男性群体对课程中的师生互动、课程区分度、课程选择面感受方面的积极评价要显著高于女性群体，而男性感受到的课业压力负担也显著更高；与非全日制就读的群体相比，全日制学术型硕士生群体对课程教学不同维度上的评价均显著更低且感知到的课业压力负担更轻；与考研入学的群体相比，推免方式入学的学术型硕士生群体对除师生互动之外的五个维度上的课程教学评价均显著更低且感知到的课业压力负担更轻。

其次，从学科特征方面来看，在控制其他影响因素的情况下，整体来看，与人文学科相比，社科、理学、工学、农学及医学类学术型硕士生对课程教学各维度上的评价均显著更低且感知到的课业压力负担更轻。

最后，从院校特征方面来看，在控制其他影响因素的情况下，与其他高校硕士生群体相比，"双一流"建设高校的硕士生群体对课程教学各维度上的评价均显著更低且感知到的课业压力负担更轻，而中科院和社科院系统的硕士生对课程教学中师生互动情况的评价显著更低，而对课程的选择面和课程教学的整体满意度显著更高。换言之，院校层次越高，学术型硕士生对课程教学不同维度上的评价却显著更低，这可能与重点建设高校硕士生群体对课程教学有着更高的期望有一定关系。因此，有必要继续从学科流动和院校流动的动态视角展开进一步分析。

二、本-硕学科流动和院校流动视角下的课程教学不同维度评价及其差异

表4-12中呈现的是九种学科流动类型下课程教学不同维度评价的得分均值情况，下面具体进行分析。从师生互动情况来看，"3→1""1→1"和"2→1"类型的评价得分均值最高，而"1→3""2→3"和"3→3"类型的评价得分均值最低，这表明，人文学科及流动到人文学科的硕士生对课程中的师生互动情况评价更高，而自然科学及流动到自然科学的硕士生对师生互动的评价更低，这种调查结果固然与人文学科自身的知识属性和人才培养规律有关，但同时也凸显出自然科学类学科课程教学中缺乏足够、良好的师生交流互动问题，有必要引起重视。从课程教学内容区分度和教师授课态度来看，"1→1""2→1"和"3→1"类型的评价得分均值更高，而"2→3"和"3→3"类型的评价得分均值最低，这表明，人文学科及

流动到人文学科的硕士生对硕士课程教学与本科课程教学的区分度及教师授课态度评价最高,而自然科学及流动到自然科学的硕士生对课程教学的区分度和教师授课态度评价最低,这同样反映出目前自然科学类专业硕士生课程教学内容与本科课程教学内容之间的区分度还不是非常令人满意,同时授课教师教学态度也有进一步改进的空间。实际上,教学区分度和教师授课态度本身有密切关系,教学区分度不明显也在很大程度上反映出一部分自然学科类学科教师对课程教学不够重视。从课程选择面来看,"1→3""2→1"和"3→2"类型的评价得分均值最高,而"1→2"和"2→3"类型的评价得分均值最低;从课业压力来看,"2→1"和"1→1"类型的评价得分均值最高,而"3→1"和"3→3"类型的评价得分均值最低。从整体教学满意度来看,"2→1""1→1"和"3→1"类型的评价得分均值最高,而"3→3"和"2→3"类型的评价得分均值最低。

表4-12　九种学科流动类型下课程教学不同维度评价描述性统计结果

学科流动类型	师生互动	教学区分度	授课态度	课程选择面	课业压力	整体满意度
1→1	3.65	3.96	4.14	3.77	3.19	4.02
1→2	3.58	3.86	4.01	3.70	3.16	3.94
1→3	3.48	3.89	4.01	3.80	3.14	3.96
2→1	3.63	3.96	4.15	3.78	3.20	4.03
2→2	3.56	3.83	4.03	3.75	3.13	3.96
2→3	3.46	3.80	3.95	3.70	3.16	3.86
3→1	3.69	3.90	4.05	3.76	3.07	4.01
3→2	3.56	3.87	4.02	3.78	3.17	3.95
3→3	3.38	3.78	3.93	3.75	3.07	3.88
总体样本均值	3.46	3.82	3.98	3.75	3.11	3.92

　　从上述分析中可知,整体来看,人文学科及流动到人文学科的硕士生对课程教学不同维度的评价要更为积极和正向,特别体现在师生互动、教学内容区分度、教授授课态度及整体课程教学满意度等方面;而自然科学及流动到自然科学类的硕士生对课程教学中的师生互动、教学内容区分度、教师授课态度及整体课

程教学满意度的评价则要更低。从学科流动视角的分析结果进一步表明，自然科学类学科中硕士生课程教学质量和满意度亟待引起培养单位的重视。

表4-13呈现的是九种院校流动类型下课程教学不同维度评价的得分均值情况，下面具体进行分析。从师生互动情况来看，"3→1""1→1"和"2→1"类型的评价得分均值较高，而"1→3""2→3"和"3→3"类型的评价得分均值较低，这表明，与"一流大学"建设高校或流动到"一流大学"建设高校的硕士生群体相比，一般高校或向下流动到一般高校的硕士生群体对课程教学中的师生互动评价更高。从教学区分度情况来看，"1→1""1→3"和"1→2"类型的评价得分均值较高，而"2→2""3→2"和"3→3"类型的评价得分均值较低，这表明，在其他高校间平行流动和有其他高校向上流动的硕士生群体对硕士课程与本科课程之间的区分度评价最高，而"双一流"建设高校间平行流动和向下流动群体对硕士课程与本科课程之间的区分度评价最低。从任课教师授课态度来看，"3→1"和"1→1"类型的评价得分均值较高，而"2→3""3→2"和"3→3"类型的评价得分均值较低，这表明，其他高校平行流动及向下流动到其他高校硕士生群体对任课教师授课态度评价较高，而"一流大学"建设高校平行流动或"双一流"建设高校互相上下流动的硕士生群体对任课教师授课态度评价最低，结合教学区分度的分析结果表明，越是重点高校的硕士生，对课程任课教师抱有的期望值越高。另外，在一些重点建设高校中，确实在某种程度上存在"重科研，轻教学"的现象。从课程选择面来看，"1→3"和"3→2"类型的评价得分均值较高，而"3→2"和"2→1"类型的评价得分均值较低，这表明，院校流动属于向上流动且流动的幅度越大，则硕士生感受到的课程选择面越宽广，而院校流动属于向下流动的硕士生群体认为课程选择面较为狭窄。从课业压力来看，"1→2"和"1→3"类型的评价得分均值较高，而"3→1""3→3"和"3→2"类型的评价得分均值较低，这表明，向上的院校流动使硕士生感受到更加明显的课业压力，而向下的院校流动和"一流大学"建设高校之间的平行流动使硕士生感受到的课业压力并不明显。从课程教学整体满意度来看，"3→1"和"1→3"类型的评价得分均值较高，而"3→3"和"3→2"类型的评价得分均值最低，这表明，由一般高校向"一流大学"建设高校之间的上下流动均有助于提升硕士生对课程教学的满意程度，而"一流大学"建设高校之间的平行流动和由"一流大学"建设高校流动到"一流学科"建设高校的硕士生群体感知到的整体课程教学评价最低。

表 4-13　九种院校流动类型下课程教学不同维度评价描述性统计结果

院校流动类型		师生互动	教学区分度	授课态度	课程选择面	课业压力	整体满意度
平行流动	1→1	3.57	3.89	4.05	3.78	3.12	3.97
	2→2	3.47	3.78	3.96	3.72	3.07	3.90
	3→3	3.33	3.69	3.94	3.77	3.03	3.86
向上流动	1→2	3.48	3.86	4.01	3.76	3.13	3.95
	1→3	3.44	3.87	4.01	3.83	3.12	3.98
	2→3	3.36	3.79	3.95	3.82	3.07	3.91
向下流动	2→1	3.53	3.84	4.00	3.68	3.08	3.90
	3→1	3.57	3.81	4.05	3.76	3.04	4.00
	3→2	3.45	3.71	3.94	3.67	2.99	3.86
总体样本均值		3.48	3.84	4.01	3.77	3.10	3.94

　　下面继续构造回归模型检验不同学科流动类型和院校流动类型对学术型硕士生不同维度课程教学满意度的显著性差异,分析结果见表 4-14 所示。

　　第一,从本-硕阶段学科流动的视角来看,在控制其他影响因素的情况下,与"人文→人文"的硕士生群体相比,"人文→社科"硕士生群体对课程中的师生互动、教学区分度、教师授课态度及课程教学整体满意度等维度上的评价均显著更低,"人文→自科"硕士生群体对师生互动方面的评价显著更低,"社科→人文"硕士生群体在六个维度上的评价与"人文→人文"硕士生群体并不存在显著差异,"社科→社科"硕士生群体在除课程选择面之外的其他五个维度上的评价均显著更低,"社科→自科"硕士生群体在除课业压力之外的其他五个维度上的评价均显著更低,"自科→人文"硕士生群体感受到的课业压力显著更低,"自科→人文"硕士生群体在除课程选择面之外的其他五个维度上的评价均显著更低,而"自科→自科"硕士生群体在各个维度上的评价均显著更低。

　　第二,从本-硕阶段院校流动视角来看,在控制其他影响因素的情况下,与"其他高校→其他高校"的硕士生群体相比,"其他高校→'一流学科'建设高校"的硕士生群体对师生互动、教学区分度、教师授课态度、课程选择面及整体课程满意度方面的评价显著更低,"其他高校→'一流大学'建设高校"的硕士生群体对师生互动、教师授课态度方面的评价显著更低,而对课程选择面上的评价显著

表 4 - 14　学科流动和院校流动视角下不同维度课程教学评价差异的显著性检验结果

解释变量		被解释变量					
		师生互动	教学区分度	授课态度	课程选择面	课业压力	整体满意度
学科特征(人文→人文)	人文→社科	−0.203***	−0.263***	−0.311***	−0.085	−0.072	−0.155**
		(−3.515)	(−4.325)	(−5.037)	(−1.459)	(−1.157)	(−2.528)
	人文→自科	−0.303*	0.056	0.183	0.236	−0.052	0.049
		(−1.744)	(0.316)	(−1.016)	(1.395)	(−0.283)	(0.283)
	社科→人文	−0.100	−0.051	−0.022	0.006	−0.023	−0.063
		(−1.452)	(−0.688)	(−0.294)	(0.087)	(−0.304)	(−0.869)
	社科→社科	−0.227***	−0.297***	−0.311***	−0.043	−0.177***	−0.151***
		(−8.550)	(−10.518)	(−10.966)	(−1.596)	(−6.166)	(−5.365)
	社科→自科	−0.521***	−0.446***	−0.561***	−0.175**	−0.133	−0.430***
		(−6.448)	(−5.270)	(−6.604)	(−2.188)	(−1.506)	(−5.054)
	自科→人文	−0.045	−0.147	−0.185	−0.014	−0.322***	0.046
		(−0.431)	(−1.300)	(−1.642)	(−0.131)	(−2.833)	(0.405)
	自科→社科	−0.286***	−0.258***	−0.358***	0.006	−0.146**	−0.220***
		(−5.404)	(−4.603)	(−6.337)	(0.105)	(−2.536)	(−3.923)
	自科→自科	−0.670***	−0.465***	−0.533***	−0.094***	−0.319***	−0.382***
		(−27.985)	(−18.417)	(−20.933)	(−3.893)	(−12.421)	(−15.177)
院校特征(1→1)	1→2	−0.197***	−0.077***	−0.128***	−0.040*	0.011	−0.062***

（续表）

解释变量	被解释变量					
	师生互动	教学区分度	授课态度	课程选择面	课业压力	整体满意度
	（−9.613）	（−3.602）	（−5.935）	（−1.960）	（0.507）	（−2.916）
1→3	−0.254*** （−9.859）	−0.036 （−1.351）	−0.088*** （−3.241）	0.120*** （4.737）	0.035 （1.262）	0.026 （0.961）
2→1	−0.140** （−2.012）	−0.141* （−1.923）	−0.146* （−1.978）	−0.183*** （−2.610）	−0.124* （−1.662）	−0.158** （−2.152）
2→2	−0.217*** （−8.933）	−0.186*** （−7.325）	−0.165*** （−6.439）	−0.116*** （−4.814）	−0.115*** （−4.410）	−0.111*** （−4.383）
2→3	−0.449*** （−12.685）	−0.130* （−3.526）	−0.151*** （−4.079）	0.128*** （3.686）	−0.053 （−1.393）	−0.058 （−1.569）
3→1	−0.093 （−0.866）	−0.209* （−1.818）	−0.058 （−0.503）	−0.022 （−0.203）	−0.222* （−1.870）	0.043 （0.382）
3→2	−0.333*** （−4.801）	−0.381*** （−5.209）	−0.231*** （−3.169）	−0.183*** （−2.642）	−0.303*** （−4.053）	−0.241*** （−3.323）
3→3	−0.517*** （−18.864）	−0.332*** （−11.718）	−0.144*** （−5.084）	0.013 （0.479）	−0.180*** （−6.203）	−0.142*** （−5.049）
控制变量	控制	控制	控制	控制	控制	控制
N	59 028	59 028	59 028	59 028	59 028	59 028

注：(1)括号内为 t 值，根据个体聚类的稳健标准误计算；(2) * $p<0.1$，** $p<0.05$，*** $p<0.01$。

更高,"'一流学科'建设高校→其他高校"和"一流学科"建设高校之间平行流动的硕士生群体对六个维度上的评价均显著更低,"'一流学科'建设高校→'一流大学'建设高校"的硕士生群体对师生互动、教学区分度及教师授课态度的评价显著更低,而对课程选择面的评价显著更高,"一流大学"建设高校之间的平行流动和向下流动会对硕士生群体六个课程评价维度的评价产生显著的负向影响。

第五节　本章小结

本章从不同角度对学术型硕士生的课程结构及教学评价进行了综合分析,得出以下研究发现:

第一,从课程结构设置合理性方面来看,学术型硕士生认为目前实践类课程(38.47%)、跨学科课程(36.54%)、专业前沿类课程(25.42%)和研究方法类课程(21.74%)数量偏少。分学科特征的进一步分析结果显示,人文和社科类硕士生认为实践类课程和跨学科课程数量偏少的比例最高,分别达到45%和接近40%,而自然科学类硕士生认为实践类课程和跨学科课程数量偏少的比例接近或超过30%;人文学科硕士生认为专业前沿课程和研究方法课程数量偏少的比例也明显高于其他学科。分院校特征的进一步分析结果显示,中科院和社科院系统硕士生认为实践课程数量偏少的比例最高,达到43.52%,其次为"双一流"建设高校,选择比例在40%左右;"双一流"建设高校硕士生认为跨学科课程数量偏少的比例要明显高于中科院和社科院系统及其他高校;中科院和社科院系统硕士生认为研究方法类课程数量偏少的比例也最高,为27.33%。

第二,从不同结构课程质量评价方面来看,学术型硕士生对不同结构课程质量的满意度评价均值介于3.45~3.74之间,这一满意度评价表现整体处于"一般"水平。不同结构课程质量评价满意度均值由高到低依次为:思政类课程(3.74)>外语类课程(3.68)>专业基础课程(3.67)>专业前沿课程(3.61)>研究方法类课程(3.59)>跨学科课程(3.47)>实践类课程(3.45)。学术型硕士生认为实践类课程、跨学科课程、研究方法类课程及专业前沿课程等四类课程既存在开课数量偏少,也存在开课质量不高的"双重挑战"。进一步的回归分析结果显示,个体特征、学科特征及院校特征对不同结构课程质量会产生不同程度的显著影响。具体表现为：①与非全日制方式就读和考研入学群体相比，全日制方式就读和推免入学群体对七类课程质量评价的满意度均显著更低；②与人文学科相比，社科和自然科学类硕士生群体对专业基础课程、专业前沿课程、方法类课程和跨学科课程的质量评价均显著更低；③与其他高校相比，"一流大学"建设高校学术型硕士生在除了实践类课程之外的其他六类课程质量满意度上的评价得分均显著更高，而"一流学科"建设高校学术型硕士生对专业基础课、实践类课程和跨学科课程上的满意度评价均显著更低，中科院和社科院系统学术型硕士生对七大类课程质量满意度上的评价均显著更高。

第三，从学科流动和院校流动视角对不同结构课程质量评价的影响来看，本-硕阶段的学科流动和院校流动确实会对课程质量评价产生明显影响，这表明流动这一动态视角是深入理解研究生对课程质量评价差异的重要和关键切入点之一。从学科流动视角来看，整体而言，人文学科及流动到人文学科的硕士生群体对不同结构课程质量的评价相对更高，而自然科学及流动到自然科学的硕士生群体对不同结构课程质量的评价相对更低。从院校流动视角来看，整体而言，本-硕就读院校流动属于"向上流动"且向上流动幅度越大，则学术型硕士生对不同结构课程质量的评价也越高，这种差异尤其体现在跨学科课程、思政类课程及外语类课程上；而院校流动属于"向下流动"和"平行流动"类型，则学术型硕士生对专业前沿课程、实践类课程、跨学科课程、思政类课程及外语类课程的质量评价相对更低。进一步的回归分析也表明，本-硕阶段的院校"向上流动"能显著提升学术型硕士生对不同结构课程质量的满意度，且院校层次向上流动的幅度越大，则对不同结构课程质量满意度的提升和促进作用会更加明显。

第四，从课程及教学不同维度的评价情况来看，整体而言，学术型硕士生对课程教学不同维度质量评价满意度均值由高到低依次为：任课教师授课态度（3.98）＞课程教学整体满意度（3.92）＞硕士课程与本科课程教学内容区分度（3.82）＞课程选择面（3.75）＞师生互动（3.46）。这表明，整体而言，学术型硕士生群体认为目前课程教学中师生互动不足或互动效果未达到理想效果，而课程教学中的课业压力（3.11）处于适中水平。进一步的回归分析结果显示，个体特征、学科特征及院校特征对课程及教学不同维度上的评价会产生不同程度的显著影响。具体表现为：①与非全日制就读的群体相比，全日制学术型硕士生群体对课程教学不同维度上的评价均显著更低且感知到的课业压力负担更轻；与考研入学的群体相比,推免方式入学的学术型硕士生群体对除师生互动之外的五个维度上的课程教学评价均显著更低且感知到的课业压力负担更轻;②与人文学科相比,社科、理学、工学、农学及医学类学术型硕士生对课程教学各维度上的评价均显著更低且感知到的课业压力负担更轻;③院校层次越高,学术型硕士生对课程教学不同维度上的评价却显著更低,这可能与重点建设高校硕士生群体对课程教学有着更高的期望有一定关系。

第五,从学科流动和院校流动视角对课程及教学不同维度上的评价情况来看,本-硕阶段的学科流动和院校流动确实会对不同维度上的评价结果产生明显影响。从学科流动视角来看,人文学科及流动到人文学科的硕士生对课程教学不同维度的评价要更为积极和正向,特别体现在师生互动、教学内容区分度、教授授课态度及整体课程教学满意度等方面;而自然科学及流动到自然科学类的硕士生对课程教学中的师生互动、教学内容区分度、教师授课态度及整体课程教学满意度的评价则要更低。从院校流动视角来看,由一般高校向"一流大学"建设高校之间的上下流动均有助于提升硕士生对课程教学的满意程度,而"一流大学"建设高校之间的平行流动和由"一流大学"建设高校流动到"一流学科"建设高校的硕士生群体感知到的整体课程教学评价相对更低。

在上述研究发现的基础上,本部分提出如下政策建议:

第一,不断调整优化课程结构,特别是不断加大实践类、跨学科类课程的投入建设力度。研究生教育课程体系建设问题很早就进入了研究者的视野①②,但时至今日,研究生课程体系和课程结构仍然存在很大的调整和优化的空间。《教育部关于改进和加强研究生课程建设的意见》[教研(2014)5 号]中明确指出,要把培养目标和学位要求作为课程体系设计的根本依据。完整贯彻本学科研究生培养目标和学位要求,重视课程体系的系统设计和整体优化。科学设计课程分类,根据需要按一级学科设置课程和设置跨学科课程,增加研究方法类、研讨类和实践类等课程。本次调查的结果显示,实践类课程、跨学科课程、学科前沿类课程及方法类课程开设数量不足、开课质量不高等问题依然存在,在个别学科中表现得较为突出,值得引起研究生培养单位和学科点的高度重视。有学者对美

---

① 谢安邦. 构建合理的研究生教育课程体系[J]. 高等教育研究,2003(5):68-72.
② 罗尧成. 我国研究生教育课程体系研[D]. 上海:华东师范大学,2005:59.

国著名高校研究生课程设置特点进行分析的结果表明,样本高校研究生课程在学科交叉课、学术前沿课及研究方法课程合计开设数量方面已明显超过基础课程开设数量,这些丰富的课程数量为研究生群体提供了更加广阔的选择余地[①],而相比之下,我国很多研究生培养单位在上述课程开设数量方面却明显不足,存在很大的增设课程数量和提升课程质量空间。

第二,不断提升课程教学实效,特别要增强教学中的师生互动、明晰课程层次和区分度。研究生阶段的学习方式和研究生阶段的年龄特点决定了研究生的课程教学更宜采取以互动式、合作式、启发式和探究式为主的课程教学方式,且研究生的课程规模较本科阶段更小,也更加适宜上述教学方式的实际应用。本次调查结果显示,学术型硕士生群体对任课教师授课态度评价较高,而对硕士阶段课程与本科阶段课程教学内容的区分度及课程教学过程中的师生互动情况评价相对较低,这更加凸显了增强课程教学中的师生互动、进一步明晰课程层次和课程区分度的重要性和迫切性。相关研究也表明,提高研究生教育的质量,必须重视研究生课程的层次性[②]。《教育部关于改进和加强研究生课程建设的意见》中也明确指出,要重视促进学生、教师之间的良性互动;尊重研究生的主体地位,促进课程学习中的教学互动;重视激发研究生的学习兴趣,发掘提升研究生的自主学习能力,要求和指导研究生积极开展自主学习。与专业型硕士生不同,学术型硕士生对学术研究能力的培养更加重要,而这种能力的获得更适宜通过采用互动式、个性化、互相讨论的方式获得。另外,与本科阶段的重要区别之一是,学术型硕士生必须学习自主选择核心研究领域和感兴趣研究问题的能力,这种能力也需要通过与包括导师和任课教师在内的相关老师之间进行不断讨论、不断怀疑和不断确认才能形成。

第三,加强研究生课程信息化建设步伐,不断促进优质研究生基础和方法课程共享融通。以"互联网+"、大数据、新一代人工智能为代表的新一轮工业和技术革命对我国研究生教育带来了宝贵的发展机遇。2018年教育部出台了《教育信息化2.0计划》,目前,国家层面《教育信息化中长期发展规划(2021—2035

① 向智男,熊玲.关于推进学术型研究生课程建设国际化的思考与探索——基于美国著名高校研究生课程设置的特点分析[J].学位与研究生教育,2016(12):39-44.
② 汪霞.研究生课程层次性设计的改革:分性、分层、分类[J].苏州大学学报(教育科学版),2019,7(4):55-64.

年)》和《教育信息化"十四五"规划》正在出台过程当中。在本科生层面,目前各重点高校已开发了大量的精品在线课程,种类齐全,制作精美,取得了极大的成功。硕士生层面的课程相比本科生课程更具高阶性、前沿性和研究性,但不同学科专业学术型硕士生的基础课程和方法类课程却有着极大的共通性。不断加强重点高校的优质研究生课程资源信息化建设步伐,开发更多更优质的在线教育课程资源能极大提升研究生对基础课程和方法类课程的选择空间,使一些基础课程和方法类课程资源和实力相对薄弱的培养单位能获得极大的增值效应,也有利于优质课程资源的共享融通。

第五章
学术型硕士生的导师指导状况

导师是研究生培养的第一责任人,有责任对研究生进行学科前沿引导、科研方法指导和学术规范教导,导师指导水平和投入程度直接影响到研究生培养的质量。那么,目前我国研究生导师指导的现状是什么? 研究生对导师指导的满意程度如何? 不同院校、不同学科及不同个体特征的研究生群体对导师指导的满意度又有哪些差异性呢? 本章将根据 2021 年调查数据对这些问题展开分析。

第一节　导师画像

本部分将从导师性别结构(男性＝1;女性＝0)、职称结构(讲师或助理研究员＝1;副教授或副研究员＝2;教授或研究员＝3)、年龄结构(35 岁及以下＝1;35～45 岁之间＝2;46～55 岁之间＝3;56 岁及以上＝4)、导师最高学位获得地(大陆＝1;国外或境外＝0)、导师选择方式(自主选择＝1;院系指派或调剂＝0)、是否有副导师或导师指导小组(是＝1;否＝0)、导师是否会定期组织组会、学习沙龙或读书会等活动(是＝1;否＝0)、与导师面对面交流频率(逆向指标)、与导师线上交流频率(逆向指标)等方面对不同学科导师的整体画像进行描绘,以从这些剖面初步揭示学术型硕士生的导师整体特征。

一、性别结构

在性别结构方面,学术型硕士生导师在总体上以男性导师为主,男性导师

(68.38%)所占比例远远高于女性导师(31.62%),且在不同学科之间也具有一定差异。图5-1的分析结果显示,工学、农学和理学类硕士生导师的性别结构差异更为明显,尤其是工学类,男性导师的比例最高,接近80%;其次为社科[女性导师(38.11%)、男性导师(61.89%)]和人文[女性导师(39.89%)、男性导师(60.11%)];而医学虽然属于自然科学类,但其硕士生导师的性别结构却相对比较均衡,女性导师所占比例最高,超过40%。

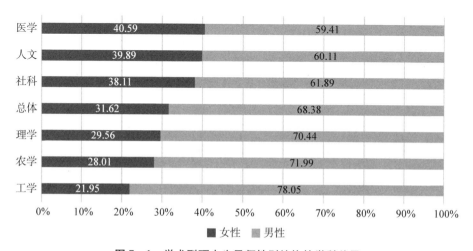

图5-1　学术型硕士生导师性别结构的学科差异

二、职称结构

在职称结构方面,一半以上的学术型硕士生导师由教授(研究员)(66.87%)担任,其次为副教授(副研究员)(30.90%)和讲师(助理研究员)(2.23%)。图5-2的分析结果显示,77.56%的医学硕士生导师为教授(研究员),明显高于其他学科,同时农学和理学硕士生导师为教授(研究员)的比例也位于总体比例之上;而人文和社科类硕士生导师的这一比例则相对较低,分别为63.17%和61.87%,这也与不同学科之间的研究特性密切相关。所有学科中导师为讲师(助理研究员)的比例均较低。

三、年龄结构

在年龄结构方面,学术型硕士生导师群体的年龄范围大多集中于"36~45

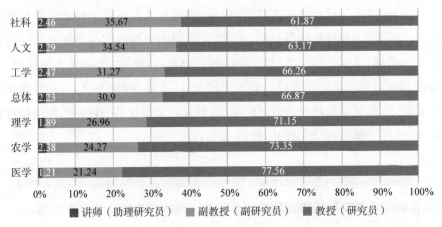

图 5-2   学术型硕士生导师职称结构的学科差异

岁之间"(39.15％)和"46～55 岁之间"(37.03％)。其中,理学和工学硕士生导师的年龄在"36～45 岁之间"的比例均高于总体比例,分别为 44.38％ 和43.95％,明显高于其他学科;社科、医学和人文学科硕士生导师的年龄则主要分布于"46～55 岁之间"。同时,年龄在"56 岁及以上"且依然指导学术型硕士生的导师仍占据一定比例,以医学(23.94％)最为显著,其他学科依次为人文、农学、社科、理学和工学,如图 5-3 所示。

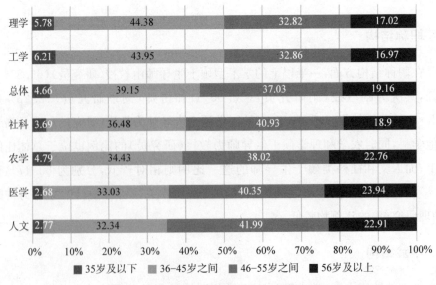

图 5-3   学术型硕士生导师年龄结构的学科差异

四、最高学位

从学术型硕士生导师最高学位获得情况来看,八成以上的学术型硕士生导师都是在大陆获得最高学位,在国(境)外获得最高学位的比例较低(15.33%)。其中,社科和人文类硕士生导师在大陆获得最高学位的比例最高,分别为91.16%和89.83%;其次是农学(84.71%)、工学(82.25%)和医学(81.94%);理学硕士生导师在大陆获得最高学位的比例相对最低,为76.27%。相应的,理学硕士生导师在国(境)外获得学位的比例则是最高的,占比超过20%,如图5-4所示。

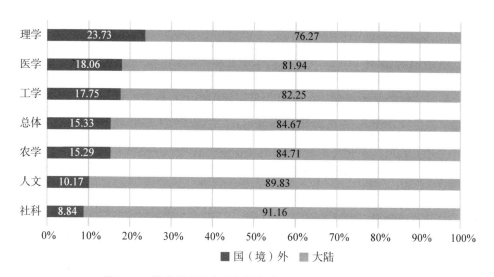

图5-4　学术型硕士生导师最高学位获得情况的学科差异

五、导师选择方式

从选择导师的方式来看,有84.89%的学术型硕士是自主选择导师的,15.11%的学术型硕士生则是由院系指派(含调剂)。图5-5的分析结果显示,在不同的学科门类中,学术型硕士生能够自主选择导师的比例由高到低依次为:工学(88.13%)、社科(84.92%)、理学(84.33%)、农学(84.25%)、人文(83.70%)和医学(76.60%)。可见,工学类硕士生自主选择导师的比例最高,而医学类这一比例则相对最低,有23.40%的医学类硕士生的导师是由院系指派(含调剂)的。

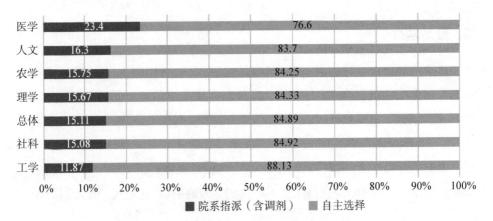

图 5-5　学术型硕士生导师选择方式的学科差异

六、小组指导情况

不同学科的学术型硕士生在是否采用导师小组指导方式这一方面表现出较大的学科差异。图 5-6 的分析结果显示,医学、农学、工学和理学自然科学类多采用导师小组指导的方式,尤其是医学和农学,一半以上的硕士生都有导师指导小组;而人文、社科类则更多地采用单一导师指导模式,有 80% 左右的人文社科

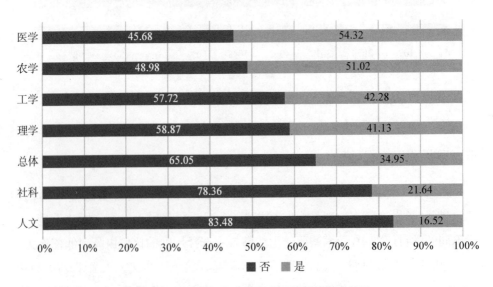

图 5-6　学术型硕士生是否小组指导的学科差异

类硕士生表示自己没有导师指导小组,这也在一定程度上反应出不同学科之间的学科文化以及知识生产方式的差异性。

七、组会、学习沙龙或读书会组织情况

图 5-7 的分析结果显示,总体上 83.52% 的学术型硕士生导师会定期组织组会、学习沙龙或读书会等活动。从学科差异来看,85% 以上的农学、医学、理学和工学类硕士生表示导师会定期组织组会、学习沙龙或读书会等活动,而社科类和人文类的这一比例则相对较低,分别为 79.53% 和 78.70%。

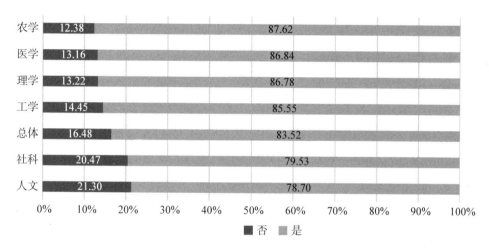

图 5-7　导师是否定期组织组会、学习沙龙或读书会等活动情况的学科差异

八、导生交流频率

学术型硕士生与导师的交流主要有线下面对面和线上交流两种方式。图 5-8 的分析结果显示,学术型硕士生与导师面对面交流的频率主要为"每周若干次"和"每周一次"。其中,超过四成的理学、农学和工学类硕士生表示每周会和导师面对面交流若干次,交流次数最为频繁,明显高于其他学科;近三成的工学、社科、理学等学科硕士生表示平时和导师面对面交流的频率为"每周一次"。另外值得注意的是,同其他学科相比,人文类硕士生与导师面对面交流的次数较少,交流频率主要为"每周一次"(26.19%)和"每月一次"(20.92%)。

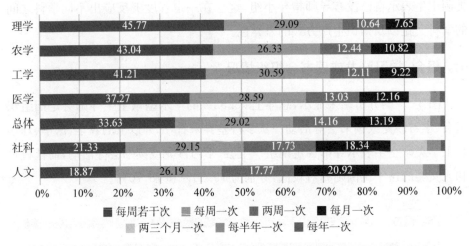

图5-8　学术型硕士生与导师面对面交流情况的学科差异

图5-9的分析结果显示,学术型硕士生与导师线上交流的频率同样主要为"每周若干次"和"每周一次"。从学科差异来看,农学和理学硕士生与导师线上交流的频率最高,超过50%以上的硕士生选择每周交流若干次,其次为工学(49.58%)和医学(44.98%),而社科和人文类硕士生与导师交流的频率相对较低。

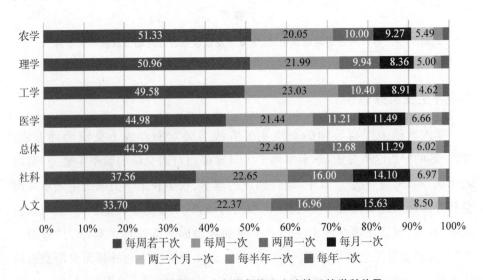

图5-9　学术型硕士生与导师线上交流情况的学科差异

第二节　导师指导效果及差异

调查结果显示,学术型硕士生对"导师的师德师风很好"这一表述的认同程度最高,其次对"导师能够和学生平等进行学术交流""送审前导师认真阅读了我的论文,进行了质量把关""导师的学术水平很高"等表述的认同程度也较高,这表明,学术型硕士生对导师的职业素养、学术水平及指导非常认可。

学术型硕士生对"导师对我的职业生涯规划提供了很好的指导""我希望导师能明确告诉我该研究什么""我认为要想顺利毕业,最好按照老师的思路开展研究""在研究中当导师否定我的想法时,我经常会放弃我的想法"等相关表示的认同度较低。这表明,一方面学术型硕士生导师应进一步加强对学生求职就业等未来职业发展规划方面的指导和帮助,另一方面学术型硕士生在学术研究过程中有较大的自主性和能动性,能独立进行思考,同时与导师进行平等的学术交流与互动。

为了进一步衡量不同特征学术型硕士生对导师指导满意度评价方面的差异性,课题组通过构造回归模型来揭示其差异在统计意义上是否显著。在表 5 - 1 的回归结果中,被解释变量分别为对导师在各个维度指导方面的满意程度,并采用李克特五点量表测量,解释变量包括学校特征、学科特征、导师特征及个体特征等不同影响因素。因此,均采取定序逻辑回归模型,下面分别进行解释。

第一,从学校层面来看,在控制其他影响因素的情况下,除中科院和社科院系统之外,学校层次越高,学术型硕士生对导师在各个衡量维度指导上的满意程度越低,且这种差异在统计意义上非常显著。这可能与两个方面的原因有关:一方面,就读的学校层次越高,硕士生的就读期望也越高,相应地,其就读体验的满意程度可能越低;另一方面,学校层次越高,则导师的指导重心可能放在博士生身上,相应地,对硕士生的指导可能有所忽视,导致硕士生对导师指导的满意程度相对较低。此外,与其他高校相比,中科院和社科院系统学术型硕士生对导师在学位论文指导、职业生涯规划指导及整体指导方面的满意度显著更高。

第二,从学科层面来看,在控制其他影响因素的情况下,与人文学科相比,社会科学和理工农医等自然科学就读的硕士生对导师在各个衡量维度指导上的满

表 5 - 1　学术型硕士生导师指导效果的差异

解释变量		学术志趣养成	自由研究空间	自主选择学位论文题目	学位论文指导	职业生涯规划指导	与导师平等进行学术交流	整体指导满意度
					被解释变量			
学校层面（其他高校）	中科院和社科院系统	0.050	0.086*	-0.110*	0.129**	0.086*	0.173***	0.173***
		(1.006)	(1.658)	(-2.178)	(2.468)	(1.645)	(3.229)	(3.229)
	"一流学科"建设高校	-0.104***	-0.069***	-0.062***	-0.073***	-0.115***	-0.090***	-0.090***
		(-5.862)	(-3.856)	(-3.542)	(-4.006)	(-6.656)	(-4.848)	(-4.848)
	"一流大学"建设高校	-0.175***	-0.073***	-0.058***	-0.108***	-0.205***	-0.083***	-0.083***
		(-8.720)	(-3.546)	(-2.865)	(-5.215)	(-10.397)	(-3.980)	(-3.980)
学科层面（人文）	社科	-0.314***	-0.330***	-0.362***	-0.348***	-0.145***	-0.315***	-0.315***
		(-12.256)	(-12.766)	(-14.336)	(-12.476)	(-5.861)	(-11.175)	(-11.175)
	理学	-1.017***	-0.999***	-1.470***	-1.220***	-1.005***	-1.174***	-1.174***
		(-34.480)	(-33.386)	(-50.078)	(-39.417)	(-35.328)	(-37.172)	(-37.172)
	工学	-0.960***	-0.895***	-1.298***	-1.202***	-0.889***	-1.086***	-1.086***
		(-35.814)	(-32.974)	(-48.593)	(-42.191)	(-34.572)	(-37.526)	(-37.526)
	农学	-0.955***	-0.979***	-1.602***	-1.180***	-0.911***	-1.160***	-1.160***
		(-23.008)	(-23.273)	(-37.472)	(-27.627)	(-22.729)	(-26.812)	(-26.812)
	医学	-1.021***	-1.086***	-1.523***	-1.344***	-0.856***	-1.267***	-1.267***
		(-30.934)	(-32.326)	(-46.059)	(-39.235)	(-26.714)	(-36.187)	(-36.187)

（续表）

解释变量		被解释变量						
		学术志趣养成	自由研究空间	自主选择学位论文题目	学位论文指导	职业生涯规划指导	与导师平等进行学术交流	整体指导满意度
导师层面	导师性别（女性）	0.041**	0.067***	−0.001	−0.014	−0.004	0.044**	0.044**
		(2.489)	(4.036)	(−0.033)	(−0.812)	(−0.241)	(2.525)	(2.525)
	副高级（讲师/助理研究员）	0.060	−0.048	−0.005	0.026	0.081	−0.009	−0.009
		(1.141)	(−0.923)	(−0.104)	(0.484)	(1.567)	(−0.167)	(−0.167)
	正高级（讲师/助理研究员）	0.116**	−0.059	−0.030	0.031	0.021	−0.045	−0.045
		(2.179)	(−1.122)	(−0.594)	(0.566)	(0.402)	(−0.826)	(−0.826)
	导师年龄	0.089***	0.155***	0.144***	0.075***	0.141***	0.120***	0.120***
		(8.818)	(14.913)	(14.128)	(7.207)	(14.275)	(11.375)	(11.375)
	导师学位（国外或境外）	0.088***	0.101***	0.077***	0.083***	0.186***	0.091***	0.091***
		(4.108)	(4.662)	(3.622)	(3.825)	(8.746)	(4.110)	(4.110)
	选择导师方式（非自主选择）	0.511***	0.442***	0.499***	0.463***	0.495***	0.503***	0.503***
		(23.353)	(19.646)	(22.993)	(20.762)	(23.383)	(22.545)	(22.545)
	导师是否定期组织学术活动	1.097***	0.599***	0.558***	0.996***	0.979***	0.825***	0.825***
		(48.301)	(25.587)	(24.985)	(42.543)	(44.722)	(35.421)	(35.421)
	副导师或导师指导小组	0.251***	0.181***	0.187***	0.191***	0.329***	0.220***	0.220***
		(15.256)	(10.885)	(11.442)	(11.411)	(20.434)	(12.819)	(12.819)

（续表）

	解释变量	被解释变量						
		学术志趣养成	自由研究空间	自主选择学位论文题目	学位论文指导	职业生涯规划指导	与导师平等进行学术交流	整体指导满意度
个体层面	与导师面对面交流频率	-0.218***	-0.038***	-0.033***	-0.190***	-0.193***	-0.118***	-0.118***
		(-27.087)	(-4.596)	(-4.171)	(-22.925)	(-24.571)	(-14.210)	(-14.210)
	与导师线上交流频率	-0.350***	-0.197***	-0.162***	-0.315***	-0.311***	-0.252***	-0.252***
		(-45.400)	(-25.166)	(-21.343)	(-39.872)	(-41.473)	(-31.886)	(-31.886)
	性别（女性）	-0.006	0.020	0.047***	-0.089***	0.030*	-0.095***	-0.095***
		(-0.359)	(1.221)	(2.872)	(-5.328)	(1.878)	(-5.608)	(-5.608)
	就读方式（非全日制）	-0.332***	-0.150*	-0.257***	-0.354***	-0.280***	-0.189**	-0.189**
		(-4.082)	(-1.915)	(-3.274)	(-4.184)	(-3.684)	(-2.292)	(-2.292)
	推免生	-0.187***	-0.069***	-0.069***	-0.191***	-0.138***	-0.105***	-0.105***
		(-9.662)	(-3.477)	(-3.525)	(-9.609)	(-7.238)	(-5.184)	(-5.184)
	截距1	-4.887***	-4.389***	-4.696***	-5.496***	-4.179***	-4.955***	-4.955***
		(-43.924)	(-39.362)	(-43.148)	(-47.273)	(-39.739)	(-42.697)	(-42.697)
	截距2	-3.985***	-3.569***	-3.330***	-4.605***	-3.070***	-4.068***	-4.068***
		(-36.590)	(-32.960)	(-31.730)	(-40.541)	(-29.711)	(-36.008)	(-36.008)
	截距3	-2.119***	-2.018***	-1.795***	-2.845***	-1.236***	-2.521***	-2.521***
		(-19.741)	(-18.985)	(-17.287)	(-25.485)	(-12.081)	(-22.707)	(-22.707)

（续表）

解释变量	被解释变量						
	学术志趣养成	自由研究空间	自主选择学位论文题目	学位论文指导	职业生涯规划指导	与导师平等进行学术交流	整体指导满意度
截距4	0.173	0.290***	0.290***	−0.566***	0.620***	−0.369***	−0.369***
	(1.621)	(2.739)	(2.802)	(−5.099)	(6.070)	(−3.345)	(−3.345)
N	67 204	67 204	67 204	67 204	67 204	67 204	67 204

注：(1)括号内为 t 值，根据个体聚类的稳健标准误计算；(2) $^*p<0.1$，$^{**}p<0.05$，$^{***}p<0.01$。

意程度更低,且这种差异在统计意义上非常显著。

第三,从导师层面来看,在控制其他影响因素的情况下,导师的不同个体特征和指导方式对学生的满意度会产生不同程度的影响。具体而言,从导师性别来看,与女性导师相比,学术型硕士生对男性导师在学术志趣养成、自由研究空间及整体指导的满意程度要显著更高;从导师职称来看,与导师职称为讲师(助理研究员)群体相比,学术型硕士生对教授(研究员)这一群体的导师在学术志趣养成方面的满意程度更高,而对副教授(副研究员)这一群体的导师在职业生涯规划指导方面的满意程度更高。此外,导师年龄与导师指导满意度呈现显著正向相关关系;导师分配结合学生意愿,则学生对导师指导的满意程度更高;学生与导师面对面或者线上交流频率越高,导师定期组织各种组会/读书会,则学生对导师指导的满意程度也越高;与单一导师指导模式相比,学生对导师小组指导方式的满意程度更高。

第四,从个体层面来看,在控制其他影响因素的情况下,从性别差异来看,与女研究生相比,男硕士生对导师在学位论文指导和导师整体指导等方面的满意度显著更低;与考研学生相比,推免学生对导师在各个衡量维度上的满意程度显著更低。

第三节　本章小结

本章主要对学术型硕士生导师的整体特征、指导情况评价及导师指导满意程度的差异性方面进行了分析,得出如下主要结论:

第一,从导师群体的整体画像来看,一是在性别结构上,目前学术型硕士生导师以男性居多,男性导师和女性导师在数量上的差异较为明显;二是在职称结构上,66.87%的学术型硕士生导师为教授(研究员),30.90%的学术型硕士生导师为副教授(副研究员);三是在年龄结构上,学术型硕士生导师的年龄大多集中在"36~45岁之间"(39.15%)和"46~55岁之间"(37.03%)之间;四是在最高学位获得情况上,84.67%的学术型硕士生导师在大陆获得最高学位,尤其是人文社科类的这一比例最高;五是在导师选择方式上,84.89%的学术型硕士生是自主选择导师的;六是在小组指导情况上,整体而言,65.05%的学术型硕士生为导师指导小组的方式,34.85%的学术型硕士生为单一导师指导模式,其中医学、农学等学科更倾向于导师指导小组的方式;七是在组会、学习沙龙或读书会组织情况上,83.52%的学术型硕士生表示导师会定期组织组会、学习沙龙或读书会等活动;八是在与导师交流频率方面,学术型硕士生与导师面对面交流以及线上交流的频率都主要为"每周若干次"和"每周一次"。

第二,从导师指导的具体情况来看,学术型硕士生对导师师德师风的认可度最高,对导师和学生之间平等的学术交流、导师对论文的质量把关以及导师的学术水平相关方面也较为认可;而学术型硕士生对于导师在职业生涯规划方面指导的认可度不高,表明导师应进一步加强对学生未来职业发展规划方面的帮助。另外,学术型硕士生认为自己在学术研究过程中有较大的自主性和能动性,能独立进行思考。

第三,从对导师指导满意程度影响因素的回归分析来看,在控制其他影响因素的情况下,学校特征、学科特征、导师特征及个体特征等不同要素对导师指导的满意度评价具有显著影响。学校层面,除中科院和社科院系统之外,学校层次越高,则学术型硕士生对导师在各个衡量维度指导上的满意程度越低,且这种差异在统计意义上非常显著。学科层面,与人文学科相比,社会科学和理工农医等自然科学就读的硕士生对导师在各个衡量维度指导上的满意程度更低,且这种差异在统计意义上非常显著。导师层面,导师的不同个体特征和指导方式对学生的满意度会产生不同程度的影响。个体层面,从性别差异来看,与女硕士生相比,男硕士生对导师在学位论文指导和导师整体指导等方面的满意度显著更低;与考研学生相比,推免学生对导师在各个衡量维度上的满意程度显著更低。

第六章
学术型硕士生的科研训练状况

　　一流的研究生教育是一流大学建设的题中之义。我国实行三级学位制度，现阶段，介于学士学位和博士学位之间的硕士生教育因人才培养目标侧重点的不同而划分为学术型硕士和专业型硕士两大类。与专业型硕士主要针对社会特定职业领域的需要，培养具有较强的专业能力和职业素养、能够创造性地从事实际工作的高层次应用型专门人才的培养目标不同，学术型硕士作为一种"过渡型学位"，其主要目标是为了培养教学和科研的"后备人才"。正是因为这种人才培养目标定位的不同，对于学术型硕士生教育而言，对其进行科学研究方面的规范化训练尤为重要。那么，目前我国学术型硕士生在读期间的科研参与情况和科研产出情况如何？不同院校、不同学科及不同个体特征之间又存在何种差异？这是迫切需要研究者回答的重要问题。

　　目前学术界对就读学生科研参与方面的研究主要集中在博士研究生和本科生两个层面，只有少量研究专门聚焦到硕士生的科研参与层面，但大部分研究成果均未严格区分学术型和专业型这两种截然不同的硕士学位类型，导致人们对学术型硕士生的科研参与及科研产出情况依然缺乏相对一致和比较清晰的认识。在既有的相关研究中，以下几项调查研究颇具代表性，也对本研究具有重要的参考价值：其一为清华大学教育研究院于2009年正式启动的"中国大学生学习性投入调查（NSSE-CHINA）"，该项目是我国目前规模最大、延续时间最长的高等教育学情调查；[①]其二为北京大学教育学院开展的"首都高校学生发展状

---

① 史静寰，罗燕，赵琳，文雯，等.本科教育：质量与评价（2009—2011）[M].北京：教育科学出版社，2014.

况"调查,该项目也是针对首都高校学生的年度性、连续性的大规模调查;①其三为北京理工大学学位与研究生教育研究中心自2012年开展的全国研究生满意度调查年度系列研究项目。② 在代表性学术论文方面,袁本涛和延建林基于三次研究生教育质量调查数据研究发现,我国研究生参与创新研究的机会较少、有影响的创新成果也少。③ 周文辉等人的调查研究结果显示,大部分研究生在校期间都参加了导师课题,但不同层次、学科的研究生参与导师课题的数量存在着较大差别。④ 赵世奎等人基于部分高校和科研单位的调查研究结果显示,硕士生参与纵向项目的比例达到37.5%⑤,朱红等基于2010年"首都高校学生发展调查数据"的分析发现,课题参与程度和参与方式对研究生的创新能力会产生显著影响⑥。袁本涛等通过研究测算发现,我国在校研究生对国内高水平学术论文发表的平均贡献率为32.31%⑦,我国在校研究生对以中国为第一作者单位发表的ESI热点论文的贡献率为36.84%⑧。该团队的最新研究结果显示,2015年由我国主导的国际高水平论文中,平均每篇有34.03%的贡献可归功于在校研究生的科研工作⑨。上述数据从侧面充分表明,我国在校研究生在科研产出方面发挥着重要的作用。但也有研究认为,我国硕士研究生的科研水平低下,高水平的科研成果几乎为零。⑩

　　通过对上述既有代表性文献的梳理可以发现:其一,现有研究在研究对象上

---

① 鲍威. 未完成的转型:高等教育影响力与学生发展[M]. 北京:教育科学出版社,2014.

② 研究生教育质量报告编研组. 中国研究生教育质量年度报告(2016)[M]. 北京:中国科学技术出版社,2016.

③ 袁本涛,延建林. 我国研究生创新能力现状及其影响因素分析——基于三次研究生教育质量调查的结果[J]. 北京大学教育评论,2009(2):12-20.

④ 周文辉,吴晓兵,李明磊. 研究生参与导师课题研究的现状与对策[J]. 清华大学教育研究,2011(4):113-117.

⑤ 赵世奎,张帅,沈文钦. 研究生参与科研现状及其对培养质量的影响——基于部分高校和科研单位的调查分析[J]. 学位与研究生教育,2014(4):49-53.

⑥ 朱红,李文利,左祖晶. 我国研究生创新能力的现状及其影响机制[J]. 高等教育研究,2011(2):74-82.

⑦ 袁本涛,王传毅,吴青. 我国在校研究生的学术贡献有多大?[J]. 高等工程教育研究,2015(1):154-160.

⑧ 袁本涛,王传毅,胡轩,冯柳青. 我国在校研究生对国际高水平学术论文发表的贡献有多大?——基于ESI热点论文的实证分析(2011—2012)[J]. 学位与研究生教育,2014(2):57-61.

⑨ 中国学位与研究生教育发展年度报告课题组. 中国学位与研究生教育发展年度报告(2016)[M]. 北京:高等教育出版社,2017.

⑩ 谢治菊,李小勇. 硕士研究生科研水平及其对就业的影响——基于8所高校的实证调查[J]. 复旦教育论坛,2017(1):62-69.

并未严格区分学术型和专业型两个不同类别的研究生群体,导致人们对学术型硕士生的科研参与及产出情况缺乏相对一致且清晰的认识,有时甚至得出截然相反的结论;其二,现有研究对科研参与和科研产出的测度较为笼统,且较缺乏不同层次培养单位之间的横向比较,更缺乏导师层面及个体层面差异比较的研究成果;其三,由于全国层面调查数据的缺失,现有研究基于的数据大部分是某个区域或某些培养单位的调查,导致研究结论的可推广性受到限制。为弥补既有研究中存在的上述不足,本章将基于 2017 年全国研究生离校调查大样本数据,对学术型硕士生的科研参与状况、科研产出状况及其院校差异、学科差异、导师差异、个体差异进行实证研究,期望为政府和培养单位制定有针对性的提升硕士生培养质量的相关政策提供经验支持。

　　本章研究中采用的数据为 2017 年全国研究生培养质量反馈调查(简称"研究生离校调查")中的学术型硕士生调查数据。本次调查受教育部学位管理与研究生教育司委托,由教育部学位与研究生教育发展中心和北京大学共同实施,问卷调查的目的是了解研究生在就读阶段的学术参与情况及其对具体研究生培养环节的满意度状况。本次调查设定的抽样原则包括:覆盖"一流大学"建设高校、"一流学科"建设高校、中科院大学和中国社科院、其他院校等不同层次;覆盖教育部高校、其他部委高校、地方院校等不同类型;覆盖所有省域;兼顾综合性大学和行业特色大学;综合考虑研究生培养的不同规模。在上述抽样原则基础上,课题组采取分层抽样的方式确定抽样单位框,各阶段的抽样单位为:第一阶段以全国范围内的研究生培养单位为抽样单位,综合考虑不同研究生培养规模;第二阶段以全国省域划分为二级抽样单位;第三阶段以院校类型为三级抽样单位,兼顾综合类大学及有行业特色类大学。在具体抽样过程中,为了保证抽样单位具有足够的代表性和异质性,首先按照各培养单位硕士学位授予规模大小进行排序(学位授予规模大小很大程度上可以综合反映出一所培养单位研究生教育的综合实力和水平),然后按照抽样方案设定的院校样本量需求计算出的一定比例进行等比例选取,并综合考虑培养单位的省域分布、层次分布、类型分布等因素,最终确定了 100 所研究生培养单位作为此次调查的样本单位,并对这 100 所院校的研究生进行全覆盖调查。

　　从学术型硕士生调查问卷的回收情况来看,一共有 71 所高校和科研院所反馈了调查数据,在对回收数据进行了清洗、整理及校验工作以后,共计回收学术型硕士生有效问卷 25 763 份。为了检验回收样本的代表性,课题组将回收样本在学科门类上的分布比例与全国比例进行了对比①,结果如下:哲学(1.45％/1.15％)②、经济学(4.75％/4.68％)、法学(8.69％/7.85％)、教育学(3.40％/3.88％)、文学(7.82％/6.31％)、历史学(1.66％/1.37％)、理学(19.63％/15.22％)、工学(32.65％/35.54％)、农学(3.97％/3.53％)、医学(5.61％/9.31％)、管理学(7.98％/7.93％)和艺术学(2.39％/3.23％)。从上述比例对比情况可知,本次调查在学科门类上具有非常好的代表性,由此数据情况推断全国整体的学术型硕士生科研参与及科研产出状况具有非常高的可靠性。

第一节　科研参与③

一、科研参与情况

受调查问题设定限制,此处主要从课题参与和学术会议参与两个方面来分析科研参与情况。

第一,从课题参与情况来看,本次调查结果显示,整体来看,85％左右的学术型硕士生在读期间参加过课题研究,有15％左右的群体在读期间没有参加过任何科研项目。在参加过课题的群体中,绝大部分参加课题数在1～3项之间。

分院校来看,中科院大学和中国社科院学术型硕士生在读期间没有参与课题研究的比例最低,为5.06％,其次为"一流大学"建设高校和其他高校,而"一流学科"建设高校硕士毕业生在读期间没有参与课题研究的比例最高,达到18.66％,具体见图6-1。

分学科来看,整体而言,自然学科类学术型硕士生在读期间没有参与过任何科研课题的比例明显低于人文社科类学科。具体而言,在自然科学类学科中,农

---

① 本次调查中,90％的样本群体均于2014年入学,因此,全国比例的相关数据均为2014年的入学相关数据,这样能够确保进行比对的是同一批研究生群体。
② 学科门类(X1％/X2％)中,X1％代表某一学科门类中本次调查样本所占比例,X2％代表某一学科门类占全国比例,下同。
③ 本节内容原载于《研究生教育研究》,具体参见:高耀、杨佳乐、沈文钦.学术型硕士生的科研参与、科研产出及其差异——基于2017年全国研究生离校调查数据的实证研究,《研究生教育研究》,2018年第3期,36-44页。

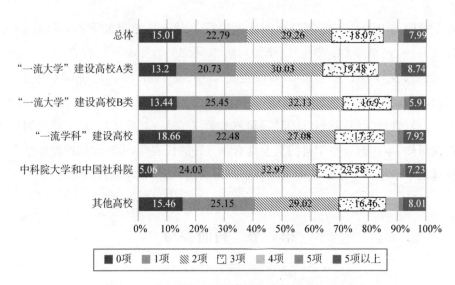

图6-1 学术型硕士生课题参与情况的院校差异

学学科硕士毕业生在读期间没有参与科研项目的比例最低,仅为1.97%,其次为医学(2.42%)和工学(3.71%),而理学的这一比例为6.31%。此外,社科类硕士毕业生在读期间没有参与科研项目的比例为24.39%,而人文学科的这一比例为45.90%,具体见图6-2。上述调查结果从侧面表明,在自然科学类学科中,一方面,学术型硕士研究生是一支重要的科研项目参与力量;另一方面,通过科研项目培养研究生成为一种重要的培养方式。

第二,从学术会议参与情况来看,本次调查结果显示,整体来看,七成左右的学术型硕士生在读期间有参加学术会议的经历,但也有接近三成的群体在读期间没有参加过任何学术会议。从参加境外学术会议的情况来看,94%的学术型硕士生在读期间没有参加过境外举办的学术会议,这从侧面反映出目前我国硕士研究生培养的国际化程度还比较低。参加过学术会议的群体呈现两极分化的趋势,只参加1次学术会议的比例和参加过5次以上学术会议的比例大体相当。

分院校来看,尽管"一流大学"建设A类高校学术型硕士生没有参加过学术会议的比例为30.99%,明显高于其他培养单位,但是在参加境外学术会议的比例上,"一流大学"建设A类高校以及中科院大学和中国社科院却明显高于其他培养单位。这表明,"一流大学"建设A类高校学术型硕士生尽管参加学术会议的比例稍逊于其他单位,但是参加境外学术会议的比例却占据优势,具体见图6-3。

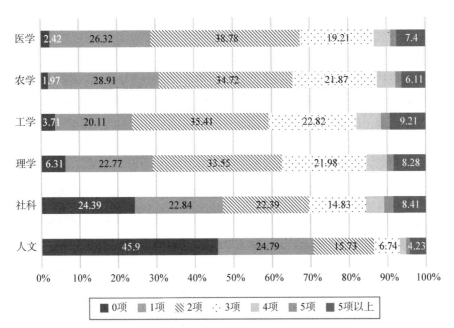

图6-2 学术型硕士生课题参与情况的学科差异

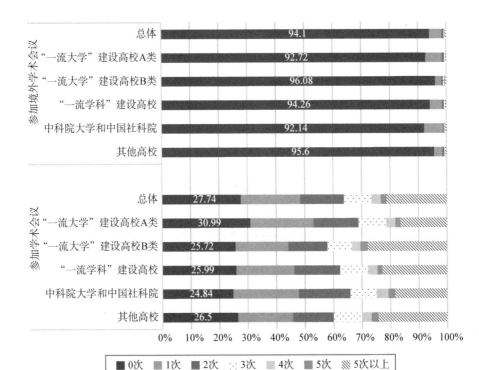

图6-3 学术型硕士生学术会议参与情况的院校差异

分学科来看,整体而言,在六个学科大类中,学术型硕士生在读期间没有参加过学术会议的比例由低到高分别为医学(13.34%)、农学(19.9%)、理学(22.31%)、社科(29.02%)、人文(30.73%)和工学(32.89%)。而从境外学术会议参与情况来看,在六个学科大类中,学术型硕士生在读期间没有参加过境外学术会议的比例由低到高分别为人文(91.9%)、医学(93.18%)、理学(93.65%)、工学(94.71%)、社科(94.76%)和农学(96.99%),具体见图6-4。

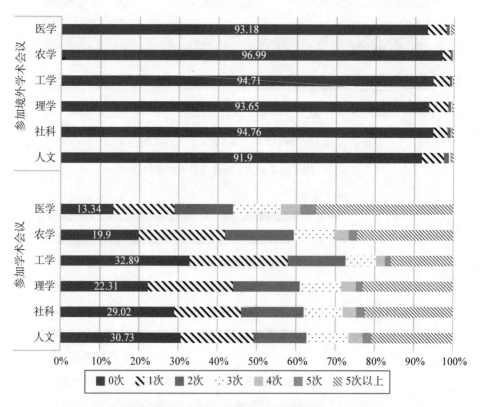

图6-4 学术型硕士生学术会议参与情况的学科差异

二、科研参与差异

为了进一步分析学术型硕士生科研参与情况的差异是否显著,因而继续构建OLS回归模型进行分析,回归结果见表6-1。

表6-1 学术型硕士生科研参与情况影响因素的回归分析结果

解释变量		被解释变量		
		参与课题数	参加学术会议数	境外学术会议数
学校层面（其他高校）	中科院大学和中国社科院	−0.010	−0.085	0.024
		(−0.167)	(−0.990)	(1.051)
	"一流学科"建设高校	0.038	0.044	0.008
		(1.166)	(0.930)	(0.750)
	"一流大学"建设高校 B 类	−0.117***	0.329***	0.018
		(−2.685)	(4.753)	(1.092)
	"一流大学"建设高校 A 类	0.119***	−0.295***	0.016
		(3.540)	(−6.153)	(1.475)
学科层面（人文）	社科	0.709***	0.164***	−0.049***
		(17.698)	(2.800)	(−3.214)
	理学	1.094***	0.213***	−0.064***
		(26.592)	(3.448)	(−3.983)
	工学	1.099***	−0.389***	−0.084***
		(27.795)	(−6.614)	(−5.596)
	农学	1.045***	0.274***	−0.102***
		(17.522)	(2.799)	(−5.507)
	医学	1.033***	1.003***	−0.039*
		(19.167)	(11.631)	(−1.724)
导师层面	男性导师	0.050*	0.004	0.002
		(1.904)	(0.098)	(0.188)
	副高级（讲师/助理研究员）	0.057	0.127	−0.075
		(0.595)	(0.886)	(−1.503)
	正高级（讲师/助理研究员）	0.240**	0.193	−0.071
		(2.472)	(1.345)	(−1.401)
	35—45 岁之间（35 岁以下）	−0.143**	−0.022	−0.016
		(−2.106)	(−0.229)	(−0.790)
	45—55 岁之间（35 岁以下）	−0.261***	−0.010	−0.011

（续表）

解释变量		被解释变量		
		参与课题数	参加学术会议数	境外学术会议数
		（−3.761）	（−0.101）	（−0.532）
	55 岁以上（35 岁以下）	−0.376***	−0.094	−0.021
		（−5.071）	（−0.899）	（−0.955）
	导师最高学位（国内）	0.015	0.062	0.035***
		（0.483）	（1.362）	（3.449）
	导师小组（单一导师）	0.343***	0.243***	0.017**
		（13.449）	（6.608）	（1.994）
个体层面	男性	0.254***	−0.068*	0.026***
		（10.122）	（−1.891）	（3.218）
	年龄	−0.008	0.050***	0.008***
		（−1.237）	（5.050）	（2.835）
	汉族（少数民族）	−0.106*	−0.099	−0.025
		（−1.920）	（−1.305）	（−1.293）
	中共党员（非党员）	0.126***	0.133***	0.003
		（5.457）	（3.949）	（0.354）
	考研学生（保研学生）	0.040	0.149	−0.027
		（0.257）	（0.661）	（−0.715）
	调剂（非调剂）	−0.008	−0.018	−0.010
		（−0.274）	（−0.418）	（−1.081）
截距		1.198***	0.703*	0.045
		（4.563）	（1.797）	（0.474）
N		17 717	17 717	17 717
r^2		0.100	0.039	0.005
F		91.671	33.195	3.415

注：（1）括号内为 t 值，根据个体聚类的稳健标准误计算；（2）* $p<0.1$，** $p<0.05$，*** $p<0.01$。

首先，在课题参与方面，在控制其他影响因素的条件下，"一流大学"建设 A 类高校学术型硕士生参与课题数显著高于其他高校，而"一流大学"建设 B 类高校学术型硕士生参与课题数显著低于其他高校;而在学术会议参与方面,"一流大学"建设 A 类高校和 B 类高校则呈现与课题参与截然相反的状况;从境外学术会议参与情况来看,在控制其他影响因素的条件下,不同院校之间的差异在统计意义上并不显著。

其次,从科研参与情况的学科差异情况来看,在课题参与方面,与人文学科相比,其他学科学术型硕士生课题参与数显著更高;在学术会议参与方面,社科、理学、农学和医学学科学术型硕士生学术会议参与数显著高于人文学科,而工学学科学术会议参与数则显著低于人文学科;在境外学术会议参与方面,人文学科要显著高于其他学科。

再次,从导师层面来看,在控制其他影响因素的条件下,导师为男性、导师职称为教授(研究员)、导师年龄在 35 岁以下以及采取导师小组指导的学术型硕士生,其在读期间课题参与数要显著更高。此外,若导师在境外获得最高学位,则学术型硕士生参加境外学术会议数要显著更高。采取小组指导方式的学术型硕士生,无论是参加学术会议数,还是参加境外学术会议数,都要显著更高。

最后,从个体层面来看,男性在课题参与数和境外学术会议参与数方面显著高于女性;年龄越大,硕士生参与学术会议和境外学术会议的概率更高;此外,党员在参与课题和参加学术会议方面更为积极。而学术型硕士生无论是考研还是保研,无论是调剂还是非调剂,均对在读期间的科研参与没有产生显著性影响。

第二节　科研产出[①]

一、科研产出情况

本次调查结果显示,整体来看,有六成左右的学术型硕士生就读期间在国内期刊发表过学术论文,有接近两成的学术型硕士生在读期间在国际期刊发表过学术论文,有超过一成的调查者在读期间发表过国际学术会议论文。

---

① 本节内容原载于《研究生教育研究》,具体参见:高耀、杨佳乐、沈文钦. 学术型硕士生的科研参与、科研产出及其差异——基于 2017 年全国研究生离校调查数据的实证研究,《研究生教育研究》,2018 年第 3 期,36 - 44 页。

分院校来看,在国内期刊论文发表方面,"一流大学"建设高校及中科院大学和中国社科院等培养单位的学术型硕士生没有学术论文发表的比例要明显高于其他高校,但在国际期刊论文发表方面,"一流大学"建设高校及中科院大学和中国社科院等培养单位的学术型硕士生没有学术论文发表的比例则要明显低于其他高校。在国际学术会议论文发表方面,不同院校之间没有发表的比例基本接近。究其原因,可能是目前一些非国家重点建设高校对硕士生毕业有论文发表的"硬性要求",这可能是导致其他高校在国内期刊发表论文比例明显较高的主要原因,具体见图6-5。

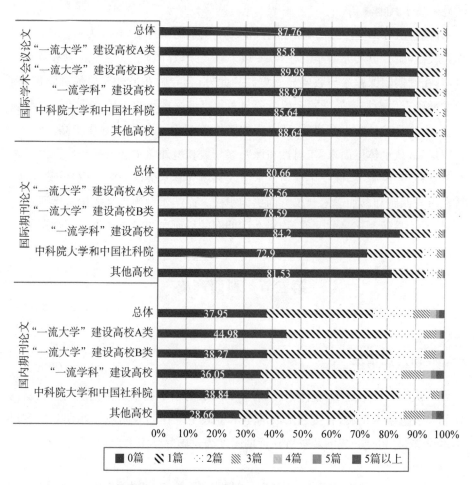

图6-5 学术型硕士生科研产出情况的院校差异

　　分学科来看,国内期刊论文发表方面,六个学科大类中,学术型硕士生没有学术论文发表的比例由低到高依次为医学(25.88%)、农学(27.67%)、工学(32.27%)、社科(41.53%)、人文(41.79%)和理学(43.24%);国际期刊论文发表方面,六个学科大类中,学术型硕士生没有学术论文发表的比例由低到高依次为医学(58.5%)、理学(67.1%)、工学(74.83%)、农学(75.44%)、社科(94.84%)和人文(96.6%);国际学术会议论文发表方面,工学学术型硕士生没有学术论文发表的比例最低,而人文、社科的这一比例最高,具体见图6-6。

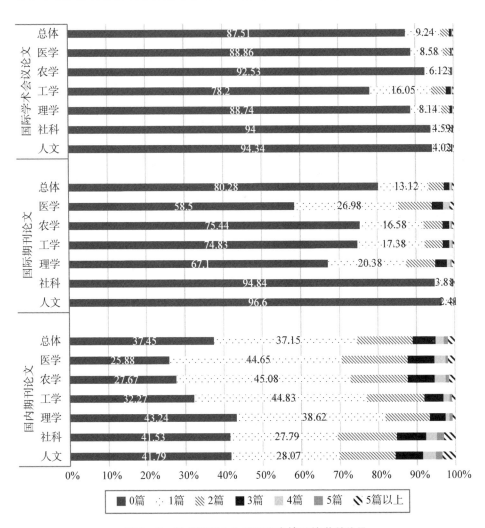

图6-6　学术型硕士生科研产出情况的学科差异

二、科研产出差异

为了分析不同院校、不同学科及不同个体特征学术型硕士生在科研产出方面的差异性是否显著,进一步构造了四个回归模型进行分析,回归结果见表6-2。

表6-2　学术型硕士生科研产出情况影响因素的回归分析结果

解释变量		被解释变量			
		国内期刊论文	国际期刊论文	国际学术会议论文	专利
学校层面（其他高校）	中科院大学和中国社科院	−0.352***	−0.049	−0.045**	−0.104***
		(−8.877)	(−1.530)	(−2.180)	(−3.187)
	"一流学科"建设高校	−0.093***	0.004	−0.005	−0.023
		(−3.289)	(0.275)	(−0.407)	(−1.216)
	"一流大学"建设高校 B 类	−0.396***	0.070***	−0.057***	−0.159***
		(−11.764)	(3.115)	(−3.871)	(−7.143)
	"一流大学"建设高校 A 类	−0.432***	0.007	−0.013	−0.071***
		(−16.321)	(0.412)	(−1.048)	(−3.896)
学科层面（人文）	社科	0.009	0.019*	−0.016	−0.038**
		(0.238)	(1.938)	(−1.433)	(−2.236)
	理学	−0.226***	0.423***	0.033**	0.105***
		(−6.234)	(23.136)	(2.477)	(5.433)
	工学	−0.113***	0.268***	0.166***	0.413***
		(−3.176)	(18.585)	(11.776)	(19.282)
	农学	0.154***	0.263***	0.007	0.114***
		(2.831)	(8.174)	(0.362)	(3.543)
	医学	0.101**	0.557***	0.026	−0.011
		(2.122)	(17.529)	(1.413)	(−0.462)
导师层面	男性导师	0.038*	0.002	−0.005	0.043***
		(1.757)	(0.170)	(−0.537)	(3.185)

（续表）

解释变量		被解释变量			
		国内期刊论文	国际期刊论文	国际学术会议论文	专利
	副高级（讲师/助理研究员）	0.111	0.125***	0.037	0.048
		(1.630)	(3.469)	(1.362)	(0.831)
	正高级（讲师/助理研究员）	0.118*	0.194***	0.050*	0.045
		(1.729)	(5.357)	(1.805)	(0.782)
	35—45岁之间（35岁以下）	−0.064	−0.238***	−0.037	−0.069*
		(−1.166)	(−5.135)	(−1.390)	(−1.688)
	45—55岁之间（35岁以下）	−0.004	−0.365***	−0.061**	−0.077*
		(−0.077)	(−7.860)	(−2.253)	(−1.880)
	55岁以上（35岁以下）	0.007	−0.390***	−0.063**	−0.095**
		(0.110)	(−8.183)	(−2.213)	(−2.193)
	境外获得最高学位（境内）	−0.203***	0.111***	0.053***	−0.019
		(−9.265)	(6.134)	(4.377)	(−1.137)
	导师小组（单一导师）	−0.036*	0.062***	0.021**	0.004
		(−1.859)	(4.786)	(2.354)	(0.297)
个体层面	男性	0.059***	0.032**	0.045***	0.079***
		(2.931)	(2.560)	(5.314)	(6.117)
	年龄	0.002	−0.005*	0.005*	0.014***
		(0.462)	(−1.859)	(1.878)	(3.823)
	汉族（少数民族）	−0.052	−0.007	−0.005	0.007
		(−1.217)	(−0.282)	(−0.278)	(0.266)
	中共党员（非党员）	0.204***	−0.001	0.018**	0.065***
		(10.991)	(−0.075)	(2.325)	(5.167)
	考研学生（保研学生）	0.121	−0.074	−0.017	0.033
		(1.057)	(−0.945)	(−0.411)	(0.538)
	调剂（非调剂）	0.072***	0.039**	0.005	0.041**
		(2.995)	(2.565)	(0.532)	(2.485)

（续表）

解释变量	被解释变量			
	国内期刊论文	国际期刊论文	国际学术会议论文	专利
截距	1.019^{***}	0.370^{***}	-0.024	-0.260^{*}
	(5.030)	(3.066)	(-0.279)	(-1.916)
N	17 717	17 717	17 717	17 717
r^2	0.046	0.087	0.031	0.062
F	36.867	76.889	20.656	37.523

注:(1)括号内为 t 值,根据个体聚类的稳健标准误计算;(2) * $p<0.1$, ** $p<0.05$, *** $p<0.01$。

首先,从学校层面来看,在控制其他影响因素的情况下,与其他高校相比,"一流大学"建设高校、"一流学科"建设高校及中科院大学和中国社科院在国内期刊论文发表量方面显著更低。

其次,从学科层面来看,在控制其他影响因素的情况下,与人文学科相比,理学和工学在国内期刊论文发表量方面显著更低,而农学和医学在国内期刊论文发表量方面则显著更高;在国际期刊论文发表量方面,其他学科显著高于人文学科;在国际学术会议论文发表量方面,理学和工学显著高于人文学科;在专利获取方面,理学、工学和农学也显著高于人文学科。

再次,从导师层面来看,在控制其他影响因素的情况下,导师职称、导师年龄、导师最高学位是否在国外获得及是否小组指导等因素都会对学术型硕士生的科研产出产生不同程度的影响。具体而言,一方面,导师职称越高,导师年龄越小,学术型硕士生发表国际期刊论文的概率越大;另一方面,若导师在国外获得最高学位,则学术型硕士生发表国际期刊论文和国际学术会议论文的概率也显著更高,但发表国内期刊论文的概率则恰好相反;此外,小组指导制硕士生发表国际期刊论文和国际学术会议论文的概率也显著更高。

最后,从个体特征来看,在控制其他影响因素的情况下,男性、党员及调剂入学的硕士生,其科研产出情况在不同程度上好于女性、非党员及非调剂入学的硕士生。

第三节　论文发表规定对科研训练的影响①

在学术型硕士生培养过程中，一些培养单位会设置论文发表规定。那么，不同学科硕士生对论文发表规定的认识是什么？存在何种差异性？论文发表规定对硕士生在读期间的学术训练产生了何种影响？又是如何影响的？这是亟待深入探讨的重要话题。本节内容将根据一所综合性大学代表性访谈样本素材，以"局内人"的身份去体验和反思研究对象的想法与行为，了解硕士生如何看待论文发表规定、论文发表规定给硕士生学术训练带来了哪些影响以及论文发表规定如何影响硕士生的学术训练。访谈样本基本情况见表 6-3。

表 6-3　访谈对象及基本信息

编号	性别	学科	是否发表论文	访谈时间	访谈时长/分	访谈转录/字
P01	女	教育学	是	20210409	72	13 041
P02	女	环境	在投	20210411	27	5 202
P03	男	化工	否	20210412	37	6 642
P04	男	材料	否	20210416	62	16 943
P05	女	教育学	是	20210419	72	9 106
P06	男	教育学	是	20210421	96	31 000
P07	男	理学	是	20210510	114	29 514
P08	男	环境	否	20210514	63	12 059
P09	女	经管	否	20210523	63	14 120
P10	男	化工	否	20210525	96	25 652
P11	女	材料	是	20210527	91	15 382
P12	男	经管	是	20210610	87	21 411
P13	女	马克思	否	20210610	38	6 012

---

① 本节内容来源于高耀指导的硕士学位论文，具体参见：徐茜茜. 论文发表规定对学术型硕士生学术训练的影响——基于 X 大学多学科的质性研究，天津大学硕士学位论文，2022 年。

编号	性别	学科	是否发表论文	访谈时间	访谈时长/分	访谈转录/字
P14	女	理学	否	20210611	55	12 937
P15	女	数学	否	20210616	54	12 761
P16	男	马克思	否	20210617	50	12 407
P17	男	材料	否	20210618	54	13 098
P18	女	化工	是	20210622	56	14 811

一、学术型硕士生对论文发表规定的认知差异

硕士生对于培养单位制定的论文发表规定的认知存在明显差异，可以归纳为发表/认同、未发表/认同、发表/不认同及未发表/不认同四种类型，不同的观念与态度也影响着硕士生在读期间的学术行为与表现。

（一）发表/认同

"发表/认同"型指的是硕士期间已发表相关学术论文并认为要求硕士研究生公开发表一篇学术论文具有可行性与合理性。对硕士生来说，论文是学生阶段评优评奖的重要条件，也是日后进入学术界的入场券，即便所在学院并无论文发表的硬性规定，还是希望有论文来证明自己的潜质或能力。例如：

我觉得（发表论文）是重要的，因为拿到学位才能工作，而拿到学位的前提是论文过关。如果说你能力不够强，大论文过不了关，你同样不能达到工作的要求。所以我觉得从规定上来说，无论同学们感到的压力是大还是小，从我自身的角度来讲，这个规定是有必要的，因为它是一个相对来说能够帮你短期迅速提升研究能力的最有效的方式。（P06）

如果读学硕的话，还是要有一定的毕业标准，如果没有论文毕业标准，那研究生的准入门槛和毕业门槛是不是太低了，这样只会造成读研的人会越来越多，社会也会越来越内卷。如果设定了一定的毕业门槛，肯定有些人并不适合读研而是直接工作，而让适合搞学术的人来读研，这样就会实现良性发展。（P12）

通过以上两位受访者的描述,可以明确地看出他们对于论文发表的态度很明确,并有着强有力的执行力。论文发表作为"门槛",对于保障研究生质量具有一定作用。

(二) 未发表/认同

"未发表/认同"型是指目前尚未发表学术论文但支持论文发表规则,认为其是研究生培养过程中的必要环节,认识到撰写和发表论文仍然是研究生培养过程中的一项基本训练内容,并肯定这一制度对于硕士生学术训练的积极作用。学术论文是学术成果的见证,受访者谈到即使取消论文发表规定,他们依然决定发表学术论文,究其原因主要有以下几方面:

第一,论文发表是研究生期间学习成果的证明,是科研成果的一个记录,也是科研训练的一个过程,通过论文发表分享学术观点,从而促进学术交流与进步。

我觉得发论文的意义,应该是对这个行业有一个结果性的转化,就是你做了什么,你付出了什么,然后你得到一种什么样的成果,把它写出来之后,这个成果也可以展示给其他更多的人,大家相互之间可以借鉴和学习。(P17)

第二,学术论文被普遍视为学术界的"硬通货",其对学术职业的重要性不言而喻。对硕士生来说,论文是学生阶段读博的重要条件,也是日后进入学界的入场券,毕业后要想进入学术界继续从事科研工作,无论如何还是需要有学术论文来证明自己的潜质或能力。

我觉得论文发表的要求能让我们更积极地干活。这对我们自己也是有好处的,不管你将来是读博还是找工作,有一篇 SCI 在手,不管是企业还是未来的高校,都会看中这个东西,积极作用肯定很大。(P03)

没有想过因为这个规定去发表论文,完全是因为自己本身就是喜欢科研,以后读博也必须得有论文,但出发点还是基于个人兴趣。(P15)

从上面的访谈可以发现,硕士生在日常学术环境的影响下,或多或少都知道论文发表对于其毕业、读博乃至未来求职就业的意义,因此在日常的学习生活中对论文发表也很重视。对于学生而言,期刊论文发表数量的多寡及其质量的高低被视为衡量硕士生个人科研能力的重要评价指标。

(三) 发表/不认同

"发表/不认同"型指虽然完成了学术发表的要求但认为学术论文发表制度是一把"双刃剑",不能简单地从表面上去否决这一规定,而应看到其合理性和缺陷,应对硬性规定作出相应调整,即将发表论文的唯一性转变为具有多种替代方案的可选择性,寻求多元化评价。

> 我觉得这个规定它可能不是必要的,但是它的存在,确实会激励大家去发表学术论文,因为现在已经进入高等教育普及化阶段,怎么去严格把控"出口关"确实需要有一些量化的标准,可能虽然强制性地发表论文确实不是必要的,因为不是每个人都一定能够发出来,但是确实需要一些量化的标准,然后可以去适当地调整一下量化的标准,如果干够有一定的工作量或者是这个论文其实达到了这种期刊发表的水平,如果有人能够去鉴定或者是有一些更多元的标准,我觉得会更好。(P05)

> 发表论文是重要的,但不一定是必要的。我觉得它不能起决定性作用,它可以起一个参考性作用,毕业可能需要跟课程学习、社会实践(相关),我觉得需要进行综合考虑。(P12)

也有受访者谈到文科研究生比理工科研究生更难发表论文,为此,高校的部分学科可以视具体情况而定,对于短期内比较容易出成果的学科,那学校可以作出发表论文的规定,给予研究生一定的推动力;对于短时间不易出成果的学科而言,应灵活变通,不要过度追求学术论文的发表而忽视研究生学术能力的培养。

> 其实论文发表是一个重要的规定,但是我们认为应该更灵活一些。像我们物理这个学科必须发论文,我们发论文的难度还不算太大,但对于工科的学生,拿论文卡毕业真的是太不合理了,对于人文学科也不合理。(P07)

从以上访谈记录可以发现,硕士生对于发表论文的硬性规定持不认同态度,他们认为应将学术发表的唯一性转化为可选择性,因学科不同,学术成果的评价标准也存在显著差异。毋庸置疑,硕士研究生在读期间发表学术论文,对于硕士生个人及高校都有积极影响。然而,学术论文发表过程中应避免"一刀切"的片面化倾向,论文发表是手段,不是目的,为此,需要对不同学科的学术成果进行分类评价。比如,对基础性学术成果进行评价时,应强调其创新性,并对评价的时效性进行延长。对应用性学术成果进行评价时,要考虑学术成果的有效性、代表性,应与国家大政方针紧密联系,服务于社会需求。

(四) 未发表/不认同

"未发表/不认同"型指的是尚未发表学术论文并且不认可当前论文发表规则,认为这一规定违反了教育规律、拔苗助长,导致了越来越多的同质性研究,需要为硕士生"松绑"。

　　三年时间很短很紧,其实你真的很难去深挖,或者是真的做出来什么特别有价值有意义的东西,现在用论文发表这一个标准去衡量,大家没办法就只能灌水了,为了毕业没办法,只能发一些很无聊的,没有太大价值的东西。(P18)

　　量化考核标准下"不发表就出局"的学术文化在学校悄然形成,为了获得硕士学位,受访者们必须在规定学制内在指定期刊发表一定数量的论文。访谈中,受访者表示压力很大,研究生生活过得很困顿。

　　从你一入学开始,你周围的环境,包括你的导师,所有人都在给你灌输必须发一篇小论文才能毕业这么一件事,所以从一开始这个事就压在你的头上,再加上我们组又是一个行动极其缓慢的组,可能有的组发得很快,研一还没结束,小论文已经发出来了,那么他们心里就没有那么一块石头在那压着。(P08)

　　在对生活的影响方面,为了达到发表论文的要求,受访者们表示一天工作10到15个小时,一周工作七天。在我们的采访中,研究生们反复抱怨很累,"身体疲劳"是研究生们高压的一大重要表现。

　　感觉太累了,那段时间我们组的课题难度大,装置也比较麻烦,而且做实验的时候还要带着全套的防护。(P10)

在对实习的影响方面,部分受访者抱怨没有时间实习,甚至有的受访者瞒着导师去实习,发表学术论文的压力往往导致硕士生很难平衡学术和实习。尽管部分受访者仍有学术热情,但均不再选择继续深造。

> 毕业啊,找工作啊,这个论文要发表肯定要投入很多时间,肯定没有什么时间实习。找工作的时候人家问你,为什么没有实习呢,因为没时间。宿舍的大家都很愁,就是得努力把这个论文发出去,有的人就起早贪黑地去弄实验,大家的压力都挺大的。(P02)

二、论文发表规定对学术型硕士生学术训练的多维影响

通过访谈资料分析,笔者归纳出论文发表规定对硕士生学术训练的影响主要分为两类:积极影响和消极影响。积极影响具体细分为学位论文质量提升、科研能力提升、压力与动力三个方面;消极影响主要分为隐形的压力、短线思维、损伤学术兴趣。

(一) 积极影响

1. 保障硕士学位论文质量

学位论文是硕士生攻读学位期间学术成果的全面展现,尽管完成学位论文的撰写是研究生教育的必要环节,但仅仅完成学位论文不足以使硕士生得到充足的训练。硕士生完成学位论文并不代表学术训练的全部,学术论文也是必要环节,学术论文是其学术研究过程中阶段性创新点的核心概括。学术论文发表是硕士生学术训练的重要内容,对学位论文质量起到重要的保障作用,具体体现在以下三个方面:

第一,逻辑框架建构。研究生学位论文的写作是一项艰苦漫长的工作,这个过程需要长时间的学术训练,而学术论文写作就是一个很好的途径,写作学术论文的目的是要发表,使作者的研究成果或学术思想得到学术同行的认可,进而交流、传播,最终贡献于社会。这就需要讲究语言技巧、逻辑清晰、层次分明和结构完整,做到立论有据、论证严谨、结论可信,由此可以看出,学术论文的撰写与发表是对学位论文的预热,硕士生参与研究、发表学术论文,能够更加精准把控学

位论文的整体脉络架构。

如果说没有发表过小论文、没有经过严格的学术训练的话,那么写大论文一定会出现各种各样的问题。我觉得这个东西跟做菜是一个道理,如果我们把大论文比作一道满汉全席,而小论文就是一个西红柿炒鸡蛋,如果连这个都做不好,那能做满汉全席吗?(P06)

第二,写作能力训练。尽管学术论文的内容与学位论文并不是完全相关,但在撰写学术论文的过程中能够获得相关技能。如果没有经历学术论文选题、资料收集、撰写、修改、投稿等环节,就难以熟悉论文写作范式和技巧。硕士生通过选题及综述明晰当前研究的空白点与创新点,把握研究前沿脉络;通过论文的撰写成文提升语言组织及表达能力,使文章简洁易懂,重点突出;通过修改投稿、反复斟酌、细心玩味,使学术表达更精炼。

因为小论文的要求相对而言是比较高的,所以对于大论文而言,撰写小论文的话可能会使我们的大论文考虑得更加细致一点,可能这个小论文的标准与要求就不自觉地带入到大论文之中去了,因此正面的影响多于负面的影响。(P01)

小论文写作的过程,会对大论文写作提供非常大的帮助,虽然主题不一定相关,但写作能力、思维能力的提升,这是可以用到大论文上的。所以说如果小论文发表写得好的人,他在写大论文的时候,最起码质量不会出现太大的偏差。(P06)

从以上访谈记录可知,学术论文发表规则意义重大,学术论文发表是硕士生学术训练的重要组成部分,坚守论文发表规则对于保障学位论文质量至关重要。只有实实在在、踏踏实实写过了一篇经过检验的、能够发表出来的学术论文的时候,才能够保证硕士生具备了基本的学术研究的能力以及写作能力、逻辑编排等各方面的能力,从而保证学位论文的质量。

2. 提升学术研究能力

科研是一个提出问题、分析问题的实践过程,需要根据具体情况进行摸索和尝试,在此过程中不仅仅是生产新知识,也使研究生的研究能力得到充分锻炼,包括分析和解决问题的能力,面对新问题、复杂问题时的综合表达能力、实践操作能力以及学术交流能力。一些受访者提及：

　　我们积极努力地去做这个实验，在这个过程中，我们不仅锻炼了科研能力，还能够提升合理规划自己时间的能力、跟师兄师姐打交道的能力，以及优化思考问题的方式。(P04)

　　分析问题的角度我觉得也会得到拓宽，因为有这个规定，可能就会让自己去看更多的文献，对于结果可能会从不同的角度、不同的维度去分析、去思考，然后再去证实，所以我觉得自己分析问题的方式也会有所改变。(P17)

　　在论文写作及发表过程中，研究生不断提出问题、发现问题直至独立解决问题，使自己的思维更清晰、更缜密、更严谨。

　　由什么都不会到开始能给别人干活，由怎么样给别人干活到怎么样才能自己独立地发现问题，甚至到最后把自己不会的东西给解决掉，这就是从一个能给别人工作到真正的科研工作者的一种转变。(P07)

3. 增加压力和提升动力

　　压力与动力可以相互转化，适度的压力可以转化为动力，提升硕士生的科研主动性和积极性。只要学位授予指标设置合理，论义发表规则的激励作用是大于其负向作用的。对于少数抱着功利心"混学位"的硕士生来说，他们会寻找最少的付出和最大的收益，如果取消了论文发表规定，只会进一步降低对科研的投入度，研究生培养质量更加难以保障。

　　论文发表是一种无形压力，让大家有更大的动力去投入到科研当中来，我觉得如果要是没有这个规定，可能会存在混日子混学位的情况。(P05)

　　我觉得论文写作与发表可能会更激励我去做一些事，去做一些科研，有的时候即便遇到一些困难或者很沮丧的时候，它就像一个强大的支撑，促使我去做一些困难的事情，去解决一些比较复杂的问题。(P17)

　　对我来说推动比压力多，我们组整个都比较松散，氛围比较轻松，如果没有这个要求的话，可能整个硕士期间都没有一个可以拿得出手的成果，论文写作与

发表会推动我尽早地确定方向,尽早地按部就班地一步一步完成任务。有点压力更好,没有这个压力我们可能就混过去了。(P11)

以上访谈可以看出,论文发表规则作为一项手段,能够激励研究生去摸索、去认真地搜集文献、阅读与分析文献、进行论文写作,以此实现论文的顺利发表。在此过程中,学术发表规则既是压力,也是动力。长远来看,量化考核体系对硕士生提出了更高要求,适度的压力带来的是硕士生忧患意识的增强、成就动机的形成。

(二) 消极影响

1. 硬性压力

X大学虽然没有对硕士生发表论文作出统一规定,但不同学院均有相应的硬性要求,故而成为许多研究生主要的压力源。

首先,从时间维度来看,目前硕士研究生的学制一般为三年,部分硕士研究生的学制为两年或两年半,其中第一年一般是进行相关课程的学习,第二年开始进行相关课题的研究,至少要经过半年才会有研究和试验的结果,之后才能开始撰写论文。而学术期刊从投稿、审稿、录用到最终出版一般需要一年以上的时间,甚至更久,这种学术发表的难度加剧了研究生的压力。对于硕士生学制问题,不少受访者提出了他们的看法。

两年半的学制为什么不直接改为三年?像我们学院其实每年有好多学生都要延毕的,那延半年还不如直接将学制改成三年更好一点。假如说没有这个规定的话,我可能不会投入这么多的时间和精力去干科研这件事,再加上我们组整体比较慢这个情况,所以大家就都很焦虑,认为可能要面临延毕。(P08)

我觉得硕士生学习的时间不太好,两年半有点太短了,因为前一年要上课,后一年半只有一年的时间去做实验、去分析,然后去撰写论文并投出去。因为后半年其实相当于已经快毕业了,所以就这一年时间太短了,一年时间能干的东西不多。(P17)

其次,刚读硕士的研究生尚未接受过系统的学术训练,如何撰写高水平学术论文是一大难题。访谈中,受访者表示压力很大:

　　负向作用也有，可能会反弹成压力，会觉得毕竟自己本身没有接受过这种训练，突然面临这么高的标准和要求，就会时刻担心自己是否能够达到这种标准和要求，特别是之前没有接触过这种科研，对于一些科研的基本方面，特别是研究方法、研究环节、具体流程操作等都不是很熟悉，压力还是比较大的。(P01)

　　科研和学业压力会影响读博打算，一位同学也谈道：

　　其实放弃读博打算与论文发表规定有很大关系，因为毕竟硕士发表的要求已经比较高了，但硕士只有 2 年到 2.5 年的时间要面对这样的科研压力，但是对于读博士而言，科研压力可能需要 4 到 5 年的时间，所以就渐渐放弃了读博的念头。(P01)

　　在没读研之前就不太确定要不要读博，但是读了研以后确定是不要读博了，感觉暂时先去工作比较好。做实验的时候，刚开始一做一天，后来发现之前的数据有点问题，于是过年那两天就天天补，所以做得不想做了，感觉自己可能也不是特别适合科研工作。(P10)

　　最后，使用第二语言写作也会加剧硕士生的发表压力。本研究中大多受访者需要发表 SCI 论文，受访者坦言英语写作要求他们投入更多的时间和精力。如果在英语写作方面存在问题，那么在完成写作和发表国际学术期刊论文的过程中将面临很大的语言挑战。

　　第二个方面的话，可能就是英文论文的撰写，因为没有全面地接受过外语的培养，也没有国外留学的经历，特别是学术论文对英文表达的要求是比较高的，英文翻译方面也同样面临困难。(P01)

　　最主要的是语言的问题，因为以前接触的不是特别多。科技论文到底怎么写，该怎么表述，可能这是一个比较大的问题。(P10)

　　作为学术的入门者，硕士生的感受固然不能作为整个研究生教育生态的缩影，但是，关于压力的原因，比如实验困顿、论文发表困难、同辈比较等等，却多少映射出整个学术职业环境的变化以及从事学术所面临的压力与困境。从以上访谈可以看出，硕士生面临着各种各样的科研压力，学制、学术发表、导师、同伴比较等因素可能对硕士生的自我认同产生影响。

2. 短线思维与急功近利行为

学术型硕士生的培养目标不是要培养会写论文的写手，而是培养具有创新精神、创新思维的学术人才。如果过分强调硕士生学术发表、追求论文发表量，易助长急功近利的风气，使硕士生难以潜心于长线的深度研究。这不仅背离了学术研究的初衷，也背离了人才培养的目标。

发表学术论文的高压会降低研究生对科研的投入程度，阻止研究生开展具有挑战性的创新性研究。

学术论文发表需要很长的周期，投稿、等待反馈意见、修改论文、等待刊发等各个环节都需要经历很长的时间。学生为了保证能够顺利毕业，就会选择一些相对比较容易和比较好做的研究选题，选择一些相对比较容易的刊物进行投稿和发表论文，而不会轻易去选择更有价值、更具挑战性和创新性的研究工作。(P17)

而硕士生顺利毕业、求职均离不开学术论文的发表，不少研究生谈到自己发表论文是为了拿奖学金、获得学位等，体现出一定的功利思想。在功利思想的驱动下，学术论文发表逐渐异化为获取学历或其他物质性报酬的工具，使学术研究丧失神圣性。作为科研激励的一种手段，硕士生发表的学术论文级别越高，获得的学术奖励越多，这是可以理解的，但是如果把硕士生学术成果的评价与个人利益完全挂钩，那么学术成果的评价就容易失去其本质的公正性，容易造成急功近利的思想。现在许多高校将学术发表与学位授予、奖学金等捆绑在一起，导致的结果是容易滋生学术腐败、学术创作短视化，进而直接影响了学术成果的创作环境，影响学术成果评价的公正性。过于突出对论文发表的奖励制度，也在无形中使得硕士生过度重视论文发表，硕士生生活全部围绕发表而忽视其他科研素养的培养，容易形成以"论文"为科研工作终极目的的导向。

论文发表最直接的积极影响表现在奖学金评定方面，只要能发表出论文，就能在奖学金评定方面获得明显加分。另外,发表论文对自己将来的就业选择也会起到明显帮助,特别是在偏研发类的企业就业时,在读期间取得的科研成果就显得更为重要。(P12)

　　其实我觉得自己已发表的这篇论文的质量并不是非常高,但非得要毕业,所以一定得发表一篇SCI。我只是把两个之前没有放到过一起的东西给放到一起试了一下,就是努力发一篇SCI这样而已。并不是说研究工作本身有多大价值,而是大家为了能够顺利毕业。(P02)

　　从上述访谈中反映的问题可以看出,以学术论文发表作为评价标准,硕士生毕业在即,论文来不及细细打磨草草投出去,求量不求质,由以"科研为中心"转向"以发表为中心",科研风气趋于浮躁,这会影响到硕士生的培养质量。

3. 学术兴趣损伤

　　学术兴趣是作为"学术入门人"的硕士生通往学术之路的内驱力,也是影响其学习动机的重要因素。入学后硕士生感受到的自身与学术组织之间巨大的鸿沟而引起的压力在一定程度上削减了其从事学术研究的志趣。即使已成为研究生,但是认为自己并不是"搞学术的料",部分原因是:

　　经常复刻不出来文献中的一些实验的时候,心里感觉很失落。如果这时候有一个师兄能用一句中肯的建议把自己拉回来,可能还会重拾信心,否则的话就会感觉自己的信心一跌再跌,长此以往就会对科研工作失去兴趣。(P04)

　　此外,在访谈中受访者数次提及"不自信""不敢",认为自己并不具备研究的自信,没有足够的学科知识与较强的学术能力。自我认同感的缺失使一些研究生在学术研究中扮演着边缘者的角色。

　　之前对实验室工作想象的比较简单,但当自己真正进入实验室一段之间之后,才发现每次花费很长时间、很大精力后得到的实验结果和数据并不理想,长此以往,感觉自己的自信心会遭受很大打击,心态也会产生变化。(P03)

　　很多研究生刚入学时读博动机十分强烈,但是就读过程中学术热情逐渐衰减,最终与学术之路无缘,其对学术的靠近与远离是在权衡利弊后的一种"无奈之举"。

　　当初考研之前是想读博的,但后来自己太贪玩,并且感觉科研工作太枯燥,经历过几次文献汇报之后,我就开始打退堂鼓了,感觉科研工作没有自己想得那么有趣,也没有那么简单,就不想读博了。(P11)

　　学术研究是慢功夫,不能催逼太急,更不能揠苗助长。学术研究需要漫长的学术积累,厚积薄发是正常的学术规律。硕士生尚处于学术积累时期,正在慢慢培养自己的学术兴趣点。但由于学术发表的硬性规定,催促着硕士生在规定学制内必须发表一定数量一定等级的学术论文。这一做法违背学术规律,可能会摧残和扼杀硕士生的学术兴趣。

　　我对研究方法的学习不是很扎实,很多东西没有吃透就加以应用,这不就是一个拔苗助长的过程吗?因为就两年的时间,第一年主要是课程学习,第二年就要求发文章出来,还是发 SCI 论文,怎么可能突然有这么大的进步?(P02)

　　从以上访谈记录中可以发现,以"学术发表"为核心的一刀切式的单纯量化学术评价机制亟需改革,这种学术评价机制导致低层次或速成式的写作泛滥,低水平学术成果层出不穷,湮没真正有价值的、有创新性的学术研究。在数量为导向的价值观影响下,硕士生自身的知识积累和学术兴趣会不同程度地受到削弱。在这样的学术评价机制下,硕士生的学术兴趣要么被浇灭,要么投机取巧转为功利化倾向,使得学术生态环境逐渐恶化。因此,高校需要营造宽松、自由的学术研究氛围,给硕士生充分的自由和信任,弹性设置学术发表规定,进行更加多元的评价。

第四节　本章小结

　　本章对学术型硕士生的科研训练情况及其差异进行了详细分析:

　　第一,院校层面。科研参与方面,除中科院和社科院系统之外,无论是"一流大学"建设高校、"一流学科"建设高校还是其他高校,均有超过一成的学术型硕士生在读期间没有参与过任何科研课题;在所有培养单位中,在读期间没有参加过学术会议的比例均接近三成,而没有参加过境外学术会议的比例更是高达九成以上。科研产出方面呈现出的突出特点是,非重点高校可能因实施毕业发表论文的"硬性要求"规定而使得这些培养单位学术型硕士生的国内期刊论文发表量显著更高。按照一般的逻辑推测,国家重点建设单位有更为雄厚的研究实力、更为充足的研究经费和更多的研究项目,在这些单位就读的学术型硕士生应该有更高比例的科研参与和更多的科研产出才对。但从本次调查结果来看,国家重点建设单位在对学术型硕士生的科研训练方面并没有明显优势,某些方面还呈现出一些劣势。一个可能的悖论是:一方面,国家重点建设单位将培养的重心放在本科生和博士生两头,而轻视了居于中间的硕士生;另一方面,非国家重点建设单位由于硕士生招生资源的稀缺而特别重视对其进行培养,但其培养水平又在一定程度上受到自身的生源、师资、研究实力和软硬件等研究条件的限制。学术型硕士生是宝贵的学术后备力量,也是博士生选拔的重要来源。因此,各培养单位,特别是国家重点建设单位,应更加重视对其进行严格、规范的学术训练,平衡好学硕与专硕、硕士与博士等不同类型、不同层级的研究生培养工作,从而使学术型硕士生的培养能够更加"学术"。

　　第二,学科层面。科研参与方面,人文学科学术型硕士生在读期间没有参与科研项目的比例最高,约46%,社科次之,约24%,自科类这一比例最低,平均低于5%;工学类学术型硕士生参加学术会议数显著低于其他学科,而人文类学术型硕士生在境外学术会议参与方面却显著高于其他学科。科研产出方面,与人文学科相比,理学、工学在国内期刊论文量方面显著更低,农学和医学却显著更高;在国际期刊论文方面,自科、社科显著高于人文学科。学科不仅是构成大学的重要基石,更是高校学生,特别是研究生培养的直接载体。对于学术型硕士生的科研训练和科研能力的培养,应充分考虑到不同学科人才培养规律的内在属性、学科文化特质等本质要求,制定科学、合理的培养方案和培养体系,而不宜搞"一刀切"的硬性要求和评价机制。对于自然科学类学术型硕士生培养而言,应更加突出依托重大科研项目和纵向科研项目进行人才培养,以切实提高人才培养的质量和效率。对于人文学科和社会科学而言,在重视依托科研项目的同时,还应更加发挥导师、同伴之间的互动交流作用,凸显人文价值、理念的形塑作用。

第三,导师层面。导师因素对学术型硕士生的科研参与和科研产出均有不同程度的影响,导师年龄越小、职称越高、采用小组指导,则硕士生科研参与及科研产出的表现更优异;若导师在国外获得学位,则其指导的学术型硕士生在参加境外学术会议和国际期刊论文发表方面均有显著的比较优势。这些研究发现的启示是:一方面,各培养单位应进一步加大年轻导师的遴选力度,破除制约年轻导师脱颖而出的机制障碍,大力调动年轻导师在硕士研究生培养方面的主动性和积极性,此外,还应进一步做好对导师的指导、培训及交流服务工作,鼓励不同职称、不同年龄、不同学科导师之间相互学习、交流,共同提高研究生指导水平、丰富研究生指导经验。另一方面,应继续探索与单一导师制不一样的小组指导制或联合指导制度。我们此前的研究发现,在博士生层面,大多数博士生,尤其是理工科博士生普遍倾向于选择联合指导制度,本次调查数据分析结果也发现,导师小组指导的学生在科研参与和科研产出方面均有显著优势。由单一导师制向联合指导制过渡,不仅要注意在推行联合指导的同时坚持主导师的责任,而且要注意结合不同学科的特点灵活实施。

第四,个体层面。男性研究生在课题参与、境外学术会议参与及科研产出表现方面均显著优于女性研究生,考研学生与保研学生在科研参与和科研产出方面均无显著差异[①],但调剂生在科研产出表现方面要显著好于非调剂生。上述研究发现的启示是:一方面,在学术型硕士生入口选拔方面,应继续探索灵活、有效的研究生招生选拔机制,选拔真正优秀的、有志于学术研究的学生进入学术型硕士生培养行列。另一方面,应对男性学生和女性学生、保研学生和考研学生、调剂学生和非调剂学生一视同仁,努力减少并消除在招生选拔、过程培养、经费资助等方面的显性和隐性歧视,真正依据学术研究热情、兴趣及潜力对学术型硕士生进行培养。此外,还应做好学术型硕士生到博士生的衔接和贯通培养工作,选拔更多优秀的学术型硕士生进入博士生培养行列。

第五,从学术型硕士生对论文发表规定的认知来看,大致可以分为"发表/认同型""发表/不认同型""未发表/认同型""未发表/不认同型"四类,不同的态度

---

① 这一发现与此前的研究结论并不一致,例如,郭丛斌等人基于北京高校调查数据的研究表明,考研硕士生的发表论文数要明显高于保研学生,具体参见:郭丛斌,闵维方,刘钊. 保研学生与考研学生教育产出的比较分析——以北京高校硕士研究生为例[J]. 教育研究,2015(3):47-55.

也影响着他们后面的学术行为与表现。论文发表规定对硕士生学术训练的影响主要分为两类：积极影响和消极影响，积极影响具体细分为学位论文质量提升、科研能力提升、压力与动力三个方面；消极影响主要分为隐形的压力、短线思维、损伤学术兴趣。

第七章
论文发表激励与学术型硕士生的能力增值

上一章对学术型硕士生的科研训练状况进行了分析,并采用访谈材料探讨了论文发表规定对学术型硕士生科研训练的多重影响。本章将采用全国层面调查样本数据,进一步探讨培养单位的论文发表激励政策对学术型硕士生能力增值的影响作用,并根据研究结果从学术兴趣与发表规定之间的悖论与张力、短期产出和长远志趣之间的悖论与张力、"过程控制"与"自由放任"之间的张力与平衡三个主要方面展开讨论,以揭示研究生培养过程中的复杂性。

第一节　问题提出

受进步主义观念、技术加速和经济全球化的影响,"加速"(accelerated)成为现代社会的主导性原则①②。随着各个层面竞争程度的不断加剧,当代大学正在被越来越严密地包裹在以绩效和问责为导向的有形和无形相互交叠的管理主义框架中。受此影响,大学中的教学和科研活动也越来越深陷审计文化和学术文化的博弈之中③。上述外部环境的变化不仅在很大程度上塑造着大学教师的日

---

① 哈特穆特·罗萨. 加速:现代社会中时间结构的改变[M]. 董璐,译. 北京:北京大学出版社,2015:83.
② 王建华. 加速社会视野中的大学[J]. 高等教育研究,2021(7):35-44.
③ 林小英,薛颖. 大学人事制度改革的宏观逻辑和教师学术工作的微观行动:审计文化与学术文化的较量[J]. 华东师范大学学报(教育科学版),2020,38(4):40-61.

常学术行为[①],而且正在对研究生的学术培养活动和科研训练行为产生着潜移默化的深刻影响。绩效和问责的一个重要特点是以外部的可测量、可比较的量化评估导向主义替代学术文化和学术精神的内在逻辑规律和内在秩序,不断追寻指标化和形式化的进步或跨越[②③④]。学术论文发表作为可量化和可比较的依据和手段,正在被越来越多地应用于学术排名、质量保障、绩效评估等各种场合且逐渐被制度化[⑤⑥⑦]。在研究生培养过程中,"加速社会"和绩效文化同样深刻影响着研究生的论文发表行为,"不发表就出局"(publish or perish)正在演变成一种"显规则",研究生群体也不断被卷入这场"没有硝烟的战斗"当中,充当着"学术研究蚁军"(the army of research ants)的角色[⑧⑨⑩]。

实际上,论文发表激励与学术繁荣之间的这种"悖论"很早就已经进入了研究者的视野。林赛·沃特斯在其著作《希望的敌人:不发表则灭亡如何导致了学术的衰落》中尖锐地指出:"我不在意你脑子慢,我在意的是,你发表的速度比你思维的速度快。……现代化的、极其复杂的量化方法被用于评估学术界的工作,其始料未及的结果是,学术工作被掏空了意义。……那些似乎是无限扩展的行

① 李琳琳. 时不我待:中国大学教师学术工作的时间观研究[J]. 北京大学教育评论,2017(1):107 - 119.

② Sheil T. Ellen Hazelkorn, Rankings and the reshaping of higher education: the battle for world-class excellence, Palgrave Macmillan, 2011 [J]. Higher Education, 2012,63(3):397 - 399.

③ Raddon, Arwen E. A changing environment: narratives of learning about research [J]. International Journal for Researcher Development, 2011,2(1):26 - 45.

④ 郭丛斌,孙启明. 中国内地高校与世界一流大学的比较分析——从大学排名的视角[J]. 教育研究,2015 (2):147 - 157.

⑤ Lee H, Lee K. Publish (in international indexed journals) or perish: Neoliberal ideology in a Korean university [J]. Language Policy, 2013,12(3):215 - 230.

⑥ Curry M J, Lillis T. Problematizing English as the Privileged Language of Global Academic Publishing: Policies, Perspectives and Pedagogies [M]. 2017:1 - 10.

⑦ Li W, De Costa P. Problematizing enterprise culture in global academic publishing: Linguistic entrepreneurship through the lens of two Chinese visiting scholars in a U. S. university [J]. Multilingua. 2021;40(2):225 - 250.

⑧ Rui S, Carvalho T. Academics in a New Work Environment: The Impact of New Public Management on Work Conditions [J]. Higher Education Quarterly, 2008,62(3):204 - 223.

⑨ Deem, R. New Managerialism' and Higher Education: The Management of Performances and Cultures in Universities in the United Kingdom [J]. International Studies in Sociology of Education, 1998,8 (1), pp.47 - 70.

⑩ Chris Park. New Variant PhD: The changing nature of the doctorate in the UK [J]. Journal of Higher Education Policy and Management, 2005,27:2,189 - 207.

政控制扼杀真正的工作。"①对学术研究工作的种种外部激励抑或控制可能导致科研工作迷失方向②,背离学术和创新的初衷,出现"为了发表而发表""为了外部表彰奖励而发表"③等种种不当甚至是异化行为④⑤,从而对真正的学术创新产生"不利影响"或"抑制效应"⑥⑦。

目前学术界对博士生的论文发表行为及其制度环境的相关研究逐渐增多。相关研究表明,在中国⑧⑨、美国⑩⑪、日本⑫、澳大利亚⑬⑭等国家的很多高校中,鼓励博士生进行学术发表正在逐渐制度化。在实践层面,尽管研究生的学术发表量越来越多,已经成为学术界科研产出的一股"庞大力量",但是学术发表和研究生科研兴趣、科研潜力和科研能力之间的关系一直颇有争议。鼓励和支持发

---

① 林赛·沃特斯. 希望的敌人:不发表就灭亡如何导致了学术的衰落[M]. 王小莹,译. 北京:商务印书馆,2011:3-9.

② Alvesson, M. , & Sandberg, J. Has management studies lost its way? Ideas for more imaginative and innovative research [J]. Journal of Management Studies, 2013,50,128-152.

③ Sandy, W. , Shen, H. Publish to earn incentives: how do Indonesian professors respond to the new policy? [J]. Higher Education, 2019,77(2):247-263.

④ Y, Ding. Chinese Academy of Sciences. In China, publish or perish is becoming the new reality [J]. Science (New York, N. Y.),2001,291(5508):1477-1479.

⑤ Wesel V, Maarten. Evaluation by Citation: Trends in Publication Behavior, Evaluation Criteria, and the Strive for High Impact Publications [J]. Science & Engineering Ethics, 2016,22(1):199-225.

⑥ Anderson, M. S. , Ronning, E. A. , De Vries, R. , & Martinson, B. C. The perverse effects of competition on scientists' work and relationships [J]. Science and Engineering Ethics, 2007,13,437-461.

⑦ Ioannidis, J. P. A. (2005). Why most published research findings are false. PLoS Medicine [EB/OL]. https://doi.org/10.1371/journal.pmed.0020124.

⑧ Li, Yongyan. "Publish SCI papers or no degree": practices of Chinese doctoral supervisors in response to the publication pressure on science students [J]. Asia Pacific Journal of Education, 2015:1-14.

⑨ Li, Y. Chinese doctors connecting to the English publishing world: Literature access, editorial services, and training in publication skills [J]. Publications, 2014,2,1-13.

⑩ Cho, S. Challenges of entering discourse communities through publishing in English: Perspectives of nonnative-speaking doctoral students in the United States of America [J]. Journal of Language, Identity, and Education, 2004,3,47-72.

⑪ Bartkowski J P, Deem C S, Ellison C G. Publishing in Academic Journals: Strategic Advice for Doctoral Students and Academic Mentors [J]. American Sociologist, 2015,46(1):99-115.

⑫ Jim M K. Identity Construction in Learning English Academic Writing in a Japanese University [J]. Journal of Asia TEFL, 2017,14(2):228-243.

⑬ Jackson D. Completing a PhD by Publication: A review of Australian practice and a personal journey [J]. Higher Education Research and Development, 2013,32(3):355-368.

⑭ Robins, et al. PhD by Publication: A Student's Perspective [J]. Journal of Research Practice, 2008,4(2):20.

表者认为,学位论文与期刊论文是两种完全不同的论文,学位论文写作不能代替期刊论文写作与发表[1],研究生较早发表论文是其成为优秀学者的一个重要标志[2];反对者则认为,研究生论文发表规定违反教育规律的长期性[3],侵犯了学生依法获得学位的权利和学位获得的平等权利[4],存在合法性、合理性及可行性问题[5],助长了论文发表的功利目的并存在一定的学术失范现象,也增加了研究生的发表压力[6],发表制度导致"有数量增长而无实质创新"的"内卷化"倾向[7]。而在硕士生[8]层面,论文发表和硕士生能力增值的相关研究非常缺乏。介于本科生和博士生之间的学术型硕士生是一个相对特殊的群体[9]。一方面,与专业型硕士生相比,学术型硕士生的培养目标和职业定位相对模糊;另一方面,与博士生相比,学术型硕士生的学术训练又属于"预备阶段"或"准备阶段"[10]。因此,学术型硕士生群体的学术发表行为与其自身的能力增值评价(capability value-added evaluation)之间的关系亟待进行系统和专门的研究。

本章研究试图回答的主要问题:第一,论文发表行为与发表规定对硕士生不同维度上的能力增值会产生何种影响? 第二,这种影响在人文学科、社会科学及自然科学中存在何种异质性? 第三,细分发表类型后的国内论文发表经历和国际论文发表经历对硕士生不同维度上的能力增值自我评价的影响存在何种差异? 第四,论文发表规定与论文发表经历的不同组合情况之间的硕士生能力增值自我评价存在何种差异?

① 蔡基刚. 期刊论文发表与研究生学术素养和专业素养培养[J]. 学位与研究生教育,2020(7):40-45.
② Thomas C. Buchmueller, Jeff Dominitz, W. Lee Hansen. Graduate training and the early career productivity of Ph. D. economists [J]. Economics of Education Review, 1999,18(1):65-77.
③ 张俊华. 对高校研究生发表论文制度的思考[J]. 北京理工大学学报(社会科学版),2003(5):26-27.
④ 王春业. 高校办学自主权与学生学位获得权的冲突与平衡——以博士学位授予需发表论文为视角[J]. 东方法学,2022(1):174-184.
⑤ 张颂昀,龚向和. 博士学位授予资格论文要求的法理分析——以40所法学一级学科博士点院校为例[J]. 学位与研究生教育,2019(8):28-35.
⑥ 叶继红. 高校研究生论文发表状况、存在问题与应对策略——兼论研究生论文发表规定[J]. 研究生教育研究,2015(6):44-49.
⑦ 赵祥辉. 博士生发表制度的"内卷化":表征、机理与矫治[J]. 高校教育管理,2021(3):104-113.
⑧ 本章中的硕士生主要指以学术研究能力和学术训练为主要目标的学术型硕士生群体。为表述方便起见,除非特别强调,下文中的"硕士生"和"学术型硕士生"可以理解为同一概念。
⑨ 王传毅,王瑜琪,杨佳乐. 重思硕士培养定位:争论与可能[J]. 清华大学教育研究,2019(2):115-125.
⑩ 高耀,杨佳乐,沈文钦. 学术型硕士生的科研参与、科研产出及其差异——基于2017年全国研究生离校调查数据的实证研究[J]. 研究生教育研究,2018(3):36-44.

第二节　研究假设

教育评价问题一直是教育研究领域和教育实践中的核心问题,也是教育改革实践中的难点问题。目前我国教育评价实践中存在的问题已引起决策者的高度关注。为了完善立德树人体制机制,扭转不科学的教育评价导向,坚决克服唯分数、唯升学、唯文凭、唯论文、唯帽子的顽疾,提高教育治理的能力和水平,2020年我国在国家层面出台了《深化新时代教育评价改革总体方案(以下简称"总体方案")》①,很多高校也陆续出台了贯彻落实总体方案的具体计划,并在学术界掀起了广泛的讨论②③④。教育部也于2020年印发了《关于破除高校哲学社会科学研究评价中"唯论文"不良导向的若干意见》⑤,明确规定了包括不得简单以刊物、头衔、荣誉、资历等来判断论文质量等在内的10个"不得"的底线要求。

在研究生培养实践过程中,一些国内顶尖高校已经出台了取消硕士生或者博士生论文发表⑥的"硬性规定"⑦。但是,激励研究生发表论文的制度环境和相

① 中共中央　国务院印发《深化新时代教育评价改革总体方案》[EB/OL]. http://www. gov. cn/zhengce/2020-10/13/content_5551032. htm.

② 陈廷柱,蒋凯,胡钦晓,王建华,吴立保,曹永国,沈文钦,文雯,张东海,曹妍. 高等教育评价体系创新(笔会)[J]. 苏州大学学报(教育科学版),2021,9(2):1 - 26.

③ 马陆亭,王小梅,刘复兴,周光礼,施晓光. 深化新时代教育评价改革研究(笔谈)[J]. 中国高教研究,2020(11):1 - 6.

④ 瞿振元,张炜,陈骏,郝清杰,林梦泉,王战军,秦惠民. 深化新时代教育评价改革研究(笔谈)[J]. 中国高教研究,2020(12):7 - 14.

⑤ 教育部印发《关于破除高校哲学社会科学研究评价中"唯论文"不良导向的若干意见》的通知[EB/OL]. http://www. moe. gov. cn/srcsite/A13/moe_2557/s3103/202012/t20201215_505588. html.

⑥ 不同高校对硕士生和博士生论文发表的规定和要求有很大差异性,例如,有些高校虽然取消(或未明确要求)硕士生发表论文,但却对博士生的论文发表有数量、等级方面的明确的"硬性要求",且在不同院系之间可能又存在差异性。因此,不宜笼统地说"研究生论文发表规定",而应针对具体层次(硕士/博士)、具体类型(学术学位/专业学位)的研究生培养活动和发表要求进行阐述。

⑦ 科学网. 清华大学取消硕士生强制发表论文规定[EB/OL]. (2021 - 3 - 23)[2022 - 3 - 28] https://news. sciencenet. cn/htmlnews/2021/3/454906. shtm;上海交通大学研究生院网站. 上海交通大学关于申请授予博士学位的规定(2021)[EB/OL]. (2021 - 9 - 1)[2022 - 3 - 28] https://www. gs. sjtu. edu. cn/info/1140/8483. htm;西北工业大学新闻网. 学校取消硕士生发表论文同学位挂钩的规定[EB/OL]. (2014 - 1 - 14)[2022 - 3 - 28] https://news. nwpu. edu. cn/info/1002/25194. htm;中国新闻周刊. 取消论文与学位资格挂钩,硕士就没了紧箍咒? [EB/OL]. (2020 - 8 - 17)[2022 - 3 - 30] http://news. inewsweek. cn/viewpoint/2020-08-17/10142. shtml.

关政策规定依然存在并对研究生的学术训练行为和论文发表行为产生着深刻的影响。以学术型硕士生为例,论文发表激励的主要制度环境和政策环境大体包括:第一,将硕士生在读期间的评奖评优与论文发表以直接或间接的方式挂钩,对硕士生形成有形或无形的论文发表激励;第二,将硕士生的学术发表与攻读博士学位的机会以直接或间接的方式挂钩,对硕士生形成论文发表激励;第三,将硕士生的学术发表与硕士学位获得资格挂钩[①],对硕士生形成论文发表“强制约束”。

论文发表激励的制度或政策环境对学术型硕士生培养意味着什么?硕士生面对这种激励环境会做出何种应对策略?这是在硕士生培养过程中研究者不易察觉但却非常重要的问题。

研究生的培养过程兼具教育培养和知识生产两种性质,兼跨教育活动和科研活动两个领域,且在不同学科、不同研究领域之间呈现明显差异性,具有个人化和专门化等典型特点。在新的时代背景下,研究生培养应更注重学生的就读体验,更加注重充分激发学生兴趣和潜力,使基于兴趣的快乐学习成为研究创新的重要动力[②],更加注重质量和品质提升,促进学生的全面发展[③]。研究生的能力结构要素至少包括创新能力、逻辑推理能力、资料收集与处理能力、问题解决能力及语言表达能力[④],有学者将研究生的学术能力概括为严谨的思维能力、透彻的理解能力、敏锐的判断能力、丰富的联想能力、规范的操作能力和准确的表达能力六个方面[⑤]。也有学者将知识经济时代研究生的核心素养概括为个性品质、知识技能、认知能力、研究能力、研究伦理与道德、管理能力、合作能力和沟通

[①] 一些研究生培养单位或院系以内部文件或“内部规定”的方式要求硕士生在读期间至少发表一篇学术论文,有些学科点会进一步设置发表刊物的等级、作者署名、单位署名、发表论文与学位论文的关系、与所属学科或研究领域的关系等更为具体的要求。另外,高校层面可能并无相关强制性规定,但是院系层面,甚至导师层面可能会提出不成文的相关论文发表要求,且有可能会出现论文发表要求“层层加码”的现象。这些现象很多时候以“隐性方式”存在,可能仅在特定的“场域”中适用,因此,目前并未引起学术界的广泛关注和讨论。

[②] 洪大用. 研究生教育的新时代、新主题、新担当[J]. 学位与研究生教育,2021(9):4.

[③] 别敦荣. 高等教育普及化背景下研究生教育发展的特点、要求和战略重点[J]. 学位与研究生教育,2022(2):15 - 27.

[④] 施春宏. 研究生学术能力的发展与培养[J]. 学位与研究生教育,2022(3):8 - 15.

[⑤] 孟万金. 研究生科研能力结构要素的调查研究及启示[J]. 高等教育研究,2001(11):58 - 62.

能力等八个范畴①。借鉴前人的研究成果，并结合硕士生的培养目标和培养定位②③，将学术型硕士生的能力增值划分为通用型能力和专用型能力④两个大的方面，其中通用型能力具体包括口头表达能力、书面表达能力、团队合作能力、问题解决能力和职业定位五个方面，专用型能力具体包括专业知识水平、专业实践能力、研究方法与技能、自主研究能力和专业认同感五个方面。职业定位和专业认同感是学生非常重要的"就读体验"测量维度，但既往相关研究却较少关注到⑤。

一般而言，硕士生在读期间若能够在导师的指导下或自己独立发表学术论文，在一定程度上可能反映出其对于本领域内的研究问题、研究方法、研究技能及表达有了一定程度的掌握，但这里有必要区分硕士生这种发表行为是源于学术兴趣的内生动力自然而然的学术产出，还是源于外部各种激励抑或"硬性要求"而"被迫无奈"的选择行为。本章通过是否有论文发表经历和是否有论文发表规定两个变量对硕士生的论文发表激励环境进行更加细致的考察。对于激励行为，艾尔菲·科恩在其著作《奖励的恶果》中敏锐地指出⑥："奖励和惩罚源于相同的心理模式，它们都把动机视作操纵行为的手段。……奖励失败的四大原因包括：奖励的恶果，奖励破坏人际关系，奖励忽视了问题的原因，奖励阻止了冒险。"结合上述分析，提出如下假设：

假设1a：论文发表经历有助于显著提升硕士生的通用型能力增值评价，但论文发表规定却会对硕士生的通用型能力增值评价产生显著的负向影响。

假设1b：论文发表经历有助于显著提升硕士生的专用型能力增值评价，但

① 李永刚. 知识经济时代博士生的核心素养框架及发展趋势[J]. 学位与研究生教育,2021(10):51-58.
② 袁本涛,杨佳乐,王传毅. 变革中的硕士生培养目标:概念、动力与行动[J]. 学位与研究生教育,2018(12):14-20.
③ 克利夫顿·康拉德,珍妮弗·格兰特,苏珊·博雅德·米勒. 美国如何培养硕士研究生[M]. 袁本涛,刘帆,等译. 北京:北京大学出版社,2016:293-314.
④ 孟大虎. 专用性人力资本研究:理论及中国的经验[M]. 北京:北京师范大学出版社,2009:10-30.
⑤ 沈红,张青根. 我国大学生的能力水平与高等教育增值——基于"2016全国本科生能力测评"的分析[J]. 高等教育研究,2017,38(11):70-78;张青根,唐焕丽. 课程学习与本科生批判性思维能力增值——基于2016—2019年"全国本科生能力追踪调查"数据的分析[J]. 高等教育研究,2021,42(08):79-88;李澄锋,陈洪捷. 主动选择导师何以重要——选择导师的主动性对博士生指导效果的调节效应[J]. 高等教育研究,2021,42(04):73-83;谢佳宏,祝军,沈文钦. 专业学位研究生的能力提升了吗？——公共管理硕士能力增值状况及其影响因素分析[J]. 学位与研究生教育,2021(06):74-82.
⑥ 艾尔菲·科恩. 奖励的恶果[M]. 冯杨,译. 山西:山西人民出版社,2016:57-70.

论文发表规定却会对硕士生的专用型能力增值评价产生显著的负向影响。

由于不同学科知识生产的属性和学科文化①②之间存在很大差异性，不同的学科具有不同的内部文化特征，包括学者的研究目标、典型的行为模式、互动方式、出版规则以及部落的核心价值与观念③。与社会科学和自然科学相比④，人文学科主要关注人本身或与个体精神直接相关的信仰、情感、心态、理想、道德、审美、意义、价值等，更加注重长周期性、累积性和个体性，人才培养过程和知识产出周期更长⑤。有关论文发表与博士生科研能力增值的实证研究已发现这种学科差异确实存在⑥。因此，论文发表激励对于硕士生的能力增值自我评价会存在显著的学科差异。有学者将研究生的科研训练模式区分为个体模式和团队模式两种类型⑦，在人文学科和社会科学中更加倾向于采用个体模式，而在自然科学（特别是应用学科）中团队模式更加常见。结合上述分析，继续提出如下假设：

假设 2a：论文发表对硕士生通用型能力增值自我评价的影响存在显著的学科异质性。

假设 2b：论文发表对硕士生专用型能力增值自我评价的影响存在显著的学科异质性。

随着科学研究全球化步伐的不断加快，一个国家的科学系统已经融入全球科学系统之中⑧。与国内期刊论文相比，国际期刊论文的分量越来越得到重视⑨。据此，继续提出如下假设：

假设 3a：与国内论文发表相比，国际论文发表经历对硕士生通用型能力增值自我评价的正向促进作用更为明显。

① 杰罗姆·凯根. 三种文化：二十世纪的自然科学、社会科学和人文学科[M]. 王加丰，宋严萍，译. 上海：上海世纪出版集团，2014：1.
② 托尼·比彻，保罗·特罗勒尔著. 学术部落及其领地：知识探索与学科文化[M]. 唐跃勤，蒲茂华，陈洪捷，译. 北京：北京大学出版社，2015：1-9.
③ 王东芳. 学科文化视角下的博士生培养[M]. 北京：中国社会科学出版社，2017：2-4.
④ 人文学科包括文学、历史学、哲学、艺术学四个学科门类，社会科学包括法学、教育学、经济学、管理学四个学科门类，自然科学包括理学、工学、农学、医学四个学科门类。样本中不包括军事学学科门类。
⑤ 李醒民. 知识的三大部类：自然科学、社会科学与人文学科[J]. 学术界，2012(8)：5-33.
⑥ 李澄锋. 论文发表与博士生科研能力增值的倒 U 型关系——基于"全国博士毕业生调查"数据的分析[J]. 高等教育研究，2021(10)：61-72.
⑦ 蔺亚琼，李紫玲. 知识生产视角下博士生科研训练的两种模式[J]. 中国高教研究，2021(2)：84-90.
⑧ 马瑞克·科维克. 科学全球化[J]. 北京大学教育评论，2022(1)：2-35.
⑨ 李连江. 不发表 就出局[M]. 北京：中国政法大学出版社，2016：187.

假设 3b：与国内论文发表相比，国际论文发表经历对硕士生专用型能力增值自我评价的正向促进作用更为明显。

按照培养单位是否有论文发表规定和硕士生在读期间是否有论文发表经历进行组合，可以分为"未发表未规定""未发表有规定""发表未规定"和"发表有规定"四种类型。结合假设 1 可知，硬性发表规定会对硕士生的能力增值自我评价产生显著的负向影响，更容易导致硕士生的逆向选择行为、功利主义取向和"短线思维"。据此，继续提出如下假设：

假设 4a：与"未发表未规定"硕士生群体相比，"未发表有规定"硕士生群体对自身通用型能力增值评价要显著更低，而"发表未规定"硕士生群体对自身通用型能力增值评价要比"发表有规定"群体显著更高。

假设 4b：与"未发表未规定"硕士生群体相比，"未发表有规定"硕士生群体对自身专用型能力增值评价要显著更低，而"发表未规定"硕士生群体对自身专用型能力增值评价要比"发表有规定"群体显著更高。

第三节　数据来源与分析策略

一、科研产出情况

本研究采用的数据来自 2021 年度"研究生培养质量反馈调查"项目。该项目由教育部学位管理与研究生教育司委托北京大学于 2021 年 5—7 月组织实施。本次调查在抽样设计上采取分层随机抽样的方式，以尽量保证调查样本的代表性。课题组首先对院校进行了抽取，具体的抽样原则为：①覆盖所有"双一流"建设高校；②对于普通高校分省份按照 40％的比例分别抽样；③对于科研院所，在培养人数超过 40 人的单位中（共计 33 所）随机选取 20 所。在确定好被调查的院校名单后，再对硕士毕业生进行抽样，抽样原则为：①若某一学科门类的毕业生人数超过 100 人，则按照 60％的比例随机发放问卷；②若某一学科门类的当年毕业生人数未超过 100 人，则按照 100％的比例发放问卷。根据上述调查抽样设计，本次调查采用了网络调查的方式，最终获得了全国范围内 338 所研究生培养单位的调查数据，共计回收调查问卷 70 318 份，问卷回收率为

44.3%,在剔除填答时间过短、填答内容明显不合理的问卷后,共获得 69 387 份有效问卷,问卷有效率为 98.68%。由于少量样本在分析的维度上存在缺失值,因此,本章实际纳入分析的有效样本数为 66 403 个,经检验,问卷具有很好的信度和效度,并且调查样本在地区分布和学科分布上也基本符合全国的总体情况。

二、分析策略

本章研究中的因变量硕士生能力增值自我评价采用李克特五点量表进行测量,为典型的定序变量,自变量包括论文发表经历(1=有论文发表经历;0=无论文发表经历)、论文发表规定(1=有规定;0=无规定)和发表情况与发表规定的交互类型(1=未发表未规定;2=未发表有规定;3=发表未规定;4=发表有规定),为二分类变量和多分类变量,控制变量包括院校特征、学科特征、导师特征、个体特征和家庭特征。其中,院校特征分为“一流大学”建设高校、“一流学科”建设高校、中科院和社科院系统及其他高校(参照组),学科特征分为人文(参照组)、社科、理学、工学、农学和医学六大类,导师特征包括导师性别(1=男性;0=女性)、导师职称(分为 3=教授/研究员、2=副教授/副研究员、1=讲师/助理研究员三类,以讲师/助理研究员为参照组)、导师年龄(连续变量)、导师最高学位获得(分为中国大陆和国/境外两类,以国/境外为参照组)、选择导师方式(分为自主选择和非自主选择两类,以非自主选择为参照组)、导师制(分为单一导师制和副导师或小组指导制,以单一导师制为参照组);个体特征包括硕士生的性别(1=男性;0=女性)、就读方式(1=全日制;0=非全日制)、入学方式(1=推免入学;0=考研入学)、出国(境)学习经历(1=有;0=无)、参加学术会议经历(1=有;0=无)、助教经历(1=有;0=无)、助研经历(1=有;0=无)及实习或兼职经历(1=有;0=无);家庭特征包括父亲学历和家庭收入情况[①]。由于因变量为定序变量,故在效果识别时采用 *Ordered-Logistic* 回归模型展开分析。

---

① 由于篇幅所限,变量的描述性统计结果并未在正文中详细呈现,感兴趣的读者可联系作者索取。

第四节 研究发现

一、论文发表经历与硕士生能力增值

首先,如表7-1所示,从论文发表对硕士生通用型能力增值的影响来看,在控制了学校层次、学科特征、导师特征、个体特征及家庭背景等相关影响因素之后,与未发表过学术论文的硕士生群体相比,在读期间有过论文发表经历的硕士生在口头表达、书面表达和问题解决三方面能力的增值显著更高,而在团队合作能力和职业定位清晰程度维度上,发表论文和未发表论文两个群体之间并不存在显著差异。

表7-1 论文发表与硕士生通用型能力增值评价

解释变量	被解释变量				
	口头表达能力	书面表达能力	团队合作能力	问题解决能力	职业定位
论文发表经历	0.053***	0.131***	0.021	0.045***	0.018
	(3.328)	(8.217)	(1.301)	(2.788)	(1.129)
论文发表规定	−0.038**	−0.037**	−0.026*	−0.048***	−0.051***
	(−2.503)	(−2.372)	(−1.706)	(−3.081)	(−3.385)
控制变量					
院校特征	控制	控制	控制	控制	控制
学科特征	控制	控制	控制	控制	控制
导师特征	控制	控制	控制	控制	控制
个体特征	控制	控制	控制	控制	控制
家庭特征	控制	控制	控制	控制	控制
模型拟合指标	LR chi2(29)= 7 079.56	LR chi2(29)= 6 807.71	LR chi2(29)= 7 483.80	LR chi2(29)= 7 017.54	LR chi2(29)= 6 090.02
	Prob>chi2= 0.000 0	Prob>chi2= 0.000 0	Prob>chi2= 0.000 0	Prob>chi2= 0.000 0	Prob>chi2= 0.000 0

（续表）

解释变量	被解释变量				
	口头表达能力	书面表达能力	团队合作能力	问题解决能力	职业定位
	Pseudo R2＝0.0413	Pseudo R2＝0.0412	Pseudo R2＝0.0458	Pseudo R2＝0.0442	Pseudo R2＝0.0339
N	66 403	66 403	66 403	66 403	66 403

注：(1)括号内为 t 值，根据个体聚类的稳健标准误计算；(2)* 为 $p<0.1$，** 为 $p<0.05$，*** 为 $p<0.01$。

其次，从培养单位"论文发表规定"来看，在控制相关影响因素之后，与没有相关"论文发表规定"的硕士生群体相比，培养单位有相关"论文发表规定"的硕士生群体对自身在口头表达、书面表达、团队合作、问题解决和职业定位方面的能力增值均显著更低。换言之，"论文发表规定"与硕士生通用型能力增值之间呈现显著的负相关关系。研究假设 1a 得到部分验证。

再次，如表 7-2 所示，从论文发表对硕士生专用型能力增值的影响来看，在控制了相关影响因素之后，与未发表过学术论文的硕士生群体相比，在读期间有过论文发表经历的硕士生在专业知识水平、研究方法与技能、自主研究能力和专业认同感方面的能力增值均显著更高，而在专业实践能力维度上，发表论文和未发表论文两个群体之间并不存在显著差异。

表 7-2　论文发表与硕士生专用型能力增值评价

解释变量	被解释变量				
	专业知识水平	专业实践能力	研究方法与技能	自主研究能力	专业认同感
论文发表经历	0.039**	0.007	0.031*	0.117***	0.030*
	(2.413)	(0.441)	(1.913)	(7.298)	(1.916)
论文发表规定	−0.066***	−0.077***	−0.012	−0.036**	−0.057***
	(−4.256)	(−4.991)	(−0.772)	(−2.330)	(−3.761)
控制变量					
院校特征	控制	控制	控制	控制	控制
学科特征	控制	控制	控制	控制	控制

（续表）

解释变量	被解释变量				
	专业知识水平	专业实践能力	研究方法与技能	自主研究能力	专业认同感
导师特征	控制	控制	控制	控制	控制
个体特征	控制	控制	控制	控制	控制
家庭特征	控制	控制	控制	控制	控制
模型拟合指标	LR chi2(29)=7 599.03	LR chi2(29)=7 569.85	LR chi2(29)=6 943.79	LR chi2(29)=6 277.24	LR chi2(29)=7 192.12
	Prob>chi2=0.000 0	Prob>chi2=0.000 0	Prob>chi2=0.000 0	Prob>chi2=0.000 0	Prob>chi2=0.000 0
	Pseudo R2=0.046 6	Pseudo R2=0.044 4	Pseudo R2=0.044 1	Pseudo R2=0.038 6	Pseudo R2=0.040 8
N	66 403	66 403	66 403	66 403	66 403

注：(1)括号内为 t 值，根据个体聚类的稳健标准误计算；(2)* 为 $p<0.1$，** 为 $p<0.05$，*** 为 $p<0.01$。

最后，从培养单位"论文发表规定"来看，在控制相关影响因素之后，与没有相关"论文发表规定"的培养单位的硕士生群体相比，有相关"论文发表规定"的培养单位的硕士生群体在专业知识水平、自主研究能力及专业认同感方面的能力增值均显著更低。换言之，"论文发表规定"与除研究方法与技能之外的专用型能力增值评价之间呈现出显著的负向相关关系。研究假设 1b 得到部分验证。

二、论文发表经历与硕士生能力增值的学科异质性

第一，如表 7-3 所示，从论文发表对硕士生通用型能力增值影响的学科差异来看，在控制了相关影响因素之后，对人文学科而言，有论文发表经历和没有论文发表经历的硕士生群体在口头及书面表达、团队合作、问题解决及职业定位能力提升等方面并不存在显著差异。对社会科学而言，与未发表论文群体相比，有论文发表经历的硕士生对自身团队合作能力维度上的能力增值显著更低，而与没有相关"论文发表规定"的硕士生群体相比，培养单位有相关"论文发表规定"的硕士生群体在口头表达和职业定位方面的能力增值均显著更低。对自然科学而言，有论文发表经历的硕士生群体在口头和书面表达、团队合作及问题解

决方面的能力增值显著更高,但在职业定位清晰程度方面两类群体之间并不存在显著差异,而与没有相关"论文发表规定"的硕士生群体相比,培养单位有相关"论文发表规定"的硕士生群体在口头和书面表达、团队合作、问题解决及职业定位方面的能力增值显著更低。换言之,论文发表及"发表规定"对硕士生通用型能力增值的影响存在显著的学科差异性,且影响方式呈现较大差异。人文学科中论文发表对通用能力增值的积极效应并不显著,社会科学中论文发表对团队合作能力反而会产生显著负向影响,而在自然科学中,论文发表有助于提升表达、合作及问题解决能力,但"发表规定"却会显著降低通用型能力增值的自我评价。另外,在各类学科中,论文发表经历对硕士生职业定位清晰程度不会产生显著影响,而"发表规定"对社会科学和自然科学硕士生的职业定位会产生显著的负向影响。研究假设 2a 得到部分验证。

表 7-3　论文发表与硕士生通用型能力增值评价的学科异质性

解释变量	被解释变量				
	口头表达能力	书面表达能力	团队合作能力	问题解决能力	职业定位
论文发表经历	−0.011	0.045	−0.009	−0.014	0.025
	(−0.263)	(1.030)	(−0.213)	(−0.330)	(0.576)
论文发表规定	−0.025	−0.005	−0.024	−0.012	−0.003
	(−0.477)	(−0.101)	(−0.467)	(−0.224)	(−0.056)
人文学科	8790	8790	8790	8790	8790
论文发表经历	−0.014	−0.007	−0.103***	−0.046	0.002
	(−0.444)	(−0.221)	(−3.283)	(−1.481)	(0.078)
论文发表规定	−0.059*	−0.031	−0.009	−0.028	−0.102***
	(−1.887)	(−0.981)	(−0.291)	(−0.892)	(−3.304)
社会科学	16953	16953	16953	16953	16953
论文发表经历	0.098***	0.222***	0.092***	0.107***	0.030
	(4.766)	(10.697)	(4.411)	(5.097)	(1.492)
论文发表规定	−0.035*	−0.046**	−0.036*	−0.062***	−0.033*
	(−1.893)	(−2.448)	(−1.904)	(−3.240)	(−1.765)
自然科学	40660	40660	40660	40660	40660

注:(1)括号内为 t 值,根据个体聚类的稳健标准误计算;(2)* 为 $p<0.1$,** 为 $p<0.05$,*** 为 $p<0.01$。

　　第二，如表7-4所示，从论文发表对硕士生专用型能力增值影响的学科差异来看，在控制了相关影响因素之后，对于人文学科而言，与未发表论文的群体相比，有论文发表经历的硕士生群体对专业实践能力增值评价显著更低，而在专业知识水平、研究方法与技能、自主研究能力和专业认同感自我评价方面，两类群体之间并不存在显著差异；"论文发表规定"对人文学科硕士生专用型能力增值整体呈现负向影响，但这种影响在统计意义上并不显著。对于社会科学而言，论文发表经历对硕士生专业知识水平、专业实践能力、研究方法与技能等专用型能力增值的影响并不显著；"论文发表规定"对社会科学硕士生群体的专业知识水平、专业实践能力和专业认同感方面的能力增值会产生显著的负向影响，而对研究方法与技能掌握方面的能力增值则会产生显著的正向影响。对于自然科学而言，与未发表论文的硕士生群体相比，在读期间有过论文发表经历的群体对自身在专业知识水平、专业实践能力、研究方法与技能、自主研究能力和专业认同感五个方面的能力增值均显著更高；但"论文发表规定"对自然科学硕士生专用型能力增值评价整体呈现负向影响，且这种影响的统计意义非常显著。换言之，论文发表及"发表规定"对硕士生专用型能力增值的影响存在显著的学科差异性，且影响方式呈现较大差异。人文学科中论文发表经历仅对硕士生的专业实践能力产生显著负向影响；社会科学中"论文发表规定"会产生"双向影响"，一方面有助于提升研究方法与技能的掌握，另一方面却不利于专业知识水平、专业实践能力和专业认同感的提升；自然科学中，论文发表经历有助于显著提升硕士生专用型能力增值，但"论文发表规定"对专用型能力增值则会产生"抑制效应"。研究假设2b得到部分验证。

表7-4　论文发表与硕士生专用型能力增值评价的学科异质性

解释变量	被解释变量				
	专业知识水平	专业实践能力	研究方法与技能	自主研究能力	专业认同感
论文发表经历	−0.002	−0.085**	−0.044	0.017	0.006
	(−0.038)	(−1.983)	(−1.006)	(0.401)	(0.133)
论文发表规定	−0.057	−0.054	−0.071	−0.055	−0.027
	(−1.072)	(−1.054)	(−1.339)	(−1.051)	(−0.511)
人文学科	8 790	8 790	8 790	8 790	8 790

（续表）

解释变量	被解释变量				
	专业知识水平	专业实践能力	研究方法与技能	自主研究能力	专业认同感
论文发表经历	0.011	0.017	−0.040	0.034	0.018
	(0.357)	(0.546)	(−1.290)	(1.097)	(0.583)
论文发表规定	−0.072**	−0.102***	0.054*	0.009	−0.118***
	(−2.274)	(−3.284)	(1.701)	(0.274)	(−3.796)
社会科学	16 953	16 953	16 953	16 953	16 953
论文发表经历	0.075***	0.038*	0.100***	0.197***	0.058***
	(3.544)	(1.814)	(4.735)	(9.399)	(2.801)
论文发表规定	−0.068***	−0.073***	−0.033*	−0.054***	−0.040**
	(−3.560)	(−3.846)	(−1.708)	(−2.849)	(−2.138)
自然科学	40 660	40 660	40 660	40 660	40 660

注：(1)括号内为 t 值，根据个体聚类的稳健标准误计算；(2)* 为 $p<0.1$，** 为 $p<0.05$，*** 为 $p<0.01$。

三、细分发表类型与硕士生能力增值

接下来，本章进一步将论文发表细分为国内论文发表和国际论文发表两种类型，进而构造回归分析模型以识别论文发表类型对硕士生能力增值自我评价的影响作用，分析结果见表7-5和表7-6所示。

表7-5　细分发表类型与硕士生通用型能力增值评价

解释变量	被解释变量				
	口头表达能力	书面表达能力	团队合作能力	问题解决能力	职业定位
国内论文发表	0.033**	0.087***	−0.007	0.008	0.032**
	(2.200)	(5.708)	(−0.478)	(0.525)	(2.135)
国际论文发表	0.102***	0.192***	0.104***	0.148***	0.039**
	(5.423)	(10.131)	(5.469)	(7.708)	(2.088)
论文发表规定	−0.039**	−0.036**	−0.027*	−0.049***	−0.053***
	(−2.548)	(−2.357)	(−1.770)	(−3.161)	(−3.516)

（续表）

解释变量	被解释变量				
	口头表达能力	书面表达能力	团队合作能力	问题解决能力	职业定位
控制变量					
院校特征	控制	控制	控制	控制	控制
学科特征	控制	控制	控制	控制	控制
导师特征	控制	控制	控制	控制	控制
个体特征	控制	控制	控制	控制	控制
家庭特征	控制	控制	控制	控制	控制
模型拟合指标	LR chi2(30)＝7 101.67	LR chi2(30)＝6 870.00	LR chi2(30)＝7 512.59	LR chi2(30)＝7 069.28	LR chi2(30)＝6 097.25
	Prob＞chi2＝0.000 0	Prob＞chi2＝0.000 0	Prob＞chi2＝0.000 0	Prob＞chi2＝0.000 0	Prob＞chi2＝0.000 0
	Pseudo R2＝0.041 5	Pseudo R2＝0.041 6	Pseudo R2＝0.046 0	Pseudo R2＝0.044 5	Pseudo R2＝0.033 9
N	66 403	66 403	66 403	66 403	66 403

注:(1)括号内为 t 值,根据个体聚类的稳健标准误计算;(2)* 为 $p<0.1$,** 为 $p<0.05$,*** 为 $p<0.01$。

表7-6　细分发表类型与硕士生专用型能力增值评价

解释变量	被解释变量				
	专业知识水平	专业实践能力	研究方法与技能	自主研究能力	专业认同感
国内论文发表	−0.001	−0.023	−0.033**	0.050***	0.046***
	(−0.093)	(−1.541)	(−2.172)	(3.280)	(3.061)
国际论文发表	0.122***	0.084***	0.179***	0.220***	0.041**
	(6.413)	(4.431)	(9.354)	(11.544)	(2.201)
论文发表规定	−0.067***	−0.077***	−0.013	−0.035**	−0.059***
	(−4.293)	(−5.033)	(−0.810)	(−2.294)	(−3.880)
控制变量					
院校特征	控制	控制	控制	控制	控制
学科特征	控制	控制	控制	控制	控制

（续表）

解释变量	被解释变量				
	专业知识水平	专业实践能力	研究方法与技能	自主研究能力	专业认同感
导师特征	控制	控制	控制	控制	控制
个体特征	控制	控制	控制	控制	控制
家庭特征	控制	控制	控制	控制	控制
模型拟合指标	LR chi2(30)＝7 634.54	LR chi2(30)＝7 592.42	LR chi2(30)＝7 034.71	LR chi2(30)＝6 364.75	LR chi2(30)＝7 202.02
	Prob＞chi2＝0.000 0	Prob＞chi2＝0.000 0	Prob＞chi2＝0.000 0	Prob＞chi2＝0.000 0	Prob＞chi2＝0.000 0
	Pseudo R2＝0.046 8	Pseudo R2＝0.044 5	Pseudo R2＝0.044 7	Pseudo R2＝0.039 2	Pseudo R2＝0.040 9
N	66 403	66 403	66 403	66 403	66 403

注:(1)括号内为 t 值,根据个体聚类的稳健标准误计算;(2)* 为 $p<0.1$,** 为 $p<0.05$,*** 为 $p<0.01$。

第一,从硕士生通用型能力增值方面来看,在控制其他影响因素的情况下,整体而言,国内论文发表经历对硕士生口头表达、书面表达和自身职业定位清晰程度方面的能力增值均会产生显著正向影响,但对硕士生团队合作能力和问题解决能力方面的影响效果并不显著;国际论文发表经历对硕士生五个维度上的通用型能力增值自我评价均会产生显著正向影响;而"论文发表规定"对硕士生通用型能力增值自我评价均会产生显著的"抑制效应"。研究假设 3a 得到部分验证。

第二,从硕士生专用型能力增值方面来看,在控制其他影响因素的情况下,整体而言,国内论文发表经历对硕士生自主研究能力和专业认同感方面的能力增值会产生显著正向影响,而对研究方法与技能方面的能力增值却会产生"抑制效应";国际论文发表经历对硕士生五个维度上的专用型能力增值均会产生显著的"提升效应";而"论文发表规定"对硕士生专业知识水平、专业实践能力、自主研究能力和专业认同感方面的增值会产生显著的"抑制效应"。研究假设 3b 得到部分验证。

四、发表规定、发表情况与硕士生能力增值

按照"发表规定"(0-1)与发表情况(0-1)的交互组合,将硕士生群体分为"未发表未规定""未发表有规定""发表未规定"和"发表有规定"四种类型,接下来继续构造回归分析模型考察这四类群体能力增值自我评价方面的表现差异。

第一,如表7-7所示,从发表规定、发表情况与硕士生通用型能力增值方面来看,在控制其他影响因素的情况下,与"未发表未规定"的群体相比,"未发表有规定"硕士生群体对口头表达能力、书面表达能力、团队合作能力、问题解决能力和职业定位清晰程度方面的通用型能力增值评价均显著更低;"发表未规定"硕士生群体对口头表达能力、书面表达能力和问题解决能力方面的能力增值评价均显著更高;"发表有规定"硕士生群体对自身书面表达能力方面的增值评价显著更高,而对职业定位清晰程度方面的能力增值评价却显著更低。上述分析结果进一步揭示出,对于硕士生而言,"论文发表规定"不仅无助于提升硕士生通用型能力增值评价,反而会对硕士生产生"抑制效应"或"逆反效应"。研究假设4a得到部分验证。

表7-7　发表规定、发表情况与硕士生通用型能力增值评价

解释变量	被解释变量				
	口头表达能力	书面表达能力	团队合作能力	问题解决能力	职业定位
未发表有规定	-0.076^{***}	-0.056^{**}	-0.069^{**}	-0.067^{**}	-0.114^{***}
	(-2.736)	(-2.017)	(-2.448)	(-2.383)	(-4.136)
已发表无规定	0.034^{*}	0.122^{***}	0.000	0.036^{*}	-0.013
	(1.750)	(6.176)	(0.001)	(1.783)	(-0.678)
已发表有规定	0.012	0.093^{***}	-0.009	-0.004	-0.038^{*}
	(0.553)	(4.433)	(-0.415)	(-0.209)	(-1.859)
控制变量					
院校特征	控制	控制	控制	控制	控制
学科特征	控制	控制	控制	控制	控制
导师特征	控制	控制	控制	控制	控制
个体特征	控制	控制	控制	控制	控制

（续表）

解释变量	被解释变量				
	口头表达能力	书面表达能力	团队合作能力	问题解决能力	职业定位
家庭特征	控制	控制	控制	控制	控制
N	66 403	66 403	66 403	66 403	66 403

注:(1)括号内为 t 值,根据个体聚类的稳健标准误计算;(2)* 为 $p<0.1$,** 为 $p<0.05$,*** 为 $p<0.01$。

　　第二,如表 7-8 所示,从发表规定、发表情况与硕士生专用型能力增值自我评价方面来看,在控制其他影响因素的情况下,与"未发表未规定"的群体相比,"未发表有规定"硕士生群体在专业知识水平、专业实践能力和专业认同感方面的能力增值评价显著更低;"发表未规定"群体在自主研究能力上的自我增值评价显著更高;"发表有规定"群体的自主研究方面的能力增值评价显著更高,而专业实践能力增值评价却显著更低。研究假设 4b 得到部分验证。

表 7-8　发表规定、发表情况与硕士生专用型能力增值评价

解释变量	被解释变量				
	专业知识水平	专业实践能力	研究方法与技能	自主研究能力	专业认同感
未发表有规定	−0.089***	−0.102***	−0.027	−0.011	−0.089***
	(−3.151)	(−3.666)	(−0.945)	(−0.381)	(−3.234)
已发表无规定	0.028	−0.006	0.024	0.130***	0.014
	(1.394)	(−0.282)	(1.190)	(6.557)	(0.739)
已发表有规定	−0.029	−0.072***	0.018	0.083***	−0.030
	(−1.366)	(−3.410)	(0.833)	(3.928)	(−1.416)
控制变量					
院校特征	控制	控制	控制	控制	控制
学科特征	控制	控制	控制	控制	控制
导师特征	控制	控制	控制	控制	控制
个体特征	控制	控制	控制	控制	控制
家庭特征	控制	控制	控制	控制	控制
N	66 403	66 403	66 403	66 403	66 403

注:(1)括号内为 t 值,根据个体聚类的稳健标准误计算;(2)* 为 $p<0.1$,** 为 $p<0.05$,*** 为 $p<0.01$。

五、结论与讨论

本章基于全国层面最新大样本调查数据的实证研究发现,论文发表激励与硕士生能力增值之间的关系复杂。第一,整体而言,与无论文发表经历群体相比,在读期间有论文发表经历的硕士生在口头和书面表达、问题解决、专业知识水平、研究方法与技能、自主研究等方面的能力增值显著更高,但在团队合作、职业定位及专业实践方面的能力增值差异并不显著。第二,论文发表对于硕士生能力增值的正向影响需以自主、自愿和自由作为前提条件,一旦将论文发表作为"硬性规定"则会适得其反。第三,论文发表的"硬性规定"和强制约束会对硕士生个体的学术兴趣、学术热情和专业认同感产生显著的负向影响,长远来看非常不利于创新人才的培养。第四,论文发表与能力增值之间的关系呈现出学科异质性,在自然科学中这种差异较为显著,而在人文学科和社会科学中的差异并不显著。下面继续展开延伸性的讨论:

第一,学术兴趣与发表规定之间的悖论与张力。研究生培养过程中的论文发表激励是当前大学教育中绩效主义导向下的现实反映,体现了加速社会和加速大学中对于"快速度""快知识"和"快科研"的功利追求。对于学术型硕士生培养而言,最为重要的是激发出他(她)们对科研的热爱和兴趣,而这种学术兴趣的培养必然依赖并建立在广泛的选择、比较、试错的基础之上。而有形或无形的论文发表激励甚至发表规定,希望研究生在刚入门起步时就能迅速锚定航向,在狭窄崎岖的科研准备道路上迅速成长、快速产出、超越别人。这种"硬性发表规定"下"童子操刀"式的"快科研"或"速成科研"必然与学术兴趣养成、学术视野开拓的慢规律和长周期形成强烈的对照和反差,容易忽视对硕士生"道德与人格发展"[1]或者"精神与文化发展"[2]方面的关注。快速成长所塑造的"绩优主体"热衷于正反馈,逐渐偏离了知识和教育的内在逻辑……长此以往,理应"竞优"的创新人才培养反而陷入了回避探险、害怕失败的"竞次"陷阱。[3] 发表论文的追求可能遮蔽了学术兴趣的培养,导致研究生害怕失败、不敢冒险,让自身的内在科研

---

① 陈洪捷. 德国古典大学观及其对中国的影响(第三版)[M]. 北京:北京大学出版社,2015:36.

② 威廉·克拉克. 象牙塔的变迁:学术卡里斯玛与研究性大学的起源[M]. 徐震宇,译. 北京:商务印书馆,2013:528.

③ 刘云杉. 拔尖的陷阱[J]. 高等教育研究,2021(11):1-17.

驱动让位于外在科研评价。尽管我们也可以对一些论文发表的量化指标赋予"积极意义"以反映研究生培养的成效,但是由于"硬性发表规定"而导致的学术兴趣损伤和学术热情消退同样需要引起高度重视。

　　第二,短期产出和长远志趣之间的悖论与张力。研究生教育的根本目的是培养人,而育人的规律是非常复杂的,很难"速成"。人是目的,而不是手段,使学生今后的生活对社会和个人有益,显然是学术责任的一部分,甚至是核心部分[1]。教育所要传授的是对思想的力量、思想的美、思想的条理的一种深刻认识,教育是一种掌握种种细节、需要耐心的过程[2]。"论文发表规定"本质上奉行的是工具主义导向的人才培养观[3],可能导致硕士生培养过程和培养结果出现"非预期后果"甚至是"异化现象"。"论文发表规定"下,所谓的成功已经不在于或几乎不在于有没有提出什么强有力的论点,而是只在于论文发表量而已[4]。努斯鲍姆在《功利教育批判》一书中指出:"现在各个国家都希望培养具有高度实用技能、追求短期效益、能够赢利的教育,而科学和社会科学中,我们称之为人文的那种特征,就是培养想象力、创造力、批判性思维等等这些东西正在节节败退。……教育不仅仅是培养各种专业人员,更为重要的是'培养出使自己的生活有意义的人'。"[5]联合国教科文组织的研究报告中也指出,教育应该以人文主义为基础,要超越狭隘的功利主义,教育不仅关系获取技能,还涉及尊重生命和人格尊严的价值观,而这是我们在多样化的世界中实现社会和谐的必要条件[6]。因此,硕士生培养需要从重视成果产出的"短线思维"向"长线思维"转变,重在培育、保护和激发研究生对未知的好奇、对科研的热爱以及对学术的兴趣、热情和敬畏。

　　第三,"过程控制"与"自由放任"之间的张力与平衡。研究发现,论文发表激励对硕士生能力增值自我评价的积极促进效应建立在自愿、自主和自由的基础

① 唐纳德·肯尼迪. 学术责任[M]. 阎凤桥,等译. 北京:新华出版社,2002:68.
② 阿尔弗雷德·怀特海. 教育的目的[M]. 徐汝舟,译. 北京:北京师范大学出版社,2018:8-14.
③ 张宏. 工具理性与价值理性的整合——教育技术发展的现实思考[J]. 教育研究,2016(11):28-32.
④ 哈特穆特·罗萨. 新异化的诞生:社会加速批判理论大纲[M]. 郑作彧,译. 上海:上海人民出版社,2018:73.
⑤ 玛莎·努斯鲍姆. 功利教育批判:为什么民主需要人文教育[M]. 肖津,译. 北京:新华出版社,2017:1-5.
⑥ 联合国教科文组织. 反思教育:向"全球共同利益"的理念转变?[M]. 联合国教科文组织总部中文科,译. 北京:教育科学出版社,2015.

之上,一旦将论文发表作为"硬性规定"则会明显加剧硕士生的发表压力和焦虑,进而对其就读体验和专业认同感产生负面影响,反而不利于激发硕士生的学术动机和学术热情,导致"论文发表规定"与能力增值之间出现"逻辑悖论"。当前,为保障研究生培养质量,很多培养单位都在制度和政策层面建立起了越来越严密的节点控制和过程监控"网络",一些单位仍然不愿废止将硕士生论文发表与学位授予挂钩的"硬性规定",这可能导致硕士生的"自由探索空间"不断被挤压,他(她)们必须严格按照培养计划的流程和节点"精确设计"自己的学习和科研训练。如何平衡"过程控制"与"自由放任"之间的冲突并尽可能保持政策的适度张力成为硕士生培养过程中必须重视的一个问题。另外,笔者注意到,近年来,培养单位行政层面出台的有关研究生培养和质量保障方面的政策规定越来越密集、精细和具体,这可能导致学科点和导师层面的主动性和"自主空间"也受到"挤压",导师和研究生可能都在疲于应付或努力满足各种"指标化"的需求,至于这一过程中研究生的科研兴趣、科研热情和科研能力是否也获得了实质性的发展和培育,反而被忽视。作为目的的生活本质上不同于作为手段的生活①,类似的,作为目的的人才培养和学术研究本质上也不同于作为手段的人才培养和学术研究。创新人才并不总是教育者刻意追求、周密谋划并如期而至的教育结果,但是只要给人的主体性发展和多样性发展留出空间,也就给教育自身的创新留下了生生不息的物种和广阔深邃的海洋。②

总之,论文发表规定无论作为激励的手段还是结果,都存在很大的局限性。硕士生论文发表的"硬性规定"不仅毫无统计意义上的依据,而且会严重影响硕士生学术兴趣和学术热情的培育,进一步灼伤学术热情和认同,进而可能破坏整个研究生的学术文化、氛围与生态,长此以往更加不利于创新人才的培养。

第五节　本章小结

论文发表激励对硕士生培养的影响是以往研究者较为忽视、不易察觉但却

---

① 赫伯特·马尔库塞. 单向度的人:发达工业社会意识形态研究[M]. 刘继,译. 上海:上海译文出版社,2014:16.
② 龚怡祖. 从"李白现象"看教育创新之路[J]. 北京大学教育评论,2004(2):103－107.

非常重要的问题。基于 2021 年全国研究生离校调查大样本数据的实证研究发现:有论文发表经历的硕士生在口头和书面表达、问题解决、专业知识水平、研究方法与技能、自主研究等方面的能力增值评价显著更高,但在团队合作、职业定位及专业实践方面能力增值评价的差异并不显著;这种正向影响需以"自由放任"为前提,一旦将论文发表作为"规定"则会适得其反,且这种能力增值"抑制效应"非常显著;论文发表与能力增值之间的关系呈现学科异质性,其适用范围需进行限定。论文发表无论作为激励的手段还是结果,都存在很大的局限性,硕士生"论文发表规定"不仅毫无统计意义上的依据,而且会严重影响硕士生学术兴趣、学术热情和专业认同感的培育,长远来看更加不利于创新人才的培养。

第八章
学术型硕士生的心理焦虑状况

面对学术导向型的培养目标和沉重的科研任务,学术型硕士生的焦虑情绪和心理问题也日益突出。这些问题如果得不到及时有效的疏导、调适,对研究生的健康成长极为不利。在就读生涯中,研究生面临着学业、科研、生活、情感、社交及就业准备等多重压力,这些压力可能进一步转变为焦虑来源,从而对研究生的学业和身心造成负面影响,如何保持积极的情绪和心理状况,从容面对压力和可能产生的焦虑,并探讨压力和焦虑的有效缓解途径和缓解策略是一个非常重要的研究问题。为全面落实立德树人根本任务,更好地满足广大研究生群体的心理需求,全面服务研究生成长成才,迫切需要对研究生群体的心理健康状况展开专门分析。

研究生群体的心理健康问题是近几年国际科研工作关注的热点[1][2]。*Nature* 2019 年对 6 000 多位博士生的调查结果显示,约三分之一的博士生群体可能存在抑郁问题[3]。2019 年中国科学院心理研究所科研团队对我国研究生群体的心理健康状况进行的调查结果显示,35.5%的被调查研究生可能有一定程度的抑郁表现,60%的被调查群体存在焦虑问题。[4] 相关调查还发现,博士生的

① Levecque K, Anseel F, Beuckelaer A D, et al. Work organization and mental health problems in PhD students [J]. Research Policy, 2017,46(4):868 - 879.

② Evans, T., Bira, L., Gastelum, J. et al. Evidence for a mental health crisis in graduate education. Nat Biotechnol 36,282 - 284(2018). https://doi.org/10.1038/nbt.4089.

③ Woolston, C. PhDs: the tortuous truth. Nature 575,403 - 406(2019). https://doi.org/10.1038/d41586-019-03459-7.

④ 傅小兰,张侃等.中国国民心理健康发展报告(2019—2020)[M].北京:社会科学文献出版社,2021:229 - 248.

抑郁和焦虑平均水平要显著高于硕士生。在硕士生中,有一定程度抑郁表现的有 34.7%,其中有抑郁高风险的占 12.1%;在博士生中,有一定程度抑郁表现的有 36.6%,其中有抑郁高风险的占 12.9%。① 华南师范大学心理学院研究团队对疫情期间 2829 名硕士生心理健康状况的调查数据显示,受访者中重度抑郁占 1.3%,中度抑郁占 14.4%,轻度抑郁占 21.8%,抑郁比例合计为 37.5%;重度焦虑占 1.4%,中度焦虑占 4.34%,轻度焦虑占 14.4%,焦虑比例合计为 20.14%。② 浙江大学医学院研究团队对医学类研究生的调查结果显示,医学类专业型硕士生在抑郁和焦虑程度以及检出率上要明显高于其他类型研究生。③ 早期的调查结果显示,有 21.8% 的研究生存在轻度以上的焦虑,且不同专业、年级、婚否的研究生在焦虑状况方面存在显著性差异。④

　　介于本科生和博士生之间的学术型硕士生是一个相对特殊的群体。一方面,与专业型硕士生相比,学术型硕士生的培养目标和职业定位相对模糊;另一方面,与博士生相比,学术型硕士生的学术训练又属于"预备阶段"或"准备阶段"。因此,学术型硕士生群体的心理焦虑程度、焦虑的来源及其在学科和院校之间的差异情况值得专门进行探讨。

　　本章试图回答的主要问题包括:第一,学术型硕士生在读期间的焦虑程度如何? 哪些院校和哪些学科硕士生的焦虑程度更为严重? 第二,学术型硕士生的焦虑主要源于哪些方面? 焦虑来源在不同院校和不同学科间存在何种差异性? 学术型硕士生缓解焦虑的途径主要包括哪些? 第三,学术型硕士生高焦虑体验的典型样态是什么? 第四,导生互动有助于缓解学术型硕士生的焦虑吗?

第一节　心理焦虑总体状况

　　本章从焦虑的程度、焦虑的来源以及焦虑的主要缓解途径三个主要方面对

① 夏瑾. 研究显示:我国研究生群体抑郁焦虑问题显著[N]. 中国青年报,2021-04-13(第008版)
② 康德荣,张敏强,梁正妍,夏园林,李嘉,梁警丹. 疫情期间研究生的心理健康现状及其影响因素——基于 2829 名中国研究生的调查数据[C]//. 第二十三届全国心理学学术会议摘要集(上),2021:677-678.
③ 陈华瑞,闻优瑜,陈俊春等. COVID-19 疫情下不同类型医学研究生心理健康状况调查及分析[J]. 中国高等医学教育,2020(5):22-23.
④ 董雪,刘晓瑞. 研究生焦虑调查分析[J]. 教学研究,2006(02):129-131.

学术型硕士生的心理焦虑情况进行综合考察。具体来看,对于焦虑程度的测量,本次调查设置"如果您在读研期间的焦虑程度可以用分数衡量(0～100分),您会给自己打多少分:_____"这一问题;对于焦虑的来源,结合前期调研和文献综述结论,本次调查设置"在读研期间最令您焦虑的两件事情分别为:1._____;2._____"这一问题,选项设置中涵盖了:①完成所在学科规定的学术论文发表要求;②完成硕士学位论文;③完成导师的课题;④经济负担;⑤就业问题;⑥恋爱与婚姻;⑦研究工作获得别人的认可;⑧导师不能提供有效指导;⑨其他_____(请注明);对于焦虑的缓解途径而言,本次调查设置"当您需要缓解心理压力时,您通常会:1._____;2._____;3._____"这一问题,选项设置中涵盖了:①找导师帮助;②找其他信任的老师帮助;③向同学朋友倾诉;④向家人、恋人倾诉;⑤到学校心理健康中心进行咨询;⑥进行体育锻炼减压;⑦吃喝玩乐减压;⑧通过反思调整自己;⑨其他_____(请注明)。希望通过对上述问题相关回答的深入分析,从学科层面和院校层面切入探讨学术型硕士生心理焦虑的总体程度、主要焦虑来源以及常用的缓解方式和主要途径,从而为培养单位出台更有针对性的心理健康支持政策提供相关决策依据和参考。

　　本章采用的数据来自"全国研究生培养质量反馈调查"项目。本次调查的对象为即将毕业离校的学术型硕士生群体,在抽样上采取了分层随机抽样的方式,以尽量保证调查样本的代表性。根据上述调查抽样设计,本次调查采用了网络调查的方式,调查的开展时间为2021年5月至7月,最终获得了全国范围内338所研究生培养单位的调查数据,在剔除填答时间过短、填答内容明显不合理的问卷后,共获得69 387份有效问卷,问卷有效率为98.68%。经检验,问卷具有很好的信度和效度,并且调查样本在地区分布和学科分布上也基本符合全国的总体情况。

一、心理焦虑的程度

　　学术型硕士生心理焦虑总体程度的学科差异统计结果见图8-1。学术型硕士生在读研期间心理焦虑程度从高到低排序,依次为:医学(54.66)、艺术学(54.10)、教育学(53.82)、农学(53.63),其次为理学(52.82)、管理学(52.06),这六个学科焦虑程度得分均值均高于总体样本平均值(51.83);而法学(47.98)、历史学(50.21)、经济学(50.60)、哲学(50.63)、文学(51.18)和工学(51.21)这六个

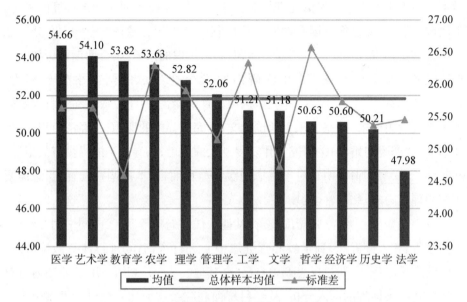

图 8-1　学术型硕士生心理焦虑程度的学科差异

学科硕士生焦虑程度得分均值均低于总体样本平均值。

这表明,总体而言,自然科学类学术型硕士生群体的焦虑程度要明显高于人文社科类群体;在自然科学类群体中,医学类学术型硕士群体的焦虑程度最高;在人文社科类群体中,艺术学和教育学类学术型硕士生群体的焦虑程度明显更高。在人文学科中,哲学学术型硕士生的焦虑程度的标准差最高,教育学和文学学术型硕士生的标准差最低,这说明哲学类学术型硕士生的心理焦虑程度个体差异较大,而教育学类学术型硕士生心理焦虑程度个体差异较小,这表明教育学和文学学术型硕士生群体对焦虑情绪程度的感知程度更为一致。

学术型硕士生心理焦虑总体程度的院校差异统计结果见图 8-2。首先,不同层次院校的学术型硕士生对就读期间的焦虑程度感知的评价由高到低依次为:中科院和社科院系统、"一流大学"建设高校、"一流学科"建设高校、其他高校,这表明,院校层次越高的学术型硕士生焦虑程度愈严重。尤其是中科院和社科院系统,其学术型硕士生平均焦虑程度达 54.8,且标准差最低,表明"中科院和社科院系统"学术型硕士生对焦虑程度认知较为一致。其次,"其他高校"在高校系统中是唯一低于样本均值的选项,但标准差最高,这表明在所有高校系统中

"其他高校"学术型硕士生对焦虑程度感知最低,但内部感知个体差异较大。

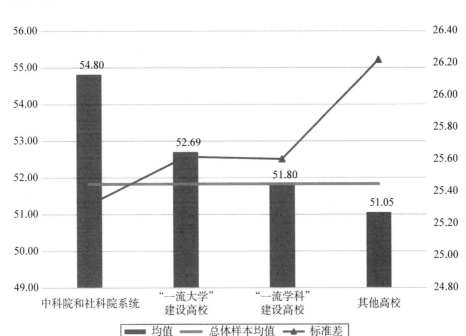

图8-2　学术型硕士生心理焦虑程度的院校差异

下面继续构造回归分析模型对学术型硕士生心理焦虑的差异进行显著性检验,分析结果见表8-1。其中,模型1为总体样本回归结果,模型2至模型5分别为"一流大学"建设高校、"一流学科"建设高校、中科院和社科院系统、其他高校样本。因变量焦虑程度为连续变量,故采用OLS回归模型进行差异识别,控制变量包括导师选择方式、指导方式、与导师交流频率、个体特征及家庭背景情况。

表8-1　学术型硕士生心理焦虑程度的差异性检验

被解释变量	焦虑程度				
解释变量	模型1	模型2	模型3	模型4	模型5
社科	−0.479	0.850	−0.494	−2.724	−1.328**
	(−1.434)	(1.265)	(−0.897)	(−1.046)	(−2.408)

（续表）

被解释变量	焦虑程度				
解释变量	模型 1	模型 2	模型 3	模型 4	模型 5
理学	2.289***	3.986***	1.938***	3.034	1.126*
	(5.952)	(5.370)	(2.959)	(1.153)	(1.755)
工学	0.728**	2.160***	0.282	−0.540	0.092
	(2.083)	(3.236)	(0.486)	(−0.213)	(0.153)
农学	2.922***	0.720	3.354***	2.420	3.039***
	(5.342)	(0.594)	(3.496)	(0.717)	(3.629)
医学	3.004***	4.627***	2.547***	2.732	2.240***
	(6.779)	(4.948)	(3.213)	(0.793)	(3.295)
中科院和社科院系统	1.712***				
	(2.578)				
"一流学科"建设高校	0.520**				
	(2.194)				
"一流大学"建设高校	0.706***				
	(2.649)				
自主选择导师	−3.998***	−3.714***	−3.621***	−2.519*	−4.765***
	(−14.290)	(−6.688)	(−7.589)	(−1.824)	(−10.196)
副导师或小组指导	−0.991***	−0.790*	−1.464***	−1.940	−0.640*
	(−4.613)	(−1.896)	(−3.944)	(−1.475)	(−1.815)
与导师面对面交流频率	−6.060***	−5.480***	−7.254***	−6.740**	−5.396***
	(−14.348)	(−6.757)	(−9.998)	(−2.403)	(−7.724)
与导师线上交流频率	−5.870***	−6.554***	−4.108***	−2.462	−7.094***
	(−15.044)	(−8.916)	(−6.139)	(−0.965)	(−10.832)
性别	−0.499**	−0.842**	−0.650*	−0.180	−0.194
	(−2.311)	(−2.033)	(−1.753)	(−0.133)	(−0.542)
就读方式	−0.385	0.176	−0.172	−7.937	−0.336
	(−0.398)	(0.079)	(−0.098)	(−1.242)	(−0.239)

（续表）

被解释变量	焦虑程度				
解释变量	模型1	模型2	模型3	模型4	模型5
推免生	1.230***	1.827***	0.352	1.133	1.030*
	(4.721)	(4.606)	(0.801)	(0.731)	(1.693)
父亲学历	0.372***	0.731***	0.196	0.737	0.241
	(3.467)	(3.620)	(1.067)	(1.110)	(1.327)
家庭收入	−0.084	−0.046	−0.268**	−0.748*	0.081
	(−1.224)	(−0.353)	(−2.266)	(−1.751)	(0.700)
常数项	54.714***	51.401***	55.327***	64.548***	57.057***
	(48.912)	(20.975)	(27.869)	(8.680)	(33.807)
N	66808	17852	22474	1588	24894
r^2	0.029	0.030	0.028	0.028	0.030
F	110.991	37.365	42.760	2.977	51.831

注：(1)括号内为 t 值，根据个体聚类的稳健标准误计算；(2)* 为 $p < 0.1$，** 为 $p < 0.05$，*** 为 $p < 0.01$；分类变量的参照组依次为人文学科、其他高校、院系指定导师、单一导师制、女性、非全日制、考研入学。

首先，从学科差异来看，在控制其他影响因素的情况下，与人文学科相比，理学、农学和医学类硕士生在读期间的焦虑程度显著更高，而社科和工学硕士生的焦虑程度与人文学科硕士生并不存在显著差异。分样本回归结果显示，"双一流"建设高校中，理学和医学硕士生的焦虑程度显著更高，而其他高校中，社科硕士生的焦虑程度显著更低，而农学和医学硕士生的焦虑程度显著更高。

其次，从院校差异来看，在控制其他影响因素的情况下，与其他高校相比，"双一流"建设高校、中科院和社科院系统的硕士生就读期间的焦虑程度要显著更高。

再次，从导师指导方面来看，自主选择导师的硕士生群体比非自主选择导师群体感知到的心理焦虑程度显著更轻；小组指导的硕士生感知到的心理焦虑程度比单一导师制下的硕士生群体显著更轻；与导师沟通频率越高，则硕士生就读期间的焦虑程度越低。

最后，从个体特征和家庭特征来看，与女性群体相比，男性群体感知到的焦虑程度显著更低；推免入学群体比考研入学群体感知到的焦虑程度显著更高；父亲学历越高，则学术型硕士生群体感知到的焦虑程度也越高，家庭经济水平对焦虑程度的影响并不显著。

二、心理焦虑的来源

在前期访谈和文献阅读的基础上，课题组设定了包含完成硕士学位论文、完成学术论文发表要求、就业问题等在内的八种主要心理焦虑的来源，从学科差异视角进行的统计结果见图 8-3。

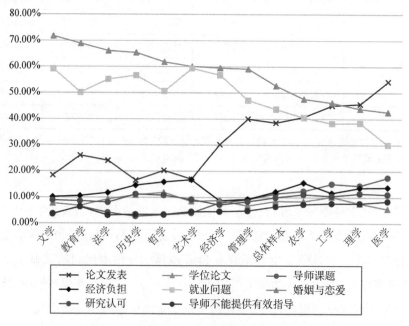

图 8-3　学术型硕士生心理焦虑来源的学科差异

首先，整体而言，所有学科的学术型硕士生焦虑来源发生率较高的为"学位论文"（52.64%）、"就业问题"（43.74%）、"论文发表"（38.56%），其次是"经济负担"（12.17%）、"导师课题"（11.44%）、"研究认可"（9.98%）以及"婚姻与恋爱"（8.54%），而"导师不能提供有效指导"作为焦虑来源的比例最低，仅为 6.41%。这表明，学术型硕士生在毕业论文撰写、就业问题以及达到论文发表规定方面最容易产生焦虑情绪。这可能与学术型硕士生学术导向的培养定位以及各高校保障学术学位研究生教育质量要求不断提高有关。

其次,从"学位论文""就业问题"和"论文发表"作为主要焦虑来源的学科差异情况来看,在"学位论文"方面焦虑问题较为突出的是文学(71.69%)、教育学(68.88%)、法学(66.09%)、历史学(65.38%)、哲学(61.82%)、艺术学(60.09%)、经济学(59.49%)及管理学(59.10%)等人文社科类硕士生,焦虑发生率均在60%左右,明显高于总体样本的平均发生率。在"就业问题"方面焦虑问题较突出的是艺术学(59.32%)、文学(59.10%)、经济学(56.73%)、历史学(56.60%)、法学(55.18%)等学科硕士生,焦虑发生率均高于50%;在"学位论文"和"就业问题"方面,焦虑发生率最低的是医学类硕士生,其次是理学、工学、农学,但在"论文发表"作为主要焦虑来源上,焦虑发生率最高的是医学硕士生,达到54.25%,其次是理学(45.69%)、工学(45.12%)、农学(40.75%)和管理学(40.01%)学术型硕士生,而其他人文社科类硕士生在"论文发表"方面的焦虑发生率则明显低于总体样本均值。换言之,学位论文焦虑和就业焦虑在人文社科中的发生率明显高于自然科学,而论文发表焦虑在自然科学中的发生率则明显高于人文社科。

最后,在"经济负担""导师课题""婚姻与恋爱""研究认可"和"导师指导"方面,对于人文社科类学术型硕士生而言,对"经济负担"的焦虑发生率较高;对于自然科学类学术型硕士生而言,"完成导师课题"和"导师不能提供有效指导"方面的焦虑发生率明显更高,特别是医学(17.54%)和工学(15.12%)学术型硕士生完成导师课题压力较大,而医学类学术型硕士生在"导师不能提供有效指导"(8.48%)方面的焦虑发生率最高。

从院校差异来看,图8-4显示,在"学位论文"和"论文发表"方面,焦虑发生率从高到低分别是:"一流学科"建设高校、其他高校、"一流大学"建设高校、中科院和社科院系统;在"就业问题"和"导师课题"方面,焦虑发生率从高到低分别是:"一流大学"建设高校、中科院和社科院系统,其次是"一流学科"建设高校和其他高校;在"经济负担"方面,焦虑发生率从高到低分别是:其他院校、"一流学科"建设高校,其次是"一流大学"建设高校、中科院和社科院系统;在"研究认可"和"婚姻与恋爱方面"方面,焦虑发生率从高到低分别是:中科院和社科院系统、"一流大学"建设高校、其他高校、"一流学科"建设高校。分析可得到一个有意思的发现,"一流大学"建设高校与中科院和社科院系统在"学位论文"方面的焦虑发生率低于其他高校系统,但"就业问题"焦虑发生率却高于"一流学科"建设高校和其他院校,这可能与不同培养单位学术型硕士生的就业期望有关。

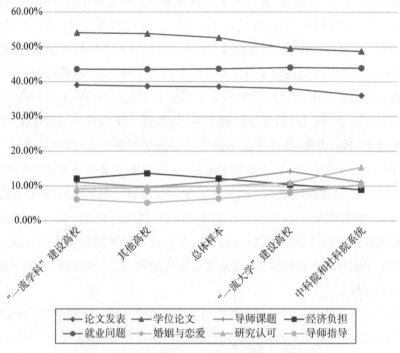

图8-4 学术型硕士生心理焦虑来源的院校差异

三、心理焦虑的缓解

图8-5的分析结果显示,首先,"向同学朋友倾诉"是所有学术型硕士生缓解心理压力的最重要途径,总体发生率[①]高达66.28%,这表明同伴交往在学术型硕士就读期间发挥着非常重要的作用。其次,"向家人、恋人倾诉"和"通过反思调整自己"在学术型硕士生群体压力缓解中同样发挥着重要作用,发生率分别达45.75%、40.37%。通过其他方式解压的途径发生率从高到低分别是:"吃喝玩乐减压"(33.94%)、"体育锻炼减压"(30.09%)、"找导师帮助"(23%)、"找其他信任老师帮助"(5.89%),最后是"向心理中心咨询"(3.60%)。通过分析可以

---

① 为简化分析和方便比较,此处的焦虑缓解方式仅统计"最主要缓解方式"所属类型,缓解方式发生率(%)指特定心理焦虑缓解方式在调查样本中所出现的比率。

发现,学术型硕士生更愿意向同辈、家人或恋人倾诉,或者选择反思调整自己,吃喝玩乐,进行体育锻炼等,而"找导师帮助"这一途径发生率相对靠后,这表明导师在缓解学术型硕士生心理压力方面有较大的提升空间。

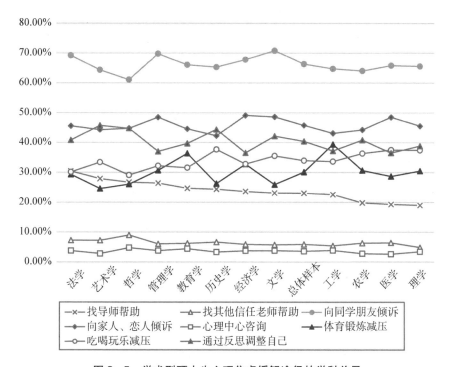

图 8-5　学术型硕士生心理焦虑缓解途径的学科差异

图 8-6 的分析结果显示,从院校差异来看,在选择"向同学朋友倾诉"方面,中科院和社科院系统发生率(64.29%)略低于其他层次高校;在选择"找导师帮助"这一途径上,发生率从高到低排依次为:其他院校(26.05%)、"一流学科"建设高校(23.03%)、"一流大学"建设高校(19.16%)、中科院和社科院系统(17.71%);尤其是后两者,均低于样本均值,与其他院校差距达 9%,"找其他信任老师帮助"也呈现同一态势,反而"吃喝玩乐减压"以及"体育锻炼减压"方面均高于样本均值,高于其他院校。另外,在选择向"心理中心咨询"方面,所有院校的发生率都极低,均值仅达 3.75%,其中"一流大学"建设高校(4.85%)、中科院和社科院系统(3.84%)发生率高于样本平均。通过以上分析发现,相比于其他院校学生,层次越高的高校学硕士生选择"找导师帮助"的比例越低,这可能与不

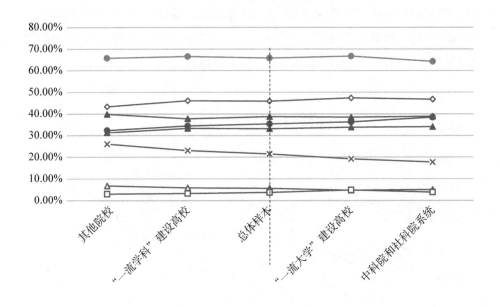

图 8-6　学术型硕士生心理焦虑缓解途径的院校差异

同层次类型高校硕士生的群体特质以及与导师的互动关系有关。

第二节　高焦虑体验的典型样态

随着社会竞争的日益激烈、研究生规模扩招与导师队伍的不匹配、毕业要求的提高,研究生在学习、生活、就业等方面遇到的困难越来越多。笔者在调研期间发现,他们在描述自己的焦虑状态的描述过程中并未将矛头对准焦虑带来的负面影响,而是对准那些塑造焦虑心境的来源及生活状态。不同强度的"定规"和"关怀"教育行动的混杂状态①,往往是学术型研究生培养场域中高焦虑来源

---

① 包水梅,杨冰冰. 基于内容分析法的研究生导师指导风格概念模型构建[J]. 学位与研究生教育,2019 (2):12-18.

的主要成因。本节将从学生视角出发，在其日常中了解其真实的学习科研活动和生活细节，聆听研究生高焦虑情绪事件下的真实声音并摘录，研究发现引起学术型硕士生高焦虑来源的教育行动主要为"低关怀与高定规"以及"低关怀与低定规"，并深描刻画学术型硕士生群体在这两种培养教育行为下的焦虑体验。[①]

在访谈对象的选择上，本研究选择 T 大学部分工科学术型硕士生，其他访谈对象来源于"研究生退学超话"[②]的回帖联系，因需要控制高校层次因素，与前期访谈对象高校层次保持一致，后续选择的访谈对象来源于 9 所"双一流"高校。至此，最终访谈对象来源于这 9 所高校：南开大学、天津大学、浙江大学、重庆大学、中南大学、云南大学、南京航空航天大学、暨南大学、上海大学。对于受访者编号，自然科学硕士为：N01～N15（Nature Postgraduate），人文学科硕士为：H01～H03（Humanity Postgraduate），社会科学硕士为：S01～S03（Social Postgraduate）。[③] 下表为 21 位访谈对象的背景资料。

表 8-2　访谈对象基本信息表

序号	性别	年级	学科门类	专业	录取途径	焦虑自评[④]
N01	男	2019 级	工学硕士	机械工程	保研	7
N02	男	2019 级	工学硕士	动力工程	保研	7.5
N03	男	2019 级	工学硕士	工程热物理	考研	8.5
N04	男	2019 级	工学硕士	动力工程	保研	9.5
N05	男	2021 级	工学硕士	能源动力	保研	7
N06	男	2021 级	工学硕士	机械工程	考研	9.5
N07	男	2020 级	工学硕士	控制科学与工程	保研	7

---

① 本节内容来源于高耀指导的硕士学位论文，具体参见：林秋梦.学术型硕士生焦虑体验、形成及行动，天津大学硕士学位论文，2023 年。

② "研究生退学超话"是研究生期间遇到困难问题和厌学情绪的集合地，目前有 10.7 万研究生加入该超话，喜欢在超话中抒发苦闷焦虑情绪，并不代表"真退学"，笔者在此发帖后收到许多愿意讲述焦虑体验的研究生们的回复，在此基础上选择符合条件的学术型硕士生进行访谈。

③ 人文学科包括文学、历史学、哲学、艺术学，社会科学包括法学、教育学、经济学、管理学，自然科学包括理学、工学、农学、医学。

④ 根据自评法（1～10 分）与他评法（GAD-7 量表）结合选取研究对象（自我评分 7 分以上，他评 10 分以上），研究对象需是曾经历过高焦虑或正在经历中等程度以上焦虑的学术型研究生。

（续表）

序号	性别	年级	学科门类	专业	录取途径	焦虑自评
N08	女	2021 级	工学硕士	交通运输规划与管理	考研	8
N09	女	2019 级	工学硕士	土木工程	保研	7
N10	男	2019 级	工学硕士	土木工程	考研	9
N11	男	2020 级	工学硕士	土木工程	保研	7.5
N12	女	2020 级	工学硕士	材料科学与工程	保研	8.5—9.5
N13	女	2021 级	工学硕士	安全工程	考研	8.5
N14	女	2019 级	工学硕士	土木工程	保研	8
N15	男	2019 级	工学硕士	土木工程	保研	8
S01	男	2019 级	管理学硕士	管理科学与工程	考研	8
S02	女	2021 级	管理学硕士	会计学	考研	7.5
S03	女	2020 级	管理学硕士	旅游管理	保研	8.5
H01	女	2020 级	文学硕士	应用语言学	保研	9
H02	女	2019 级	文学硕士	中国语言文学	考研	8
H03	女	2020 级	文学硕士	新闻传播学	保研	7

一、低关怀与高定规

依据访谈对象对焦虑的产生和描述，在谈及高焦虑的来源时，普遍提及研究生导师（团队）学业指导、毕业关键事件以及沟通交流方式，低关怀与高定规下研究生导师（团队）给予"高标准，严要求"的任务布置式学习，交流上苛责批评，但较少给予学生人文关怀。情感交流的缺失和求助通道的闭塞使学生的心理问题得不到及时解决，积累了畏难、焦虑情绪，进而使学生对科研丧失兴趣。

（一）科研：严苛管治

在低关怀与高定规教育风格指导下，教师漠视与学生的情感交流，不尊重学生科学研究的自主性，表现出命令、监督、控制等指导特征，缺乏对学生的信心支持、生活支持等，学生较少感受到关心与爱护。虽然通常这种团队下研究生科研绩效较高,但在学业及科研生活中更容易产生高焦虑情绪[①]。

1. 研究方向选择受限

团队指导通常以任务为中心,给研究生布置明确任务、实施计划以及应达标准,在明确高标准目标之后,给学生制定每个阶段的截止日期,同时分阶段检查目标是否实现,往往以单向交流为主[②],疏于对学生兴趣的照顾。在对硕士生进行管理时,采取较为严苛的管理方式,是一种"控制式"的指导风格,缺乏自由度,硕士生无法自主开展研究,受限较多。一些硕士生在访谈中指出:

老师的办公室就在我们楼上,他是一个工作狂,聊项目或课题就是直接点名,他是老板,我们就得听他的,有时候管得太多了。(N09)

我觉得我焦虑的一个来源是接触的项目,是老师分配的课题,我本身不是很喜欢,加上过程中一些问题,导致我这方面的课题做得不好。(N14)

部分导师为了维护自身的学术权威,采取看似民主实则专制强硬的指导模式:

我们导师一大一小,一个唱红脸一个唱白脸,他会征求你的意见,但是如果你提出了不一样的意见,他会劝说你,持续地劝说你,直到你顺从他为止。(N04)

研究生即使向导师表达自己的看法,但导师可能想方设法让学生跟着导师走,研究生们震慑于导师权威,只能执行导师的决定,服从导师的命令。

当时有一次焦虑得特别厉害,就是因为老师频繁给我换方向,感知、决策、规划和控制四个方向,一个方向都够你做了,我八个月内换了三次研究方向,前面的时间都相当于白费。(N05)

关于研究方向,导师经常变卦,可能你做什么刚做到一半,然后他就又让你换课题了,自己克服了很多困难,但还是没有走完全程的时候,然后导师让你换

---

① 张东海.研究生指导效果及其影响因素的调查研究[J].复旦教育论坛,2013,11(2):37-41.
② 包水梅,杨冰冰.基于内容分析法的研究生导师指导风格概念模型构建[J].学位与研究生教育,2019(2):12-18.

另外一个,他不会管你能不能发文章,只看自己想不想做这个课题。(N12)

在这种学术探索受限管理下,一些硕士生不得不兼顾两个甚至多个方向的研究,难以专注一个领域的研究。

我现在也是两个方向,一个是大导师指定的,一个是小导师把关的,但每次开组会的时候我两边都要做东西。组会开得频繁又做不出成果的时候真的很焦虑。(N05)

最开始的阶段我已经用编程去做了一个超级难的东西,焦虑恶化是因为好不容易把师兄的那一套代码搞明白了,老板却让我换方向,指定我换成另一个平台,不转不行,我就转到了开源仿真领域,语言换成C++。师兄们也都不懂这个,就让我从头开始弄,天知道我那时候崩溃了多少次,但又没有办法违抗,只能硬着头皮上。(N04)

在自我探索欲被忽视、研究方向难度大的情况下,研究生更容易陷入焦虑状态,感到跳进了"坑"里。

2. 自我发展受限

部分同学在严苛管理的课题组里并不好受,于是选择探索成长之路去外面实习,导师可能以为该学生辜负其期望,"欺骗"了自己,并让学生持续性高频率汇报成果,因此即使在实习期间也需兼顾科研进度。一位硕士生在访谈中指出:

他明知道我在实习,每周还要我给他汇报,而且汇报内容少的话,就会说我不够努力,那时候心里真的很委屈。我没多少时间做项目,他就叫我马上去办公室,早上九点,从学校刚到公司,就叫我去他办公室汇报,然后我就赶紧打车四五十分钟回来,好几次了。(N11)

导师忽视了教育过程中学生才是主体的事实,以及学生作为独立个体的价值和意义,限制了学生的自由发展[①]。熬夜加班、外部导师紧逼、同辈进度顺利,

---

① 王燕华. 从工具理性走向交往理性——研究生"导学关系"探析[J]. 研究生教育研究,2018(1):60-66.

使研究生承受着巨大的心理压力,直到做出成果才能缓解内心焦虑。

　　上一周我基本每天都干到两点,实习回来后 10 天内已经汇报了 4 次,幸好做出一点东西,不然我可能心态要崩了……基本上这种焦虑都会被我很快地去化成动力,但是这种焦虑让我心里很不舒服,就很痛苦,会非常痛苦,还会影响睡眠,有时候会失眠到两三点。(N11)

　　自己经常帮老师做项目,主要是想提升自己的学术能力,当差不多适应后就可以开展自己的课题了,毕竟研究生最大的目标就是顺利毕业。(N09)

　　反正就像我们经常说的一句话就是,如果你能忍得了这个老师,出去后,你就是无敌状态。师兄他们经常这么劝自己。(N05)

3. 横向课题负担过重

　　在学生需要导师提供课题和学术指导、导师需要学生参与项目的"利益驱使"下,师生关系更像是一种"雇佣关系",尤其是自然科学领域中,学生为导师做课题项目是十分常见的事情。若导师长期安排硕士生开展横向课题,久而久之,学生也会产生较强的排斥心理,更加担忧自身的处境,对科研也会产生逃避的心态,影响其开展研究的积极性。

　　组会应付过去了,只能应付,一直应付但你自己心里还是很焦虑,因为你自己知道你没有完成,就会一直焦虑。但是这些并不是自己想做的,就是被当成工具人了。(N05)

　　大家基本上都是这种状态,他们很多人八点半就到了,现在大家都想赶紧走(12 月毕业),都受够了,其实很多时候不是搞自己毕业的东西,而是给博士或者给老师打工。(N11)

　　研究生在高年级硕士师兄师姐传带下一起做科研项目,横向课题过重的情况下,让学生焦虑的是经常性的琐事和会议,这些让其根本无法专注自己的课题研究。

　　……本来激情满满想着这周学习编程吧,但也就第一天坚持了,第二天你又不知道因为什么事而没有大片整块的时间学习,无法集中精力。……挺难受,意思就是你学会这个东西,导师知道以后,有这种事都找你一个人干,那对你来说就是一个烦恼,因为你自己没时间学自己研究所需要的知识,也没有时间学习其他知识。(N05)

研究生期间,其实没有接触太多学术的东西,老师只是把我们当苦力拉去做项目中的一个文件,整理、改图,给他做课件,然后呢,有一个字做不好,他就骂你。(N14)

当横向课题研究工作量已经超出了自己能够兼顾的能力范围,在被导师过度的使用下,研究生经常陷入周期性的焦虑情绪之中,一方面是横向课题的进度和报告撰写,另一方面是自己毕业研究的开展与进度。由此看来,这种焦虑状态,主要是由于研究生高负担的横向课题压力与自身研究工作(尤其是毕业课题进度紧张的情况下)长期持续性的不平衡所导致的。

(二) 毕业:层层加码

一些研究生培养单位或院系会以内部文件或"内部规定"的方式要求学术型硕士生就读期间至少发表一篇学术论文才能毕业,有些学科点甚至会进一步规定发表刊物的等级、作者署名、单位署名、发表论文与学位论文的关系、与所属学科或研究领域的关系等更为具体的要求①。通过访谈发现,研究生对该制度接受度较高,但令研究生感到焦虑的是,导师层面可能存在不成文的相关论文发表要求,进而出现论文发表要求"层层加码"的现象。例如,一位管理科学与工程专业硕士生在访谈中指出:

访谈者:回顾过去三年研究生生涯,最让你觉得焦虑的事情是什么?

S01:最让我焦虑的只有论文,我把小论文排在前面。

访谈者:你们学院的毕业要求是什么?

S01:本来学院最低要求是投北大核心,但是导师不让投,说这个期刊会拉低他的水平,他就不愿意让我们投,而是提出一个更高的期刊发表要求。

---

① 高耀.论文发表激励与硕士生能力增值——基于 2021 年"研究生培养质量反馈调查"数据的分析[J].高等教育研究,2022,43(4):53-65.

访谈者:那么难? 那你们的完成情况如何?

S01:我一个同级同门,我师兄,一个师弟,都延期毕业了,你想想他们的心理压力有多大。达不到要求就只能延毕,我也是预答辩前两天才收到期刊录用通知,这才松了口气。

由此窥见,确实存在部分导师将发文压力压到学生身上,而毕业条件的加码不像其他事件能快速消化,这给研究生带来的焦虑是长期、持续的,可以说已经超越了焦虑而开始向痛苦甚至抑郁转变,若长期积累,研究生的身体和心灵上都会受到极大伤害。

S01同学在个人公众号中记录了自己因为毕业焦虑苦闷的次数:

因毕业发愁失眠共计110多次,其中凌晨1点睡着60多次,2点钟睡着30多次,3点钟睡着10多次,4点钟睡着4次,5点睡着2次,抑郁多次,想退学10余次,想轻生2次,实施0次,重新燃起毕业希望3次。

看到这些数字记录,研究者惊讶于毕业焦虑到极致时刻会导致研究生有退学甚至轻生的想法,浮现眼前的是他在与导师沟通之中一次次哑然失声,在深夜中每每万念俱灰的场景。S01还讲述了另一位同学的痛苦遭遇:

我记得跟我一组预答辩的一位同学,他算是他师门平常表现最好的,预答辩的东西也是他们同门最好的,结果他导师说,你不应该是这样的水平啊,虽然你比其他人做得要好,但你没有达到我的要求,后来预答辩把他挂了。

当论文发表成为一种学术牵绊,当延期毕业成为一种控制手段,部分导师利用权力对硕士生施压,硕士生在压力之下更加难以向导师传达自身的需求,对导师产生失望、怨怼甚至是厌恶情绪,更是在这种强有力的控制之下失去了对导师的敬仰之心。导生关系向不良方向发展,学生的情绪也由最初的焦虑、痛苦转为失望。

(三) 沟通:批评责难

"负面反馈频率高且多"是虐辱指导行为的总体特征。例如某些导师在指导其学生完成学业过程中,采用了大量的言语或非言语的侵害行为,包括批评贬低、呵斥苛责等,对学生进行负面评价、吓唬恐吓学生无法毕业以及对学生进行"冷处理"等[①]。

N14 经常被当众呵斥、贬低,且后续导师并不给予实质性改进建议;S01 一周一次组会,当未汇报出满意的结果时,被责难或打压已是常态。

"你这个样子是怎么考到这里来的(很凶的语气)",贬低你,那段时间就受到很多这样的打击,"你做这个东西有什么用(怒斥)",那你听到这种话肯定会很难受……我们老师就当着很多人的面说学生做的东西是 garbage,就是垃圾,我们老师比较喜欢打击人。(N14)

归根到底导师都会怪到研究生身上,"你没有花时间""是你没有找到正确的方法"……"论文必须达到顶刊水平,否则不会给你们毕业的"。(S01)

受访者在回忆被苛责批评时已经能够较为理性地陈述,言辞较为克制和隐忍,但从受访者经历描述来看,由于传统价值观中"一日为师,终身为父"的师生关系观念根深蒂固,除了学术指导和学术知识传递关系外,师生之间似乎还具有一种非亲似亲的拟亲属化关系[②],因此研究生非常在意导师对自己的评价和看法,若经常在公开场合如组会、工作室等当着众人的面被贬低、嘲讽和严厉批评时,处于低位的学生几乎很少反驳。

(学生)真的很好拿捏,我们最开始和他就不是平等的,所以很多事情没有办法去解决。

另外,日常中导师"无边界感攻击"的发言与学生互动的行为方式也是影响研究生心理焦虑来源之一。日常的"阴阳怪气"、不分场合的区别对待、不符合

---

① 刘军,廖振宇,高中华. 高校导师辱虐型指导方式对研究生自我效能的影响机制研究[J]. 管理学报,2013(6):839-846.

② 陈俊珂. 文化反哺视野中研究生师生关系构建之思考[J]. 学位与研究生教育,2010(9):56-59.

"教师"的言行举止等让学生心里逐渐积累怨气。下面这位硕士生回忆道：

> 冬天穿多了会被说穿那么多干什么……阴阳怪气女孩子应该做饭洗衣……说我肩不能扛，手不能挑，但是每次出差身上东西全扔给我。还有之前几十斤的样品，就是我抬不起来，当时他在旁边，我以为他帮我抬了，他跟我说了一句，他说"那你拖着它走"，真的是无语了，真的是我人生当中最尴尬的一天，就拖着一堆钢铁在路上走，然后我的老师在前面神清气爽。有个男孩子洗水果，他看到了就大骂应该让女生来洗……我也不说他科研了，就他话少一半，我都感天谢地，真的是被他烦到每天心态都很崩溃。(N12)

学生感到不被尊重，但迫于导师权威，又不得不忍受，对导师表面服从但内心不满，长此以往不满情绪愈发强烈。研究生承担着较大的精神压力，在日常生活中就一直焦虑与导师的学术、人际关系，根本无法形成积极的学习心态。通过资料对比发现，女性通常比男性更善于捕捉情绪变化，心理压力承受水平低于男性，女研究生更容易出现焦虑、抑郁问题[①]。

例如受访者 N12 和 N14 两位女生从小是同辈眼中的佼佼者、父母眼中的骄傲，优秀的本科学习使其拥有了顺利保研的机会，她们对学术研究充满渴望，她们的导师在业内也是著名学者，拥有较强的科研团队和丰富的学术资源。然而，在就读过程中，两位学生经常收到导师的负面反馈，学业焦虑使得她们由一开始的优秀自信逐渐变得沉默寡言、逆来顺受，学术梦想的热情早已磨灭，一心只求顺利毕业。导师的负面反馈给一开始抱有学术兴趣和热情的学术型研究生造成了心理上难以言喻的挣扎和痛苦。

受焦虑困扰的 N14 感觉自身像是一个不断被加压的气球，当导师平时的批评指责行为积攒到自身承压能力的临界点，这种焦虑就会转化为痛苦的生理反应，并表现为学业压力的累积和个人自信的持续受挫[②]。

> （导师学术大牛，经常性过激批评学生）每天晚上睡不着，怎么都睡不着，脑

---

① 王尧骏. 论导师在研究生心理危机干预中的责任与作用[J]. 思想教育研究，2012(4)：80-83.
② 倪士光，杨瑞东，董蕊等. 辱虐型指导方式对研究生学业拖延的影响：多重中介模型的验证[J]. 中国临床心理学杂志，2015，23(6)：1112-1115.

子里一直旋转着导师的那些批评,然后第二天就很难受,状态也不好,没有办法集中精力学习,效率不高,晚上又会郁闷,就是一个恶性的循环。(N14)

在入睡前,N12复盘白天导生互动场景,担忧自己与导师的人际关系,外加自身学业进展不顺利,毕业不确定感与压力与日俱增,焦虑愈发严重,夜晚的感受如同溺水一般。

(与老师拉扯失败,碍于权威长期帮一位不友好的师姐做实验)我突然就会出现很严重的失眠,失眠之后真的很痛苦,晚上特别容易想很多,感觉自己的心脏跳得很快,很害怕自己会猝死。那个感觉就像在深海里面挣扎,但是没有任何人可以帮我,很恐惧。后面我就看了睡眠障碍的医生。第一次看医生的时候,我就直接在那个医生咨询室里面狂哭。我也不知道为什么,哭得那么伤心。(N12)

这种焦虑状态所造成的精神紧张、失眠使得研究生失去以往高效率学习和工作的能力,长此以往将打乱其原有的生活秩序,形成一个恶性循环。导师对学生进行的语言上或非语言上的持续性敌对行为,如冷嘲热讽、公开指责批评、粗鲁无礼、刻意冷落、不守承诺、侵犯隐私、强权压制等,直接导致学生自我效能感降低[1],这意味着,研究生开展科研活动时,不仅无法拥有自主性和控制感,还要忍受导师的指责或谩骂,进一步导致自我效能和自尊的丧失。这种在某一方面能力的受损很容易造成学业拖延[2],甚至影响学生的身心状态,从而引发更多的挫败感。

二、低关怀与低定规

"漠不关心"是低关怀与低定规培养教育的风格特点,主要指导师未尽到研究生培养责任,既没有布置任务、传授思想方法、监督控制,也没有为学生进行学

---

① 刘军,廖振宇,高中华.高校导师辱虐型指导方式对研究生自我效能的影响机制研究[J].管理学报,2013,10(6):839-846+861.
② 倪士光,杨瑞东,董蕊等.辱虐型指导方式对研究生学业拖延的影响:多重中介模型的验证[J].中国临床心理学杂志,2015,23(6):1112-1115.

术研究营造良好氛围、提供足够的软硬条件支持。这样的环境极易造成学业不得的心理落差焦虑,平时理性而疏离的沟通以及对毕业论文缺乏充分的指导会导致学生产生严重的毕业焦虑。

(一) 科研:学而不得

学术型硕士研究生培养定位是以学术理论研究为主,更偏向学术研究。在访谈中发现,当研究生在知晓自己能够读研后,对读博和学术研究往往抱有崇拜和向往,期望未来能与导师商定课题、发表高水平论文,发自内心地欣然接受学业要求,并愿在读研生活中为之付出努力。

我想的就是一起跟导师商定一个课题,按照这个课题进行研究,并且可以发很多水平高一点的论文,然后就顺利毕业。(N09,有读博意愿)

访谈中,一些硕士生表示,除了课程和学位论文之外,自己很少有参与科研的机会,导师对他们采取了松散指导的方式,很少进行控制化指导。虽然这并不意味着导师与学生之间无交流,部分导师也会在学生因学位论文或其他问题求助之时予以帮助,但相比于高定规导师下研究生的任务式焦虑,这种情况下研究生会受到更为持续而绵长的焦虑困苦。而导师对研究生的指导投入不足会更让学生摸不着方向,迟迟难以确定的研究方向以及毕业课题都让学生深受苦恼。

感觉自己像在科研的大海里漂浮,没有人拉你一把。(N14)

与高定规指导不同,由于前期参与课题项目较少,没有多少科研基础就面临毕业论文的撰写,面对未知的课题和不确定的毕业概率,被散养式培养的研究生更易焦虑。

(导师)没有给一些很具体的任务,或者他也不 push 的话,真的会感到心里没底,比较迷茫,感觉身边的人都有事情做,自己整天却无所事事。什么都没有干的反而更焦虑。(N08)

我们也没有固定的组会,也没有人带我们写一些文章。我就处于每天都不

知道该干什么的这种状态。(H03)

诚然,这种学而不得的焦虑感并不能完全归因于导师或者外部施加的压力,研究生阶段的学习更多的是自主学习,自身做出的行动才尤为重要。但缺乏导师的学术领导,学生也很难有更多创造力,若未及时给予反馈,对研究生关键事件上未尽责,同样容易造成学生学业拖延行为[①]。

老师没有给我什么任务,我自己好像也没什么事情做。就在我做的一些东西都没有成功以后,那段时间我就加入了一个部门,可能会忙一些部门的事情。但是我觉得这个跟我的学习也没有什么关系,所以还是会焦虑。(S03)

研一时本来想好好做实验好好搞科研的,可是没想到这一个学期都快过去了,带我的师兄师姐都没什么实验可做,而我也就非常闲了,很多基础实验都还没做过,我每天都不知道干什么。来学校快一个学期了,我的导师没找学生谈过一次话,就连具体要看什么文献也不是很清楚,感觉自己已经落后那些天天有师兄师姐带着做实验、经常有老师指导的同学很远了。现在有点焦虑,是那种没有方向、没有规划但急切想学习的焦虑,我该怎么办? 我也尝试了去看其他师兄师姐做实验,可是人家都有自己的师弟师妹要带,我去的话也只能在旁边看看,不能动手操作,有问题也不敢一直问,效果也非常不好。(N13)

作为导师,如果不能够充分了解学生的成长需求,不能发现学生在生活和学习中的变化,无法提供与学生需求相应的帮助和支持,则会出现因指导类型与学生需求不匹配而产生的负面效应[②]:

就那种特别惶恐,特别焦虑的感觉……整体来讲的话,心里还是觉得很着急,知道自己的目标是什么,但感觉目标离自己很远。(S03)

我的小论文还是到研二上了系主任的课,他肯定了我,我才知道,原来我这

---

① 甄月桥,王月明.研究生尽责性、时间监控观与学业拖延的关系研究[J].浙江理工大学学报,2015,34(12):543-550.

② 吴东姣,郑浩,马永红.博士生导师指导行为的内容与类型——基于人文社科博士生培养的质性研究[J].高教探索,2020(7):35-44.

篇是有价值的,但是我不知道怎么改,导师只说我这篇文章不好,但说不出来怎么改,我就以为那可能真的没什么好的。(H02)

放养式指导方式在人文社科中更为常见。伯顿·克拉克指出:"社会科学的研究生可能有时有几个月和教授很少或者没有接触,论文科研可能在远地的图书馆或住处进行,也许偶尔有几章邮寄给教授,或者在一段长时间工作以后提交整个论文的文稿……这种没有很好组织的研究生科研模式,完成的时间要延长,退学和不可能完成也更有可能。"①

同为精英高校人文社科专业的 S03 同学表示自己所在课题组没有条条框框,开组会的次数很少,就算开也是象征性地汇报自己做了什么即可:

基本可以认为是放养管理了,我和导师一个学期都不一定能见两三次,基本上就只能靠自己了。导师其实没有给我什么压力,很神仙、很佛系。其实我之所以焦虑是因为自己没有特别突出,我是想读博的,但导师又不是致力于学术这块的。(S03)

(二) 毕业:自我发力

罗伯特等研究者指出并非所有学生都善于管理学位论文,如制定写作规划、打磨研究思路、实施科研计划以及定期汇报进展②。导师指导频次较低加上学生本身能力水平不足,会使这类学生产生严重的毕业焦虑。毕业焦虑是指临近毕业前未达到院系发表规定以及完成学位论文的时间进度安排偏离自己的计划和预期,自己感知到为毕业发愁的焦虑。上文提到,低关怀低定规指导下的学生拥有大量的自主时间,N10 同学出于社会竞争逻辑的考虑,将大把时间为求职做准备:考证、实习。茫然打捞科研灵感,日子一晃而过,又因这份茫然无措,看似很长的读研时光就在一日比一日闲散的放养生活中被蹉跎了,最终在一无所获中,他的延毕成了一件板上钉钉的事儿:

---

① 伯顿·克拉克.探究的场所——现代大学的科研和研究生教育[M].王承绪,译.杭州:浙江教育出版社,2001:169.

② Roberts C M. The dissertation journey: A practical and comprehensive guide to planning, writing, and defending your dissertation [M]. London: Corwin Press, 2010:31 - 42.

研一的时候老师也不管,哎呀,觉得好幸福,想玩儿就玩儿,想干啥干啥,那会儿研究生的课也不多。相对来说比较自由,然后也没有迫切的毕业压力。因为不知道干啥,我就去实习了,我自己找的实习是本行业的实习,跟老师的这个学术方向没有啥关系的那种,然后等到研二的时候就开始着急了,觉得该弄论文了,该有方向了,该搞研究了。但是导师给的方向很模糊,只给一个题目,然后说让你去读文献。刚开始也不知道该怎么读文献,也不知道去哪里去搜集这些文献。反正就这样,然后半学期,一学期又过去了,上半学期过去了,从研二下开始,就着急得不行了,因为还没有发表小论文。发小论文的话,周期最少也得半年,小论文也写不出来,不知道咋写,那会儿是最焦虑的时候,然后导师的指导也很少。感觉自己要延毕,要完蛋。(N10)

尽管伤害还没有实际威胁到自身,但个体已经预知到未来潜在的伤害或损失,学生会将负面情绪与威胁联系起来,从而一直处于焦虑不安的状态。镜头转到毕业的前半年时光,N10 正在为自己小论文抓耳挠腮,一篇中文核心是学院的最低要求,为此,他为了实验,住进了工作室,开始自我发力。

在学校里面一个人搞的时候搞不出来,特别焦虑,吃不下饭,白天就是完全提不起劲了。然后就白天吃饭,然后眯一会儿,中午一点开始干,干到晚上一两点,还特别精神,就半夜两三点干到早上六七点。就相当于是晚上干活,早上睡觉,睡到一点,然后又从一点开始干。(N10)

导师已然"指望不上",他强迫自己没日没夜地超负荷运转,达摩克里斯之剑一直在头顶悬浮,仿佛时刻就要坠落。

深更半夜、特别安静的时候,如果承受着巨大的压力,就特别亢奋,做模拟就会特别有劲儿,但等到白天人声鼎沸、特别热闹的时候,就感觉提不起劲儿,我就发现自己神经衰弱了。夜深人静没有人,只有你一个人的时候,你可以很投入地去做这个事情,去搞这个搞那个,然后等到人特别多的时候,就特别神经衰弱,就感觉自己不行了,什么都干不下去了。(N10)

这样的状态持续了一个月，N10 同学那段时间熬夜到脸色蜡黄，头发干燥，眼窝深陷，面黄肌瘦，没有食欲。

吃饭就随便扒拉两口，然后整个人就提不起劲儿，看见别人连话都懒得说。在路边看见花花草草，就感觉它们好顽强。

其实有很多种途径能达到毕业条件，但 N10 没有选择那条捷径，他坚持内心原则：

一般来说，能够选择读研究生的人，大部分还是希望自己能做出点儿研究，出来点有价值的东西。

实际上，他的要求并不高，但单靠自己的努力远远不够，只能以熬夜为代价，牺牲自己的身体健康，去做能够达到心理预期的、有价值的学术作品。

哪怕自己的研究不能作用于实战，但是至少能给别人，比如说给下一届提供一些值得参考的东西。(N10)

三个月的模拟加上三个月的优化改进，接近半年的努力，最终还是没有达到自己的心理预期，但时间紧迫，这时对学术作品的要求就是能达到毕业条件足矣。一篇自认为"水"的论文产生了：

我自认为弄得很烂，没有弄出来什么很有价值的东西，反正就很"水"的一篇论文，勉勉强强地毕业了。(N10)

N10 内心并不认可自己这篇小论文的学术价值，如果再来一次，他说自己肯定不会仅仅满足于一篇能够让他毕业的论文。

（三）沟通：理性疏离

课题组规模越大，导师声望越高、资历越深，则以挂名方式或同时指导的学生数量就可能更多。学生数量越多，每个学生得到的导师指导就可能越有限。

对于大部分人文社科和部分工科研究生而言，低关怀与低定规下连组会都鲜有，一般只是在组会上或与导师单线联系才进行交流，双方以一种理性而又疏离的方式进行沟通。在这种状态的沟通下，导生双方信息交流不对称时，研究生特别容易产生"内疚焦虑"，即指研究生觉得自己没有充分准备时羞于与导师沟通交流，从而使导师也不能完全掌握学生的学习情况。毕竟具有主动性、敢与导师谈论学术的同学只是少数，更多的同学是害怕自己"准备不够"，萌生学习内疚情绪，担心自己"会遭嫌弃"。

大多数硕士生出于学习身份的天职、毕业条件考虑，知悉自己读研的目标和使命，通常会将需要交流的内容充分准备后再去与导师交流。沟通交流时学生会十分在意导师的评价和看法，当导师要批评学生或者不赞成学生的某些做法时，学生几乎是全盘接受，并且可能不好意思反驳，这种交流表现出一种"相安的疏离"状态。

（前景：交流不多）感觉和老师关系很疏离，有时候她一批评会让我不是很有自信，然后自己的情绪会处于一个比较波动的状态。所以我没做好准备前都不好意思去找她。担心啊，担心老师觉得我没有认真学习。(H03)

尽管这种状态在某种程度上能有效避免师生之间产生剑拔弩张的矛盾，但这种状态几乎是一种"因噎废食"式的自我安慰。受访者在面对这种沟通交流关系时，更多的是表现出无奈、苦恼等负面情绪。因为羞于请教学习，会浪费大量的中间时间，而这种"不定框子、不定调子"对于自身惰性较大的同学而言，可能导致研究生学术训练不足、学术收获不够，会使研究生在学习状态中产生"自我怀疑"或是"漫无目的"等问题[①]。

我在想是不是和老师不太匹配，我希望在我写论文的时候可以咨询一下，或

---

① 欧阳硕,胡劲松. 从"相安的疏离"到"理性的亲密"——基于扎根理论的研究生导学关系探析[J]. 高等教育研究,2020,41(10):55-62.

者在我很迷惑、迷茫的时候，可以去请教一下，问问导师的意见。(无奈地笑)不好意思去问她、打扰她啊！(我在)迷惑的时候可痛苦了，真的。(H03)

学生通常是被动地希望导师充当一下"严师"的角色，起到监督敦促的作用。虽然这种疏离状态很少会超出学业的范畴，但这更容易对研究生造成消极的影响，可能一点小事便会被学生放大来看：

我觉得自己对自己的发展期望和导师对我的期望不一样，我可能想着学术这边没有那么忙，那我就去参加一些学生工作，但是老师的意思是搞学术就行不要搞其他的，其他的都是浪费时间，不要去做没用的事情，然后我就不知道自己到底该怎么做。(S03)

综上，低关怀低定规教育模式下，造成硕士生高焦虑体验的关键原因有三：其一是研究经验不足，科研上缺乏胜任感；二是与导师未形成良性互动；三是导师有效指导不足。一项调查发现，31％的延期学生认为"导师有效指导不够"是其学位论文写作中遇到的最大困难，而导师对学生学业进度把控、科研指导起着关键性的作用。由此窥见，低定规与低关怀指导大概率难以取得尽如人意的培养效果①。

第三节　导师互动与心理焦虑的缓解

导师作为研究生教育的"第一责任人"，在研究生培养过程中发挥着最为重要的作用。从现有相关文献来看，大多数代表性研究侧重于探讨导师的指导风格②③、

① 彭湃，胡静雯. 控制型指导与研究生能力增长——基于 2021 年"全国硕士研究生学习和发展"调查数据的分析[J]. 高等教育研究，2021(9):52 - 61.

② Murphy N, Bain J D, Conrad L. Orientations to research higher degree supervision [J]. Higher Education, 2007, 53(2):209 - 234.

③ Gatfield, Terry. An Investigation into PhD Supervisory Management Styles: Development of a dynamic conceptual model and its managerial implications [J]. Journal of Higher Education Policy & Management, 2005, 27(3):311 - 325.

指导行为类型[①②]、指导风格与培养质量之间的关系[③]、控制型指导与研究生能力增长之间的关系[④]、导生互动[⑤]及和谐导生关系构建[⑥]等主要方面,而对导生互动关系在研究生心理健康状况、压力及焦虑缓解方面的影响效果及其作用关系的实证类研究尤为缺乏。为弥补现有研究的不足,本章专门聚焦于导生互动这一核心分析视角,探讨导生互动的方式、互动频率及互动效果对研究生心理焦虑的缓解作用,以探究研究生心理状况的表现规律及其关键影响机制。

一、文献综述与研究假设

国外相关研究表明,研究生心理焦虑的来源或影响系统主要包括学术系统、组织系统、学术及社会网络与导师支持系统以及宏观的社会经济系统。[⑦] 从学术系统内部来看,研究工作获得导师认可的压力[⑧]和学术论文发表的压力[⑨]是研究生在读期间最主要的压力来源。从组织系统来看,相关研究表明,研究生所在的院系文化和氛围对其就读体验有着深刻的影响[⑩],在研究生学术社会化过程中,院系和导师提供的各种及时、有效的指导和帮助显得尤为重要[⑪]。从导师支持系统来看,研究表明,研究生与导师之间的关系对其学业进步、就读体验及心

① 龙立荣,杨英.研究生指导行为的评价与分类[J].高等教育研究,2005(6):50-53.
② 彭湃.情境与互动的形塑:导师指导行为的分类与解释框架[J].高等教育研究,2019,40(9):61-67.
③ 徐岚.导师指导风格与博士生培养质量之关系研究[J].高等教育研究,2019,40(6):58-66.
④ 彭湃,胡静雯.控制型指导与研究生能力增长——基于2021年"全国硕士研究生学习和发展"调查数据的分析[J].高等教育研究,2021,42(9):52-61.
⑤ 刘志,马天娇.和谐导生关系如何构建?——基于深度访谈的分析[J].学位与研究生教育,2021(10):43-50.
⑥ 马杰,别敦荣.我国研究生教育师生关系调查研究[J].华东师范大学学报(教育科学版),2021,39(12):81-98.
⑦ Bekkouche, N.S., R.F. Schmid, and S. Carliner, "Simmering Pressure": How Systemic Stress Impacts Graduate Student Mental Health [J]. Performance Improvement Quarterly, 2022.34(4):547-572.
⑧ Lipson, S.K. and D. Eisenberg, Mental health and academic attitudes and expectations in university populations: results from the healthy minds study [J]. Journal of Mental Health, 2018.27(3):205-213.
⑨ Cassuto, L., The graduate school mess. 2015: Harvard University Press.
⑩ Golde, C.M., The Role of the Department and Discipline in Doctoral Student Attrition: Lessons from Four Departments [J]. The Journal of Higher Education, 2005.76(6):669-700.
⑪ obbell, J., V. O'Donnell, and M. Zammit, Exploring transition to postgraduate study: shifting identities in interaction with communities, practice and participation [J]. British Educational Research Journal, 2010.36(2):261-278.

理健康状况起着非常重要的作用①②。在有些单位和一些特定环境下,研究生与导师之间的关系被认为是一种"雇佣关系"(employer-employee relationship),二者在权力和地位上非常不对等③,导生关系中的潜在冲突是非常大的。因此,有研究认为,导生之间的冲突问题是研究生教育中最值得关注的核心问题,导生之间的关系是最复杂和最难以管理的。④ 此外,也有研究指出,经济困境(financial distress)与研究生的心理压力和负担之间也存在密切的关系。⑤

在上述文献梳理的基础上,本部分将学术型硕士生的心理焦虑来源分为达到论文发表要求、完成学位论文、完成导师课题、经济负担、就业问题及研究工作获得认可六种基本类型,将学术型硕士生的导生互动情况从导师选择方式、导生交流频率和导生互动效果三个方面进行反映。

前期研究表明,与单一导师指导方式相比,研究生更期望得到导师组联合指导。⑥ 目前关于导师指导的研究更侧重于博士生层面,而对硕士生层面的关注不够。⑦ 在对研究生提供的所有支持中,导师支持(supervisory support)的作用最为重要⑧,将直接决定和影响研究生的就读体验和学业完成进度⑨,未能对研

① Hyun, J., et al., Mental health need, awareness, and use of counseling services among international graduate students [J]. Journal of American College Health, 2007.56(2):109 – 118.

② Brown L, Holloway I. The initial stage of the international sojourn: excitement or culture shock? [J]. British Journal of Guidance & Counselling, 2008,36(1):33 – 49.

③ Zhao, C.M., C.M. Golde, and A.C. McCormick, More than a signature: how advisor choice and advisor behaviour affect doctoral student satisfaction [J]. Journal of Further and Higher Education, 2007.31(3):263 – 281.

④ Grant, B.M. (2005). The pedagogy of graduate supervision: Figuring the relations between supervisor and student.(PhD), University of Auckland.

⑤ Evans, T.M., et al., Evidence for a mental health crisis in graduate education [J]. Nature Biotechnology, 2018.36(3):282 – 284.

⑥ Wenqin Shen, Yao Gao & Shikui Zhao. Single-Advisor System or Joint Advisor System: The Preference and Satisfaction of PhD Students for Different Supervision Models [J]. Chinese Education & Society, 2018,51:3,222 – 231.

⑦ Millin T, Spronken-Smith R, Millin M. Master's Research Supervision and Academic Support: A Benchmarking of Best Practice at a New Zealand Research-Intensive University [J]. New Zealand Journal of Educational Studies, 2021:1 – 22.

⑧ Kiley M. Doctoral supervisory quality from the perspective of senior academic managers [J]. The Australian Universities' Review, 2019,61(1):12 – 21.

⑨ Roach A, Christensen B K, Rieger E. The essential ingredients of research supervision: A discrete-choice experiment [J]. Journal of Educational Psychology, 2019,111(7):1243.

究生提供有质量的监督指导往往是成功完成学位研究工作的主要障碍之一①②。硕士生培养过程中,具备对专业知识领域研究问题的相对准确把握,掌握基本的研究技能和研究方法,提高学术写作能力,并培养学科意识是重要的培养目标,③而这些能力的获取和培养均离不开导师的专门指导和训练。④ 因此,导师及其指导情况是影响研究生就读体验和学业情况的最关键因素,这在很多研究中均得到了证实。⑤⑥

　　在研究生培养过程中,导师通常扮演着"多重重要职能",好的导师往往能够对学生的学业、心理提供综合指导。⑦ 在导生互动过程中,导生之间能够保持一致的沟通交流⑧、对研究生的研究工作和存在问题能够提供及时有效的反馈⑨、在充分指导的基础上注重调动研究生的研究自主性⑩、导生之间定期沟通交流⑪等指导特征是良好导生互动关系和良好指导效果的关键特征,而自由放任的指导风格(laissezfaire leadership style of supervision)通常被认为是无效的,特别

① Latona K, Browne M. Factors associated with completion of research higher degrees [M]. Higher Education Division, Department of Education, Training and Youth Affairs, 2001:1615.

② Comley-White N, Potterton J. The perceived barriers and facilitators in completing a Master's degree in Physiotherapy [J]. South African Journal of Physiotherapy, 2018,74(1):1 – 5.

③ Drennan J, Clarke M. Coursework master's programmes: the student's experience of research and research supervision [J]. Studies in Higher Education, 2009,34(5):483 – 500.

④ Davis D F. Students' Perceptions of Supervisory Qualities: What do Students want? What do they believe they receive? [J]. International Journal of Doctoral Studies, 2019,14:431 – 464.

⑤ Ali P, Watson P, Dhingra K. Postgraduate research students' and their supervisors' attitudes towards supervision [J]. International Journal of Doctoral Studies, 2016,11:227 – 241.

⑥ Wagener B. The importance of affects, self-regulation and relationships in the writing of a master's thesis [J]. Teaching in Higher Education, 2018,23(2):227 – 242.

⑦ Filippou K. Identifying thesis supervisors' attitudes: Indications of responsiveness in international master's degree programmes [J]. Innovations in Education and Teaching International, 2020,57(3): 274 – 284.

⑧ Davis D. The ideal supervisor from the candidate's perspective: what qualities do students actually want? [J]. Journal of Further and Higher Education, 2020,44(9):1220 – 1232.

⑨ Neupane Bastola M, Hu G. Supervisory feedback across disciplines: does it meet students' expectations? [J]. Assessment & Evaluation in Higher Education, 2021,46(3):407 – 423.

⑩ Marnewick A L. A supervision approach to facilitate learning during the master's research journey [J]. Teaching in Higher Education, 2020:1 – 16.

⑪ Moghaddam A K, Esmaillzadeh A, Azadbakht L. Postgraduate Research Mentorship Program: An approach to improve the quality of postgraduate research supervision and mentorship in Iranian students [J]. Journal of Education and Health Promotion, 2019,8(1):109.

是在研究生研究过程中需要及时、有效的指导反馈的情况下。[①] 此外,指导过程中有效的情感支持(emotional support)和沟通技巧(counselling skills)也发挥着关键作用。[②] 有研究表明,当研究生对导师提供的专业性反馈感到更满意时,研究生感受到的压力水平更低,焦虑感也更低。[③] 另外,相关调查也表明,研究生希望与导师保持经常性的沟通交流,以对其学业进展能够提供更多实质性的指导和帮助。[④]

在上述文献梳理的基础上,本部分提出如下基本研究假设:导生互动方式、互动频率及互动效果能够显著影响学术型硕士生的情绪状态,导生互动效果越高,则学术型硕士生感知到的焦虑程度越低,各种具体焦虑类型的发生率也显著更低。接下来,本节将采用全国层面的代表性调查数据,构造分析模型,对上述影响机制和作用关系进行验证。

二、变量及模型识别策略

本部分研究中的因变量包括学术型硕士生的焦虑程度和焦虑类型,对于焦虑程度,本次调查设置"如果您在读研期间的焦虑程度可以用分数衡量(0—100分),您会给自己打多少分:_____"这一问题;对于焦虑类型,本次调查设置"在读研期间最令您焦虑的两件事情分别为:1._____;2._____"这一问题,选项涵盖了:①完成所在学科规定的学术论文发表要求;②完成硕士学位论文;③完成导师的课题;④经济负担;⑤就业问题;⑥恋爱与婚姻;⑦研究工作获得别人的认可;⑧导师不能提供有效指导;⑨其他_____(请注明)。在调查基础上,根据硕士生在读期间的首要焦虑来源,将焦虑类型识别为"0-1"型二分类变量。根据因变量的类型,在效果识别时分别采用 Ordered-Logistic 回归模型、OLS 回归模型和二元逻辑回归模型展开分析。

---

① Frischer J, Larsson K. Laissez-faire in research education—an inquiry into a Swedish doctoral program [J]. Higher Education Policy, 2000,13(2):131 - 155.

② Abiddin, N., & West, M. Effective meeting in graduate research student supervision [J]. Journal of Social Science, 2007,3,27 - 35.

③ Pyhältö K, Stubb J, Lonka K. Developing scholarly communities as learning environments for doctoral students [J]. International Journal for Academic Development, 2009,14(3):221 - 232.

④ Talebloo B, Baki R B. Challenges faced by international postgraduate students during their first year of studies [J]. International Journal of Humanities and Social Science, 2013,3(13):138 - 145.

　　核心自变量包括导师选择及指导方式、导生互动频率和导生互动效果。具体而言,将导师选择方式识别为是否自主选择导师(1＝是;0＝否),将导师指导方式识别为是否有副导师或小组指导(1＝是;0＝单一导师制),将导生互动频率细分为导生之间面对面交流频率和导生之间线上交流的频率(采用李克特五点量表进行测量),将导生互动效果根据调查对象对导师在学术志趣养成、给予自主研究空间、允许自主选择学位论文研究题目、在研究过程中提供有效指导、对职业生涯规划提供有效指导、对导师总体指导的满意程度等八个不同维度上的实际指导效果进行测量和识别,均采用李克特五点量表(从非常不符合到非常符合)进行测量。

　　控制变量包括院校特征、学科特征、导师特征、个体特征和家庭特征。其中,院校特征分为"一流大学"建设高校、"一流学科"建设高校、中科院和社科院系统及其他高校(参照组),学科特征分为人文(参照组)、社科、理学、工学、农学和医学六大类,导师特征包括导师性别(1＝男性;0＝女性)、导师职称(分为3＝教授/研究员、2＝副教授/副研究员、1＝讲师/助理研究员三类,以讲师/助理研究员为参照组)、导师年龄(连续变量)、导师最高学位获得(分为中国大陆和国/境外两类,以国/境外为参照组),个体特征包括硕士生的性别(1＝男性;0＝女性)、就读方式(1＝全日制;0＝非全日制)、入学方式(1＝推免入学;0＝考研入学)、出国(境)学习经历(1＝有;0＝无)、参加学术会议经历(1＝有;0＝无)、助教经历(1＝有;0＝无)、助研经历(1＝有;0＝无)及实习或兼职经历(1＝有;0＝无),家庭特征包括父亲学历和家庭收入情况[①]。

三、研究结果

(一) 导师选择及指导方式对学术型硕士生心理焦虑的影响

　　首先从导师选择方式对心理焦虑程度和焦虑类型发生概率的影响来看,表8-3显示,在控制其他影响因素的情况下,对于焦虑程度而言,与院系指派(含调剂)确定导师的群体相比,自主选择导师的学术型硕士生感知到的焦虑程度显著更低。对于焦虑类型或来源而言,与院系指派(含调剂)确定导师的群体相比,自主选择导师的学术型硕士生在完成导师课程方面的焦虑发生率显著更低,而

---

① 由于篇幅所限,变量的描述性统计结果并未在正文中详细呈现,感兴趣的读者可联系作者索取。

表8-3　导师选择及指导方式对学术型硕士生心理焦虑程度和焦虑类型发生率的影响

解释变量		焦虑程度	论文发表	学位论文	导师课题	经济负担	就业问题	研究认可
自主选择导师		-4.811***	-0.017	-0.004	-0.147***	0.048	0.140***	0.122***
		(-17.121)	(-0.733)	(-0.192)	(-4.239)	(1.409)	(6.156)	(3.189)
副导师或小组指导		-0.861***	0.062***	-0.057***	0.011	0.107***	-0.034*	0.142***
		(-3.880)	(3.526)	(-3.281)	(0.411)	(4.115)	(-1.936)	(5.138)
学校层面（其他高校）	中科院和社科院系统	2.318***	-0.206***	-0.077	-0.094	-0.370***	0.166***	0.435***
		(3.494)	(-3.726)	(-1.457)	(-1.118)	(-4.034)	(3.110)	(5.863)
	"一流学科"建设高校	0.573*	0.064***	0.009	0.135***	-0.055*	-0.026	-0.048
		(2.386)	(3.282)	(0.497)	(4.375)	(-1.950)	(-1.386)	(-1.513)
	"一流大学"建设高校	0.836***	-0.030	-0.114***	0.297***	-0.126***	0.050**	0.092***
		(3.077)	(-1.362)	(-5.307)	(8.923)	(-3.824)	(2.331)	(2.663)
学科层面（人文）	社科	-0.603*	0.695***	-0.138***	0.675***	-0.332***	-0.213***	-0.202***
		(-1.808)	(21.545)	(-4.957)	(10.209)	(-8.026)	(-8.006)	(-4.363)
	理学	1.116***	1.311***	-0.850***	1.399***	-0.219***	-0.680***	0.111**
		(2.888)	(37.433)	(-27.223)	(21.083)	(-4.847)	(-22.125)	(2.223)
	工学	-0.457	1.359***	-0.705***	1.387***	-0.452***	-0.650***	-0.005
		(-1.291)	(41.336)	(-24.670)	(21.738)	(-10.719)	(-23.260)	(-0.116)
	农学	2.172***	1.080***	-0.708***	1.310***	-0.143**	-0.585***	0.113

（续表）

解释变量		焦虑程度	论文发表	学位论文	导师课题	经济负担	就业问题	研究认可
		(3.895)	(23.030)	(−16.222)	(16.074)	(−2.327)	(−13.402)	(1.629)
	医学	2.644*** (5.957)	1.604*** (41.138)	−0.958*** (−26.738)	1.703*** (24.577)	−0.114** (−2.204)	−1.034*** (−28.247)	0.092 (1.602)
导师层面	导师性别	−0.477** (−2.181)	−0.037** (−2.070)	−0.058*** (−3.328)	0.006 (0.204)	0.024 (0.894)	0.042** (2.408)	0.074** (2.528)
	副教授（讲师）	−1.046 (−1.488)	0.021 (0.360)	−0.047 (−0.850)	0.123 (1.353)	0.133 (1.539)	−0.030 (−0.537)	0.071 (0.755)
	教授（讲师）	−0.354 (−0.501)	0.065 (1.128)	−0.181*** (−3.241)	0.330*** (3.637)	0.182** (2.092)	−0.131** (−2.341)	0.206** (2.190)
	导师年龄	−0.274** (−2.029)	0.024** (2.152)	0.136*** (12.715)	−0.192*** (−11.554)	−0.042** (−2.561)	0.014 (1.268)	−0.123*** (−7.077)
个体层面	性别（女性）	−0.514** (−2.293)	−0.202*** (−11.242)	−0.158*** (−9.087)	0.151*** (5.647)	0.546*** (21.014)	−0.213*** (−12.171)	0.007 (0.262)
	就读方式（非全日制）	−0.283 (−0.265)	−0.106 (−1.308)	−0.572*** (−6.772)	0.345** (2.268)	−0.352*** (−3.203)	0.899*** (10.458)	−0.275** (−2.341)
	推免生（考研）	1.506*** (5.730)	−0.058*** (−2.686)	−0.070*** (−3.331)	0.173*** (5.462)	−0.185*** (−5.370)	0.025 (1.227)	0.075** (2.232)

（续表）

解释变量	焦虑程度	论文发表	学位论文	导师课题	经济负担	就业问题	研究认可
				被解释变量			
出国经历（无）	0.864*	−0.080**	−0.065*	−0.133**	0.114**	−0.076**	0.177***
	(1.858)	(−2.028)	(−1.761)	(−2.075)	(1.989)	(−2.070)	(3.135)
参加学术会议（无）	−2.554***	0.119***	−0.065***	−0.031	0.044	−0.014	0.150***
	(−9.551)	(5.359)	(−3.062)	(−0.933)	(1.339)	(−0.644)	(4.141)
助教经历（无）	−0.293	−0.049***	0.018	−0.051*	0.038	0.031*	−0.015
	(−1.303)	(−2.629)	(1.011)	(−1.765)	(1.397)	(1.729)	(−0.509)
助研经历（无）	−1.142***	0.067***	−0.156***	0.038	0.161***	−0.088***	0.114***
	(−4.941)	(3.552)	(−8.502)	(1.310)	(5.888)	(−4.766)	(3.848)
实习或兼职经历（无）	−2.445***	−0.167***	0.046***	−0.309***	0.148***	0.303***	−0.194***
	(−11.193)	(−9.589)	(2.684)	(−12.021)	(5.623)	(17.456)	(−7.039)
父亲学历	0.187*	−0.017*	−0.034***	0.004	−0.105***	0.006	0.039***
	(1.701)	(−1.863)	(−3.880)	(0.317)	(−7.849)	(0.723)	(2.755)
家庭收入	−0.091	0.003	0.034***	0.061***	−0.272***	−0.020***	0.050***
	(−1.266)	(0.440)	(6.142)	(7.045)	(−30.480)	(−3.662)	(5.592)
常数项	61.091***	−1.380***	1.153***	−3.486***	−0.525***	−0.746***	−2.357***
	(43.917)	(−12.660)	(10.565)	(−17.992)	(−3.450)	(−6.790)	(−14.272)
N	66135	67647	67647	67647	67647	67647	67647

注：（1）括号内为 t 值，根据个体聚类的稳健标准误差计算；（2）* 为 $p<0.1$，** 为 $p<0.05$，*** 为 $p<0.01$。

在就业问题和研究工作获得认可方面的焦虑发生率显著更高。

　　其次从导师指导方式对心理焦虑程度和焦虑类型发生概率的影响来看,在控制了相关影响因素之后,对于焦虑程度而言,与单一导师指导的群体相比,采取包含副导师或导师小组指导的学术型硕士生群体感知到的焦虑程度显著更低。对于焦虑类型或来源而言,与单一导师指导的群体相比,采用副导师或小组指导的学术型硕士生群体在完成学位论文和就业问题两种类型上的焦虑发生率显著更低,而在完成论文发表、经济负担和研究认可三种类型上的焦虑发生率却显著更高。

　　综述可知,通过自主选择导师,采用副导师或小组指导方式能显著降低或缓解学术型硕士生的焦虑程度,但导师选择及指导方式的这种效果对于不同类型的焦虑发生率呈现出异质性。这在一定程度上揭示出研究生焦虑来源的多元性和作用机制的复杂性。

　　从关键控制变量情况来看:①学校层面,与其他高校相比,重点高校的学术型硕士生群体感知到的焦虑程度显著更高;从焦虑类型来看,重点高校学术型硕士生群体在完成导师课题、就业问题和研究认可三种类型上的焦虑发生率显著更高,而在经济负担上的焦虑发生率显著更低。②学科层面,与人文学科相比,理学、农学和医学群体感知到的焦虑程度显著更高,而社科群体感知到的焦虑程度显著更低;从焦虑类型来看,与人文学科相比,社科和自然科学群体在论文发表和完成导师课程两类类型上的焦虑发生率显著更高,而在完成学位论文、经济负担和就业问题三种类型上的焦虑发生率却显著更低;此外,理学群体在研究认可上的焦虑发生率显著更高,而社科群体在研究认可上的焦虑发生率却显著更低。学科层面的焦虑来源及其发生率有助于学界更深入认识和理解学术型硕士生群体的压力来源并寻求针对性的纾解策略。③导师层面,与讲师指导的群体相比,导师职称为教授的群体在完成导师课题、经济负担和研究认可三种类型上的焦虑发生率显著更高,而在学位论文和就业问题上的焦虑发生率显著更低;导师年龄越大,则学术型硕士生群体在论文发表和学位论文两种类型上的焦虑发生率显著更高,而在导师课题、经济负担和研究认可三种类型上的焦虑发生率显著更低。④个体层面,与女性群体相比,男性群体感知到的焦虑程度显著更低,男性群体在完成导师课题和经济负担上的焦虑发生率显著更高,而在论文发表、学位论文、就业问题上的焦虑发生率显著更低;与非全日制就读群体相比,全日制方式就读群体在导师课题和就业问题上的焦虑发生率显著更高;与考研入学群体相比,推免入学群体感知到的焦虑程度显著更高,推免群体在论文发表、学位论文和经济负担方面的焦虑发生率显著更低,而在完成导师课题和研究工作获得认可方面的焦虑发生率却显著更高;有出国学习经历的群体感知到的焦虑程度显著更高,且焦虑来源主要集中在经济负担和研究认可两个方面;参加学术会议经历、助研经历、实习或兼职经历均能显著减轻学术型硕士生群体的焦虑程度,而助教经历的焦虑程度缓解效果却在统计意义上并不显著。⑤家庭背景层面,父亲学历越高,则学术型硕士生群体感知到的焦虑程度也越高,家庭经济水平对焦虑程度的影响并不显著,家庭经济收入越高,则越有助于降低经济负担和就业问题两种类型上的焦虑发生率,而在学位论文、导师课题和研究认可三种类型上的焦虑发生率却显著更高。

（二）导生互动频率对学术型硕士生心理焦虑的影响

从导生互动频率对心理焦虑程度的影响来看,表8-4显示,在控制了学校层次、学科特征、导师特征、个体特征及家庭背景等相关影响因素之后,导生之间面对面和线上交流的频率越高,则学术型硕士生感知到的焦虑程度显著更低。从导生互动频率对不同焦虑类型发生概率的影响来看,导生之间面对面交流的频率越高,则学术型硕士生群体在论文发表和学位论文两种类型上的焦虑发生率显著更低,而在完成导师课题、经济负担和研究认可三种类型上的焦虑发生率显著更高;导生之间线上交流的频率越高,则学术型硕士生群体在完成学位论文上的焦虑发生率显著更低,而在论文发表、经济负担和研究认可上的焦虑发生率却显著更高。换言之,导生互动频率对学术型硕士生群体的不同类型焦虑发生率会产生"双向影响",一方面能降低学位论文焦虑的发生率,另一方面也增加了研究工作获得认可焦虑的发生率。

表8-4　导生互动频率对学术型硕士生心理焦虑程度和焦虑类型发生率的影响

解释变量	被解释变量						
	焦虑程度	论文发表	学位论文	导师课题	经济负担	就业问题	研究认可
面对面交流频率	-5.806***	-0.166***	-0.163***	0.278***	0.205***	-0.010	0.150***
	(-13.608)	(-4.781)	(-4.843)	(5.389)	(4.052)	(-0.306)	(2.751)

（续表）

解释变量	被解释变量						
	焦虑程度	论文发表	学位论文	导师课题	经济负担	就业问题	研究认可
线上交流频率	-6.024^{***}	0.146^{***}	-0.135^{***}	0.034	0.155^{***}	0.030	0.113^{**}
	(-15.428)	(4.480)	(-4.287)	(0.698)	(3.234)	(0.951)	(2.199)
控制变量							
院校特征	控制	控制	控制	控制	控制	控制	控制
学科特征	控制	控制	控制	控制	控制	控制	控制
导师特征	控制	控制	控制	控制	控制	控制	控制
个体特征	控制	控制	控制	控制	控制	控制	控制
家庭特征	控制	控制	控制	控制	控制	控制	控制
N	66 135	67 647	67 647	67 647	67 647	67 647	67 647

注：（1）括号内为 t 值，根据个体聚类的稳健标准误计算；（2）* 为 $p<0.1$，** 为 $p<0.05$，*** 为 $p<0.01$。

（三）导生互动效果对学术型硕士生心理焦虑的影响

从导生互动效果对心理焦虑程度的影响来看，表 8-5 显示，在控制其他影响因素的情况下，导生互动过程中给予学术型硕士生学术志趣养成、学术研究过程及职业生涯规划等方面有效指导的程度越高，自由研究空间越充足，导师越能与学生平等进行学术交流，学生感知到的指导效果越满意，则学术型硕士生感知到的焦虑程度显著更低。而学生认为导师的学术水平越高，则其就读过程中感知到的焦虑程度也显著更高。

从导生互动效果对不同类型心理焦虑的发生概率来看：①导生互动过程中学术志趣养成越浓厚，则越有助于显著降低学位论文和就业问题两种类型焦虑的发生概率，但却会显著提升论文发表、导师课题、经济负担和研究认可类型焦虑的发生概率；②自主研究空间越大，则越有助于降低完成导师课题焦虑的发生概率，但却会显著提升论文发表方面焦虑的发生概率；③与导师指定学位论文选题的群体相比，自主选择学位论文研究题目的群体在完成学位论文和导师课题两种焦虑的发生概率显著更低；④导师对职业生涯规划的有效指导能显著降低就业问题焦虑的发生概率；⑤学生认为导师的学术水平越高，则其在完成学位论文和导师课题两种焦虑的发生概率显著更高。换言之，导生互动效果会对学术

表 8-5　导生互动效果对学术型硕士生心理焦虑程度和焦虑类型发生率的影响

解释变量	被解释变量						
	焦虑程度	论文发表	学位论文	导师课题	经济负担	就业问题	研究认可
导师对学术志趣养成有重要影响	-1.127***	0.028*	-0.095***	0.147***	0.062***	-0.044***	0.158***
	(-6.141)	(1.748)	(-6.146)	(6.165)	(2.580)	(-2.831)	(6.078)
导师给予充足的自由研究空间	-1.171***	0.060***	-0.021	-0.364***	-0.016	0.003	-0.019
	(-6.181)	(3.679)	(-1.311)	(-15.900)	(-0.630)	(0.194)	(-0.692)
导师允许自主选择学位论文题目	-0.944***	-0.015	-0.060***	-0.208***	0.049*	0.041***	0.008
	(-6.160)	(-1.156)	(-4.690)	(-11.278)	(2.416)	(3.178)	(0.380)
导师在研究过程中给予有效指导	-0.750***	0.011	0.041**	0.102***	0.009	0.095***	-0.071**
	(-3.581)	(0.583)	(2.329)	(3.862)	(0.332)	(5.251)	(-2.407)
导师对职业生涯规划的有效指导	-2.548***	-0.009	0.030*	-0.007	0.061***	-0.105***	0.007
	(-16.131)	(-0.647)	(2.302)	(-0.323)	(2.926)	(-7.932)	(0.321)
导师学术水平很高	0.931***	-0.083***	0.103***	0.128***	0.008	0.001	0.035
	(4.485)	(-4.594)	(5.840)	(4.931)	(0.265)	(0.045)	(1.168)
与导师进行平等的学术交流	-0.789***	0.012	0.001	-0.173***	-0.032	0.132***	-0.047
	(-3.465)	(0.577)	(0.035)	(-6.192)	(-1.011)	(6.564)	(-1.444)

（续表）

解释变量	被解释变量						
	焦虑程度	论文发表	学位论文	导师课题	经济负担	就业问题	研究认可
整体上对导师指导很满意	-3.491^{***}	-0.052^{***}	0.063^{***}	-0.067^{**}	0.115^{***}	0.179^{***}	-0.040
	(-14.926)	(-2.585)	(3.257)	(-2.286)	(3.729)	(9.063)	(-1.229)
控制变量	控制	控制	控制	控制	控制	控制	控制
N	66 136	67 648	67 648	67 648	67 648	67 648	67 648

注:(1)括号内为 t 值,根据个体聚类的稳健标准误计算;(2)*为 $p<0.1$,**为 $p<0.05$,***为 $p<0.01$。

型硕士生的焦虑发生率产生"双向影响"：导师的学术期待和学术要求越高，则研究生在与学术研究相关的焦虑发生率可能提升；导师给予的自由选题和研究空间越大，则可能降低完成导师课题和完成学位论文方面的焦虑发生率。

第四节　本章小结

本章采用全国层面最新大样本调查数据，对学术型硕士生心理焦虑的程度、来源及缓解方式进行了量化分析，得出如下几点主要分析结论。

第一，学术型硕士生心理焦虑程度（取值介于 0～100 之间）均值为 51.83，理学、农学及医学硕士生的焦虑程度比人文社科类硕士生显著更高。在自然科学类群体中，医学类学术型硕士群体的焦虑程度最高；在人文社科类群体中，艺术学和教育学类学术型硕士生群体的焦虑程度明显更高。重点高校硕士生的焦虑程度比一般高校硕士生显著更高。

第二，学术型硕士生的心理焦虑来源主要集中在学位论文（52.64％）、就业问题（43.74％）和完成学术论文发表要求（38.56％）等方面，学位论文焦虑和就业焦虑在人文社科中的发生率明显高于自然科学，而论文发表焦虑在自然科学中的发生率则明显高于人文社科。此外，经济负担（12.17％）、完成导师课题（11.44％）、研究工作获得认可（9.98％）作为焦虑来源的比例在一成左右。

第三，学术型硕士生缓解心理焦虑的主要途径包括同伴支持、情感支持、通过反思进行自我调整、吃喝玩乐解压、体育锻炼解压及寻求导师帮助。不同学科和不同院校硕士生在缓解心理焦虑的途径方面存在一定差异性。

第四，导师选择及指导方式、导生互动频率及互动效果对学术型硕士生的焦虑程度和不同焦虑类型的发生率会产生不同程度的影响。尽管通过自主选择导师，采用副导师或小组指导方式能显著降低或缓解学术型硕士生的焦虑程度，但导师选择及指导方式的这种效果对于不同类型的焦虑发生率的影响却呈现出明显的异质性，这在一定程度上揭示出研究生焦虑来源的多元性和作用机制的复杂性。

第五，导生互动频率与互动效果对学术型硕士生不同焦虑类型的发生率会产生"双向影响"。一方面，互动交流更频繁有助于显著降低学位论文焦虑的发生率，同时却也显著增加了研究工作获得认可焦虑的发生率；另一方面，导师对研究生的学术期待、给予研究生自主研究的空间与不同类型的焦虑发生率之间存在"正负双向"复杂的影响关系。

在此基础上,提出如下相关政策建议。

第一,培养单位应根据研究生心理焦虑在学科、院校及个体层面呈现出的特点制定更具针对性的干预策略和措施。本次调查发现,艺术学、教育学、理学、农学及医学学术型硕士生的焦虑程度比其他学科更高,重点高校硕士生比其他高校硕士生的焦虑程度更高。结合上述特点,培养单位和导师要高度重视和更加关注学术型硕士生的心理压力和心理焦虑问题,可从学校层面、院系层面、导师层面和辅导员层面建立立体化的研究生学业服务和支持体系,并安排专项经费对支持体系相关政策的顺利运行给予保障。

第二,培养单位应在导师遴选和导师指导方式层面进行改进,大力推进研究生自主选择导师工作和倡导联合指导制。研究发现,院系指定导师和单一导师指导方式的硕士生感知到的焦虑程度比自主选择导师和导师组指导的硕士生显著更高。导师(组)是研究生培养中的第一责任人,导师的指导方式和指导效果对硕士生的就读体验起着非常重要的影响作用。相关研究也发现,相比单一导师制,研究生对联合指导方式的满意度要更高[①],以主导师为主的联合指导制可能更有助于增强师生之间互动的效果[②]。

第三,培养单位应真正破除要求硕士生发表论文的"硬性规定",更加注重学术兴趣和学术志趣的培养,做实做好就业指导工作。本次调查发现,有接近四成的调查者认为最主要的焦虑来源是完成学术论文发表要求。在国家"破五唯"的大环境下,研究生培养中的"硬性发表规定"也需要进行切实清理。硕士生培养需要从重视成果产出的"短线思维"向"长线思维"转变,重在培育、保护和激发研究生对未知的好奇、对科研的热爱以及对学术的兴趣、热情和敬畏。另外,受疫情等多重因素的影响和冲击[③],做实做好硕士生就业指导和服务工作也是缓解焦虑的重要着力点之一。

---

① 沈文钦,高耀,赵世奎. 单一导师制抑或联合指导制——博士生对不同指导方式的偏好及其满意度[J]. 学位与研究生教育,2017(7):54-59.

② 彭湃. 情境与互动的形塑:导师指导行为的分类与解释框架[J]. 高等教育研究,2019,40(9):61-67.

③ 李涛,孙媛,邬志辉. 2021年疫情背景下中国高校应届毕业生就业状况有何变化?——一项基于2021年和2020年全国调查数据的实证研究[J]. 华东师范大学学报(教育科学版),2022,40(2):100-113.

第九章
学术型硕士生的学位论文状况

　　硕士学位论文是硕士研究生科学研究能力和水平的集中体现,也是硕士生理论基础和专业知识素质的综合反映,是评价硕士培养质量的核心指标。对硕士学位论文进行直接比较和分析,能够客观恰当地判断我国硕士的整体培养质量。

　　就个体角度而言,学位论文是展现个体学习能力、夯实专业基础知识并获取学位证书的重要途径;对社会乃至国家而言,学位论文作为教育评估的重要视角和评阅材料,是监测研究生培养问题、保障研究生教育质量的关键路径。学位论文是研究生培养质量的直观体现,亦是学术评价和学业评价的重要指标。我国学术型硕士毕业生学位论文选题来源于何处? 学术型硕士生在撰写过程中对困难的感知度如何? 不同学科和院校的学术型硕士对学位论文撰写困难的感知又有何差异呢? 本章首先将对这些问题展开分析,在此基础上,进一步分析和讨论学术型硕士生学位论文的质量状况及存在的典型问题。

第一节　学位论文的选题及撰写过程

一、学位论文的选题来源

　　从学术型硕士生学位论文选题来源来看,调查结果显示,整体而言,接近三分之一的调查者选题是结合研究兴趣自主选择而来,亦有接近三分之一的调查者选题源于读研期间所参与的科研项目,此外,导师指定也是重要选题来源之一,通过课程学习和文献阅读确定其选题的硕士生所占比例较少。就学科差异而言,人文学科的毕业生选题源于"结合研究兴趣自主选择"方面比例最高,超过65%,其次为社科类,超过50%的社科毕业生选题源于"结合研究兴趣自主选择",农学和医学自主选择比例最低,均低于15%,说明人文社科类在选题方面自主性和自由度较高。就选题源于"参与的科研项目"而言,工学和农学门类的比例较高,均超过40%。在选题源于导师指定方面,相较其他学科门类,农学门类所占比例最高,达42.09%,理学和医学次之,但也均超过38%,说明在理、工、农、医领域,选题源于项目或是导师的比例较高,具体见图9-1。

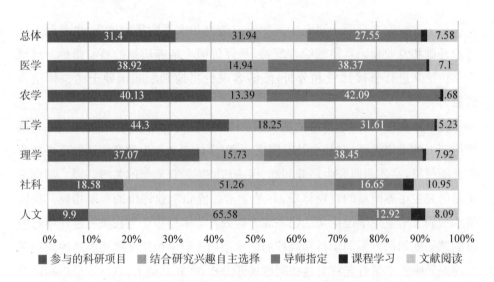

图9-1　学术型硕士生学位论文选题来源的学科差异

二、学位论文研究过程中的困难感知

第一,在选题过程中,社科门类毕业生所感知到的困难程度最高,达3.20,人文和医学门类次之,但也达到3.10,高出总体样本均值,而农学、理学和工学在选题过程中感知到的困难较小,均低于总体样本均值,其中工学最低,为2.95。就标准差而言,人文学科的标准差最大,说明人文学科的毕业生在选题困难程度的感知上存在较大差异,其次为工学和社科门类,而医学门类的标准差最小,说明医学类毕业生在选题困难程度的感知上个体间差异较小,对选题困难感知程度一致性较高,具体参见图9-2。

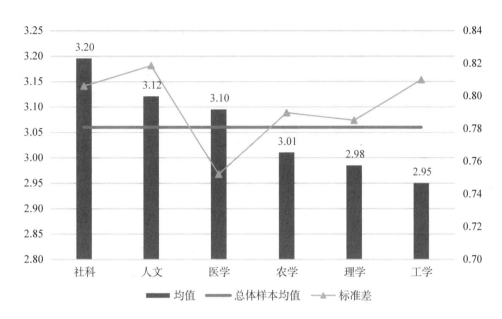

图9-2　学术型硕士生在学位论文选题方面遇到困难程度的学科差异

　　第二,在查找文献资料过程中,人文学科类被调查者感知到的困难程度平均最高,为3.17,其次为社科门类,为3.01,而医、农、理、工门类在查找资料方面感知到的程度较低,均低于总体样本均值,其中工学最低,平均难度感知为2.79。就标准差而言,人文学科类学术型硕士生在学位论文查找文献资料方面遇到困难程度的标准差最大,说明人文学科学硕在查找资料方面困难感知程度个体差异较大,社科和工学学科次之,均为0.78,而医学类学硕在学位论文查找资料遇到困难程度感知的标准差最低,说明医学类学术型研究生在查找资料方面遇到困难的感知程度个体间差异较小,具体参见图9-3。

　　第三,在数据资料收集方面,人文与社科类毕业生感知到的困难程度较高,均高于总体样本均值3.19,其中社科类毕业生感知到的程度最高,为3.35。而理工农医类毕业生在论文数据资料收集方面感知到的程度较低,均低于总体样本均值,其中理学类学术型硕士生感知到的程度最低,为3.08。就标准差而言,

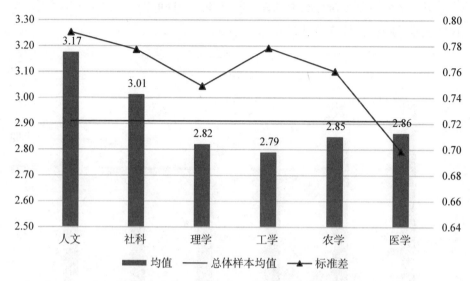

图9-3 学术型硕士生在学位论文查找文献资料方面遇到困难程度的学科差异

工学门类在资料收集方面感知到的困难个体间差异较大,医学门类最小,具体参见图9-4。

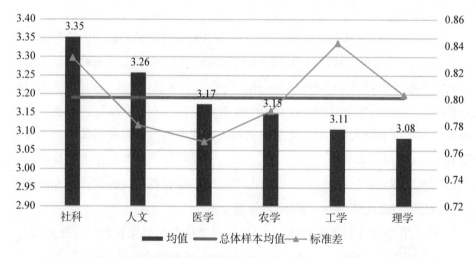

图9-4 学术型硕士生在学位论文数据资料收集方面遇到困难程度的学科差异

第四,在数据资料分析方面,社科与人文类学术型硕士毕业生对困难的感知程度依然最高,分别为 3.28 和 3.22,高于总体样本均值 3.19,其次分别为工、农、理、医学科门类。较之其他学科门类,工学门类的毕业生感知困难程度的标准差最高,说明工学门类内部对论文数据收集资料困难程度感知存在较大差异,而医学的标准差最低,说明医学内部对学位论文数据资料收集方面有较强的共识性感知。值得一提的是,文学门类在标准差上同样处于较低水平,仅高于医学门类,说明文学类硕士生在学位论文资料分析所遇到的困难感知程度较为一致,具体参见图 9-5。

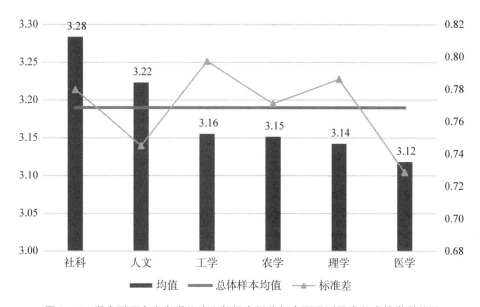

图 9-5　学术型硕士生在学位论文数据资料分析方面遇到困难程度的学科差异

第五,在论文写作困难层面,人文类学术型硕士生所遇到的困难程度最高,为 3.35,社科门类次之,为 3.31,均高于总体样本均值 3.23。理工农医四类学科的数值均在总体样本均值以下,其中农学和理学分别为 3.20 和 3.19,工学和医学最低,均为 3.15。就学位论文写作所遇困难程度的标准差而言,工学门类标准差最大,说明其内部对论文撰写难度的感知存在较大的个体差异;而医学的标准差最小,其内部对论文撰写难度的感知一致性较高,具体参见图 9-6。

第六,就学术型硕士生与导师沟通学位论文有关问题方面遇到困难程度的学科差异而言,医学门类的硕士生在该维度感知到的困难程度最高;其次为农学

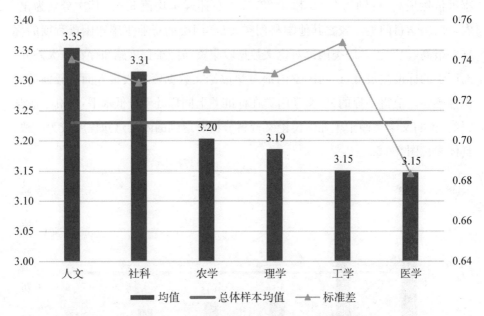

图 9 - 6 学术型硕士生在学位论文写作方面遇到困难程度的学科差异

和理学，均高于总体样本均值 2.66；再次为工学门类，困难感知程度为 2.65，与总体均值相差不大。而社科与人文类在该维度上的困难感知程度较低，均低于 2.60，其中人文学科门类的硕士生感知困难程度最低，为 2.54。就标准差而言，工学门类的硕士生在与导师沟通论文方面困难感知的标准差最大，说明工学门类下的学术型硕士研究生在与导师沟通论文难度方面存在较大的差异，而医学类的标准差最低，说明该门类下的学术型硕士生对与导师沟通论文困难感知程度方面认知较为一致，具体参见图 9 - 7。

为了进一步衡量不同特征学术型硕士生对学位论文撰写过程中遇到困难程度感知方面的差异性，课题组通过构造回归模型来揭示其差异在统计意义上是否显著。在表 9 - 1 的回归结果中，被解释变量分别为选题、查找文献资料、数据资料收集、数据资料分析、论文写作及与导师沟通学位论文写作中遇到的问题等方面的困难程度感知情况，对上述不同维度的时间测量可识别为定序因变量。解释变量包括学校特征、学科特征、导师特征及个体特征等不同影响因素。因此，均采取定序逻辑回归模型，下面分别进行解释。

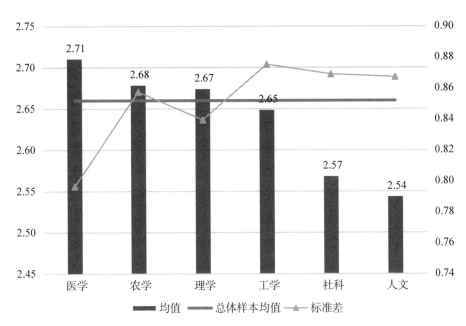

图9-7　学术型硕士生与导师沟通学位论文有关问题方面遇到困难程度的学科差异

表9-1　学术型硕士生学位论文撰写过程中遇到困难程度的学科差异

解释变量		被解释变量					
		选题	查找文献资料	数据资料收集	数据资料分析	论文写作	与导师沟通论文
学校层面（其他高校）	中科院和社科院系统	−0.062	0.079	0.001	0.147***	0.127**	−0.110**
		（−1.169）	（1.578）	（0.029）	（2.954）	（2.457）	（−2.205）
	"一流学科"建设高校	−0.003	−0.002	0.004	0.025	0.023	0.051***
		（−0.199）	（−0.116）	（0.205）	（1.425）	（1.286）	（2.913）
	"一流大学"建设高校	−0.089***	−0.072***	−0.027	−0.048**	0.011	0.061***
		（−4.420）	（−3.529）	（−1.344）	（−2.390）	（0.522）	（3.082）
学科层面（人文）	社科	0.233***	−0.416***	0.285***	0.194***	−0.078***	0.132***
		（9.018）	（−15.446）	（11.772）	（8.015）	（−3.106）	（5.262）
	理学	−0.193***	−0.821***	−0.283***	−0.074***	−0.352***	0.608***
		（−6.658）	（−27.535）	（−10.340）	（−2.648）	（−12.094）	（21.403）

解释变量		被解释变量					
		选题	查找文献资料	数据资料收集	数据资料分析	论文写作	与导师沟通论文
	工学	−0.218***	−0.838***	−0.152***	0.057**	−0.384***	0.548***
		(−8.104)	(−29.921)	(−5.989)	(2.249)	(−14.398)	(21.003)
	农学	−0.151***	−0.760***	−0.120***	−0.038	−0.283***	0.641***
		(−3.714)	(−18.322)	(−3.111)	(−0.967)	(−6.873)	(15.936)
	医学	−0.009	−0.757***	−0.127***	−0.185***	−0.498***	0.620***
		(−0.275)	(−23.446)	(−4.161)	(−6.014)	(−15.547)	(19.683)
导师性别（女性）		−0.070***	−0.002	−0.075***	−0.033**	−0.025	−0.050***
		(−4.288)	(−0.130)	(−4.673)	(−2.026)	(−1.519)	(−3.062)
导师职称（讲师/助理研究员）	副教授（副研究员）	0.012	−0.028	−0.001	−0.148***	−0.043	−0.078
		(0.229)	(−0.528)	(−0.018)	(−2.759)	(−0.789)	(−1.464)
	教授（研究员）	−0.068	−0.097*	−0.065	−0.212***	−0.126**	−0.020
		(−1.258)	(−1.812)	(−1.237)	(−3.939)	(−2.311)	(−0.378)
导师年龄		0.088***	0.053***	0.075***	0.035***	0.028***	−0.050***
		(8.666)	(5.186)	(7.558)	(3.463)	(2.725)	(−4.995)
导师学位（国外或境外）		0.023	0.025	0.019	0.011	−0.024	−0.050**
		(1.087)	(1.215)	(0.906)	(0.513)	(−1.100)	(−2.413)
选择导师方式（非自主选择）		−0.096***	−0.101***	−0.090***	−0.072***	−0.074***	−0.344***
		(−4.407)	(−4.698)	(−4.295)	(−3.427)	(−3.468)	(−15.918)
导师是否定期组织学术活动		−0.116***	−0.053**	−0.035	−0.003	−0.069***	−0.609***
		(−5.085)	(−2.348)	(−1.618)	(−0.150)	(−3.102)	(−26.869)
副导师或导师指导小组		−0.044***	−0.090***	−0.100***	−0.070***	−0.090***	−0.137***
		(−2.722)	(−5.459)	(−6.156)	(−4.227)	(−5.381)	(−8.501)
与导师面对面交流频率（逆向指标）		0.042***	0.051***	0.033***	0.043***	0.052***	0.111***
		(5.228)	(6.493)	(4.206)	(5.548)	(6.607)	(14.094)
与导师线上交流频率（逆向指标）		0.074***	0.021***	0.026***	0.019**	0.043***	0.217***
		(9.790)	(2.846)	(3.482)	(2.539)	(5.758)	(28.837)

（续表）

解释变量	被解释变量					
	选题	查找文献资料	数据资料收集	数据资料分析	论文写作	与导师沟通论文
性别（女性）	-0.181^{***}	-0.179^{***}	-0.174^{***}	-0.247^{***}	-0.163^{***}	-0.077^{***}
	(-10.954)	(-10.674)	(-10.599)	(-14.809)	(-9.647)	(-4.717)
就读方式（非全日制）	-0.026	-0.218^{***}	-0.019	-0.175^{**}	-0.062	0.221^{***}
	(-0.332)	(-2.811)	(-0.265)	(-2.293)	(-0.781)	(2.865)
推免生	-0.018	-0.078^{***}	0.007	-0.018	-0.102^{***}	0.028
	(-0.899)	(-3.940)	(0.377)	(-0.899)	(-5.108)	(1.467)
截距1	-3.140^{***}	-3.927^{***}	-3.536^{***}	-3.951^{***}	-4.312^{***}	-2.065^{***}
	(-29.786)	(-37.542)	(-35.415)	(-37.489)	(-39.530)	(-19.980)
截距2	-1.445^{***}	-2.001^{***}	-1.735^{***}	-2.123^{***}	-2.483^{***}	-0.145
	(-13.928)	(-19.402)	(-17.792)	(-20.661)	(-23.456)	(-1.411)
截距3	1.155^{***}	0.722^{***}	0.710^{***}	0.477^{***}	0.372^{***}	2.552^{***}
	(11.154)	(7.030)	(7.295)	(4.662)	(3.534)	(24.600)
截距4	3.658^{***}	3.306^{***}	3.065^{***}	3.038^{***}	3.042^{***}	4.227^{***}
	(34.456)	(31.030)	(30.983)	(29.162)	(28.304)	(39.780)
N	68 075	68 075	68 075	68 075	68 075	68 075

注：(1)括号内为 t 值，根据个体聚类的稳健标准误计算；(2)* $p<0.1$，** $p<0.05$，*** $p<0.01$。

首先，从学校层面来看，在控制其他影响因素的情况下，与其他高校相比，"一流大学"建设高校的学术型硕士生在学位论文选题、查找文献资料、数据资料分析等方面的困难感知程度要显著更低，而在和导师沟通与学位论文有关问题方面的困难感知程度要显著更高；而中科院和社科院系统的学术型硕士生在学位论文数据资料分析和论文写作方面的困难感知程度显著更高，而在与导师沟通学位论文有关问题方面的困难感知程度却要显著更低。

其次，从学科层面来看，在控制其他影响因素的情况下，与人文学科相比，社科类硕士生在学位论文选题方面的困难感知程度显著更高，而理学、工学和农学等自然科学类硕士生在论文选题方面的困难感知程度则显著更低；在文献资料查找方面，人文学科硕士生感知到的困难程度显著更高；在学位论文数据资料收集和分析方面,社科类硕士生比人文类硕士生感知到的困难程度显著更高,而自然科学类硕士生感知到的困难程度则要显著更低;在学位论文写作方面,人文类硕士生感知到的困难程度要显著高于其他学科;在与导师沟通学位论文有关问题方面,人文类硕士生感知到的困难程度则要显著低于其他学科。

再次,从导师层面来看,导师的不同个体特征和指导方式对学术型硕士生的时间管理会产生不同程度的影响。具体而言,从导师性别来看,男性导师指导的硕士生在学位论文选题、数据资料收集、数据资料分析及与导师沟通学位论文有关问题方面的困难感知程度显著更高;从导师职称来看,与导师职称为讲师/助理研究员的硕士生群体相比,教授/研究员指导的硕士生在文献资料查找、数据资料分析及论文写作方面感知到的困难程度显著更低。从导师年龄来看,导师年龄与硕士生在学位论文撰写过程中所感知到的困难程度呈现出显著的正相关关系,而导师年龄与硕士生在与导师沟通学位论文有关问题方面的困难感知程度则呈现出显著的负相关关系。换言之,导师的年龄越大,则硕士生更加倾向于认为自己在学位论文选题及撰写过程中遇到困难的程度更大,尽管与导师沟通学位论文有关问题更加容易。从导师选择方面来看,与非自主选择导师的群体相比,自主选择导师的硕士生群体在学位论文选题、资料收集、分析、写作及与导师沟通方面的困难感知程度要显著更低。换言之,自主选择导师的指导方式可以显著降低硕士生在学位论文选题及撰写过程中遇到的困难程度。从导师指导模式来看,与单一导师指导模式相比,有副导师或小组指导的硕士生群体在学位论文选题、资料收集、分析、写作及与导师沟通方面的困难感知程度要显著更低。从导生互动频率来看,与导师面对面或线上交流的频率越高,则学术型硕士生群体在学位论文选题、资料收集、分析、写作及与导师沟通方面的困难感知程度也要显著更低。

最后,从个体层面来看,在控制其他影响因素的情况下,性别、就读方式及入学方式等因素对学术型硕士生对学位论文撰写过程中的困难感知程度会产生不同程度的影响。具体而言,从性别方面来看,男性硕士生群体在学位论文选题、资料收集、分析、写作及与导师沟通方面的困难感知程度要显著更低。从就读方式来看,与非全日制硕士生群体相比,全日制硕士生群体在查找文献资料和数据资料分析两个方面的困难感知程度要显著更低,而在和导师沟通与学位论文有关问题方面的困难感知程度则要显著更高。从入学方式来看,与考研群体相比,推免生群体在学位论文文献资料查找及论文写作方面的困难感知程度要显著更低。

第二节 学位论文状况的学科差异[①]

随着我国经济社会发展进入新常态,研究生教育改革发展也进入了一个新的历史时期,不断提升研究生教育质量是新时期研究生教育的核心任务。2014年召开的全国研究生教育质量工作会议,是1978年恢复研究生教育以来第一次以质量为主体召开的全国性研究生教育工作会议,这表明研究生教育质量越来越受到政府重视和社会关注,这也标志着我国研究生教育经过30多年的规模发展,正式进入以质量和内涵为主题的"质量时代"[②]。2014年,国家出台了《关于加强学位与研究生教育质量保证和监督体系建设的意见》等一系列顶层设计文件[③],构建了包括学位授予单位、教育行政部门、学术组织、行业部门和社会机构五大利益相关主体在内的"五位一体"的学位与研究生教育质量保障体系,明确提出开展博士、硕士学位论文抽查工作,强化学位授予单位、导师和研究生的质量意识,加强学位授予管理,保证学位授予质量。[④]

2014年1月29日,国务院学位委员会和教育部联合发布了《博士硕士学位论文抽检办法》[学位(2014)5号](以下简称《抽检办法》)[⑤]。《抽检办法》规定,硕士学位论文抽检由各省级学位委员会组织实施,学位论文抽检每年进行一次,抽检范围为上一年度授予的学位论文,并规定硕士学位论文的抽检比例为5%左

---

① 本节内容原载于《学位与研究生教育》,具体参见:高耀,陈洪捷,沈文钦,李敏. 学术型硕士学位论文质量的学科差异——基于X省学位论文抽检结果的量化分析,《学位与研究生教育》,2017年第2期,第54-61页。

② 研究生教育质量报告编研组. 中国研究生教育质量年度报告(2015)[M]. 北京:中国科学技术出版社,2015:17-24.

③ 中国学位与研究生教育学会进展报告编写组. 中国研究生教育研究进展报告[M]. 北京:中国科学技术出版社,2015:57.

④ 中国学位与研究生教育发展年度报告课题组 全国学位与研究生教育中心. 中国学位与研究生教育发展年度报告(2014)[M]. 北京:高等教育出版社,2015:136-149.

⑤ 国务院学位委员会 教育部关于印发《博士硕士学位论文抽检办法》的通知[EB/OL]. http://www.moe.edu.cn/publicfiles/business/htmlfiles/moe/s7065/201403/165556.html

右。《抽检办法》出台以后,各省(自治区、直辖市)根据《抽检办法》,并结合地区实际情况,分别制订了各自省域内的硕士学位论文抽检办法或实施细则。各省(自治区、直辖市)出台的硕士学位论文抽检办法或实施细则中,对硕士学位论文抽检目标与原则、抽检数量与方式、通讯评议和复议、组织实施、论文评议结果的使用等方面进行了详细规定。

本部分基于 X 省 2014 年硕士学位论文抽检结果数据,对学术型硕士学位论文质量的学科差异进行实证分析,从总体质量和分项质量两个维度对学术型硕士学位论文质量进行总体研判,并在此基础上提出提升学术型硕士学位论文质量的几点政策建议。

一、评议要素与分析策略

X 省确立的学术型硕士学位论文抽检评议要素具体包含三个一级指标和七个二级指标,每个指标均设置不同的权重,且按照"优、良、中、差"四个等级进行打分,此外还包括专家的总体评价,按照"优秀、良好、合格及不合格"四个等级进行打分,具体如表 9-2 所示。

表 9-2　X 省学术型硕士学位论文抽检评议要素

一级指标 A (权重)	二级指标 B (权重)	评价等级			
		优	良	中	差
A1 选题与综述 (0.2)	B1 理论意义或应用价值(0.1)				
	B2 文献综述(0.1)				
A2 学术水平 (0.6)	B3 对基础理论和专门知识的掌握与运用 (0.2)				
	B4 创新性(0.2)				
	B5 研究工作量(0.2)				
A3 写作水平 (0.2)	B6 结构严谨性(0.1)				
	B7 写作规范性(0.1)				
总体评价	优秀	良好		合格		不合格

下面从学科差异的视角,基于 X 省 2014 年学术型硕士学位论文评阅结果数据,从总体质量和分项质量两个维度对硕士学位论文的质量差异进行量化研

究。其中,总体质量从合格学位论文与"存在问题学位论文"占比情况、抽检论文总体评价等级分布情况和抽检论文总体得分分布情况三个不同侧面进行反映,分项质量从二级指标专家评价等级分布情况和每个二级指标各自评价等级分布情况两个不同侧面进行反映,力求完整和准确地刻画出抽检论文的质量差异情况。

二、总体质量的学科差异

(一) 按学科门类划分的合格学位论文与存在问题学位论文占比情况

十二个学科门类中,哲学、法学、文学、历史学和农学五个学科门类的抽检论文均全部合格,其余学科门类按照合格率由高到低分别为工学、医学、理学、艺术学、管理学、经济学和教育学,其中,经济学和教育学存在问题论文所占比例均超过5%,具体见图9-8。

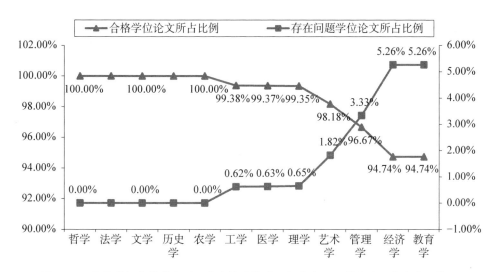

图9-8　分学科门类的学术型硕士合格学位论文与存在问题学位论文各自占比情况

(二) 按一级学科划分的存在问题学位论文占比情况

在对学科门类进行分析的基础上,继续对学科门类下各一级学科的存在问题学位论文占比情况进行分析。由图9-9可知,各一级学科按照存在问题学位论文占比由高到低排序,分别为地质学(14.29%)、美术学(8.33%)、体育学(8.33%)、应用经济学(6.90%)、教育学(5.26%)、环境科学与工程(5%)、管理科学与工程(4.76%)、公共管理(3.57%)、工商管理(3.23%)、信息与通信工程(2.7%)、药学(2.7%),除这些一级学科以外,其他一级学科的抽检论文合格率均为 100%。

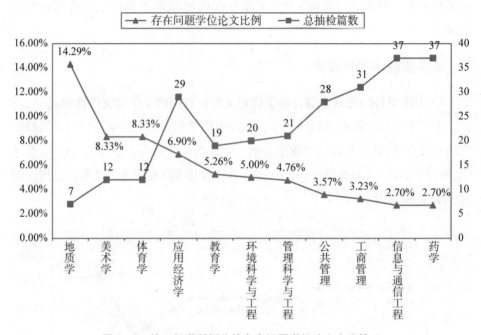

图 9-9　按一级学科划分的存在问题学位论文占比情况

(三) 学位论文总体评价等级分布情况

按照学科门类划分的学术型硕士学位论文总体评价等级分布情况见图 9-10。由图 9-10 可知,优秀率方面,自然科学类学科的整体表现要明显好于人文及社会学科,例如,农学和理学的优秀率均超过 20%,医学的优秀率接近 20%,而艺术学、法学、教育学、管理学的优秀率均不足 10%,经济学的优秀率仅为 5%左右。良好率方面,除经济学以外,其他所有学科门类的良好率均超过 50%,特别是哲学、历史学的良好率更是接近或超过了 70%。不合格率方面,自然科学类学科的不合格率均介于 1%~3%之间,例如,理学、工学、农学、医学的不合格率分别为 1.08%、2.06%、2.72%和 1.68%;而人文和社会科学学科当中,经济学、教育学及艺术学等学科门类的不合格比例相对而言较高,分别为 7.02%、7.89%和 4.24%。

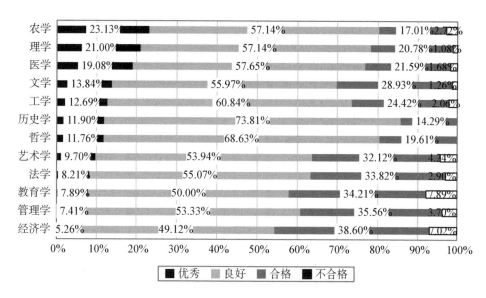

图 9-10　分学科门类的学术型硕士学位论文总体评价等级分布情况

（四）学位论文总体得分分布情况

在总体等级划分的基础上，按照优秀＝4、良好＝3、一般＝2、不合格＝1 的原则分别进行赋值，并在此基础上计算各学科门类总体评价等级平均值，具体计算结果见图 9-11。从该图中可知，总体样本评价平均值为 2.833，这表明总体样本评价等级非常接近于"良好"这一级别。2014 年 X 省硕士抽检论文总体得分由高到低分别为农学、理学、历史学、医学、哲学、工学、文学、艺术学、法学、管理学、教育学和经济学，其中，农学、理学、历史学、医学、哲学、工学 6 个学科门类的总体得分平均值均高于总体样本得分平均值（2.833），而文学、艺术学、法学、管理学、教育学和经济学 6 个学科门类的总体得分平均值则均低于总体样本得分平均值。

三、分项质量的学科差异

（一）二级指标专家评价等级分布情况

按照优秀＝4、良好＝3、中等＝2、较差＝1 的原则分别进行赋值，并在此基础上分别计算总体论文在各分项指标上的总体样本平均得分，具体计算结果见

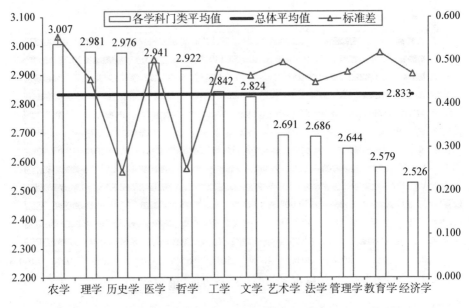

图9-11　分学科门类的学术型硕士学位论文抽检总体得分分布情况

图9-12。由图9-12可知,在七个二级指标中,得分由高到低分别为选题意义
与研究价值(3.206)、基础知识(2.973)、论文工作量(2.92)、写作规范性
(2.877)、结构严谨性(2.872)、文献综述(2.824)和创新性(2.698)。这表明 X

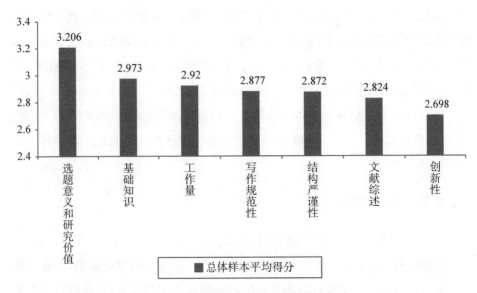

图9-12　总体抽检论文二级指标平均得分

省 2014 年学术型硕士学位论文在选题意义和研究价值方面的整体表现为"良好"等级,在学位论文中体现出的对于基础知识的掌握程度、研究工作量的饱满程度、写作规范性、结构严谨性及文献综述等方面的整体表现也均非常接近"良好"这一等级,论文创新性方面的整体表现则介于"中等"和"良好"等级之间。

　　在总体抽检论文二级指标平均得分的基础上,继续对分学科门类的总体抽检论文二级指标专家评价等级得分情况进行分析。从图 9 - 13 中可知,按照学科门类划分,选题意义与研究价值得分均值在除历史学之外的其他所有学科门类中均最高,而论文创新性在除医学之外的其他所有学科门类中均最低,其他二级指标得分均值居中。这再次表明,X 省 2014 年总体抽检硕士学位论文选题均具有很好的选题意义和研究价值,且对本学科领域内学术动态有较好的了解和把握,论文结构严谨性较好,工作量较为饱满,写作规范性也较好,但是论文的创新性程度总体表现要略逊于其他二级指标上的总体表现。

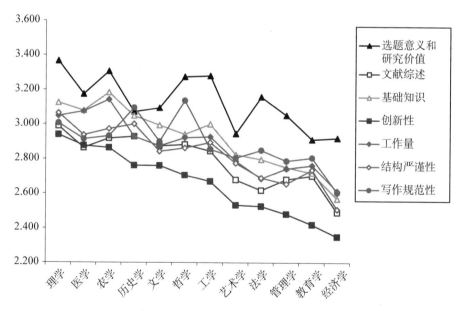

图 9 - 13　分学科门类的总体抽检论文二级指标专家评价等级分布情况

(二) 各二级指标专家评价等级具体分布情况

1. 选题意义和应用价值

从选题意义和研究价值的总体评价等级分布情况来看,优秀率方面,理学、工学、农学和医学等自然科学类学科的优秀率均在 30％以上，人文社会科学相关学科中，只有哲学的优秀率超过 30％，而经济学的优秀率最低，不足 15％，其他学科优秀率均介于 20％～30％之间。良好率方面，自然科学类和人文社会科学类差异不是非常明显，良好率均介于 50％～60％之间。而在一般率和较差率方面，自然科学类学科的整体表现要明显优于人文社会科学类学科，具体见图 9－14。

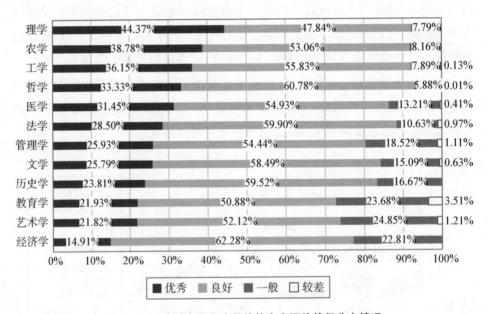

图 9－14　选题意义和应用价值专家评价等级分布情况

2. 文献综述

从文献综述的总体评价等级分布情况来看，优秀率方面，历史学、理学和农学均超过 20％，而艺术学和经济学则低于 10％，其他学科门类介于 10％～20％之间。良好率方面，各学科门类差异不大，均介于 40％～60％之间。而在较差率方面，艺术学和经济学的比例较高，接近 10％，其他学科门类较差率在 5％左右，具体见图 9－15。

3. 基础理论和专业知识

从基础理论和专业知识的总体评价等级分布情况来看，优秀率方面，农学比例最高，超过 30％，其次依次为理学、医学、文学及工学，而教育学和经济学的优

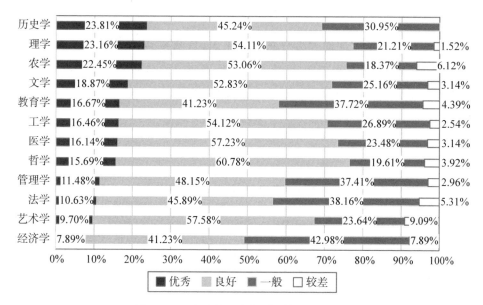

图 9-15　文献综述专家评价等级分布情况

秀率比例较低,不足 10%。良好率方面,各学科门类均介于 40%～60% 之间。而在较差率方面,教育学和经济学的比例较高,分别为 6% 和 4% 左右,其他学科门类较差率则低于 4%,具体见图 9-16。

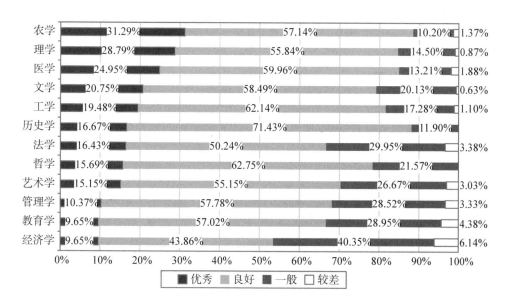

图 9-16　基础理论与专业知识专家评价等级分布情况

4. 创新性

从创新性的总体评价等级分布情况来看,优秀率由高到低的学科分别为理学、医学、农学、文学、工学、哲学、艺术学、历史学、经济学、法学、教育学和管理学。而较差率比较高的学科有经济学(8.77%)、法学(8.70%)、教育学(7.02%)和管理学(6.67%),这些学科的较差率均超过5%。具体见图9-17。

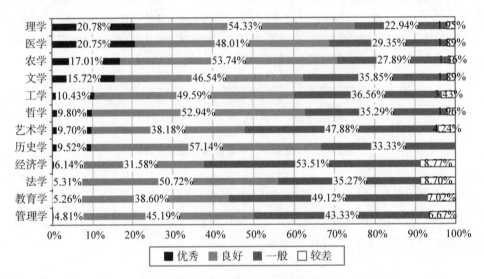

图9-17　创新性专家评价等级分布情况

5. 研究工作量

从研究工作量的总体评价等级分布情况来看,自然科学类学科的优秀率明显高于人文社会科学类学科,而人文社会科学类学科的较差率则要略高于自然科学类学科,具体见图9-18。

6. 结构严谨性

从结构严谨性的总体评价等级分布情况来看,优秀率由高到低的学科分别为理学、农学、医学、历史学、工学、文学、艺术学、法学、哲学、教育学、管理学和经济学;而在较差率方面,经济学最高,超过10%,法学其次,为7.25%,其他学科较差率均在5%以下。具体见图9-19。

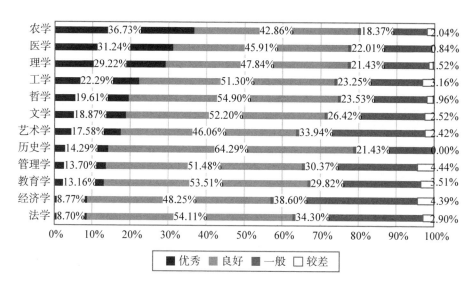

图 9-18　研究工作量专家评价等级分布情况

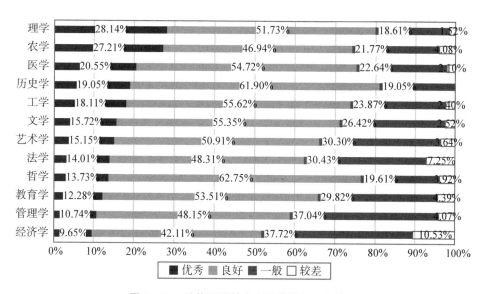

图 9-19　结构严谨性专家评价等级分布情况

7. 论文规范性

从论文规范性的总体评价等级分布情况来看,优秀率超过 20％的学科有农学、理学、哲学和文学,优秀率在 15％以下的学科包括经济学和管理学。而在较差率方面,经济学和艺术学的较差率较高,分别为 8.77% 和 5.45%,其他学科的较差率均在 5% 以下,具体见图 9-20。

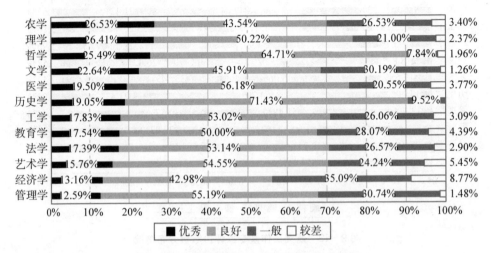

图 9-20 论文规范性专家评价等级分布情况

四、结论与建议

通过本节的分析可以得出如下基本发现:

第一,总体质量方面,按学科门类划分,2014 年 X 省学术型硕士学位论文抽检全部合格的学科有哲学、法学、文学、历史学和农学五个学科,其余学科合格率由高到低分别为工学、医学、理学、艺术学、管理学、经济学和教育学,其中经济学和教育学的存在问题学位论文比例均超过 5%。硕士抽检论文总体得分由高到低分别为农学、理学、历史学、医学、哲学、工学、文学、艺术学、法学、管理学、教育学和经济学,其中,农学、理学、历史学、医学、哲学、工学 6 个学科门类的总体得分平均值均高于总体样本得分平均值(2.833),而文学、艺术学、法学、管理学、教育学和经济学 6 个学科门类的总体得分平均值则均低于总体样本得分平均值。

第二,分项质量方面,在七个二级指标中,得分由高到低分别为选题意义与研究价值、基础知识、论文工作量、写作规范性、结构严谨性、文献综述和创新性,这表明 X 省 2014 年学术型硕士学位论文在选题意义和研究价值方面的整体表现在"良好"等级之上,在学位论文中体现出的对于基础知识的掌握程度、研究工作量的饱满程度、写作规范性、结构严谨性及文献综述等方面的整体表现也均非常接近"良好"这一等级,论文创新性方面的整体表现则介于"中等"和"良好"等级之间。

第三,分项质量学科差异分析结果显示,理学、工学和农学的选题意义和应用价值的优秀率最高,而经济学的选题意义和应用价值的优秀率最低;历史学、理学和农学等学科的文献综述优秀率最高,而艺术学和经济学的文献综述优秀率最低;农学、理学和医学等学科的基础理论和专业知识优秀率最高,而教育学和经济学的基础理论和专业知识优秀率最低;理学、医学和农学等学科的创新性优秀率最高,而法学、教育学和管理学等学科的创新性优秀率最低;农学、医学和理学等学科的研究工作量优秀率最高,而经济学和法学等学科的研究工作量优秀率最低;理学、农学等学科的结构严谨性优秀率最高,而管理学和经济学等学科的结构严谨性优秀率最低;农学、理学、哲学等学科的论文规范性优秀率最高,而艺术学、经济学及管理学等学科的论文规范性优秀率最低。

在上述研究发现的基础上,下面继续提出如下相关建议:

首先,继续完善学术型硕士学位论文抽检评议要素。评议要素是同行专家进行论文评审的重要决策依据,评议要素设计是否科学、完备,直接决定着论文评审质量的高低。对于学术型硕士学位论文而言,科学、合理、完备的论文评议要素究竟该包含哪些方面,各方面评议要素的科学、合理的权重设置是什么,值得继续进行探讨。X省目前制定的学术型硕士学位论文抽检评议要素总体来看较为全面、完备,在权重赋值上突出对硕士学位获得者学术水平的考察,但是该评议要素没有明显区别人文社会科学类学科和自然科学类学科的各自评议重点和评议要素差异,没有明显体现出学位论文评议的学科差异特色。因此,继续对学术型硕士学位论文抽检评议要素进行完善是未来抽检工作的重要方向之一。

其次,增加学位论文抽检复评环节。X省2014年学术型硕士学位论文抽检评议过程中,只进行了初评环节,而没有进行复评环节,导致无法对初评环节中只有一位专家评定为"不合格"的学位论文做出是否是"存在问题学位论文"的最终认定。《抽检办法》第八条中明确规定,3位专家中有1位专家评议意见为"不合格"的学位论文,将再送2位同行专家进行复评。2位复评专家中有1位以上(含1位)专家评议意见为"不合格"的学位论文,将认定为"存在问题学位论文"。这一规定有助于避免学位论文抽检评审过程中可能出现的"专家误判效应",应当严格按照《抽检办法》中规定的初评和复评相结合的办法实施评审。

最后,根据抽检反馈结果继续增强学位论文全过程指导。X 省 2014 年学术型硕士学位论文抽检结果显示,不同的学科门类在论文总体质量和分项质量表现方面存在差异。整体而言,自然科学类学科的表现要优于人文社会科学类学科表现。但不同的学科门类在七个具体二级指标上的表现也各具差异。因此,根据抽检反馈结果继续增强学位论文全过程指导,寻找不同学科学位论文中存在的不同薄弱环节进行针对性指导,是高校、导师和硕士生共同努力的方向。

第三节　学位论文状况的个体差异[①]

随着我国硕士研究生培养规模的逐步扩大,学术型硕士生的个体属性特征越来越趋于多元化,比如学位攻读者的年龄差异凸显,攻读类型多样,入学方式各异,学位论文类型多元,论文选题来源广泛,这些个体属性特征方面的差异对学术型硕士学位论文的质量是否有显著影响?不同年龄、不同攻读类型、不同入学方式、不同学位类型及不同论文选题来源的学位论文,其质量可能存在哪些差异性?这些个体属性特征可能导致的学位论文质量差异对我国学术型硕士生的培养又会有何启示意义?这些问题是政府、培养单位及导师均非常关注的焦点问题。本研究将基于 2014 年全国学术型硕士学位论文抽检专家评阅意见大样本、权威性基础数据,从个体属性特征的视角对我国学术型硕士学位论文质量进行实证研究,期望为保障和提升学术型硕士学位论文质量提供数据支持和决策参考。

一、年龄差异

本次硕士学位论文分析样本中,作者的年龄分布跨度较大,年龄最小者仅21 岁,年龄最大者达 60 岁。从作者年龄段分布数量来看,25~28 岁之间的抽检论文数量分别达到 3 370 篇、4 899 篇、3 053 篇和 1 297 篇,这个年龄段获得硕士

---

① 本节内容原载于《学位与研究生教育》,具体参见:高耀、陈洪捷、沈文钦、杨佳乐. 全国学术型硕士学位论文质量差异研究——基于个体特征的视角.《中国高教研究》,2017 年第 10 期,第 51-56 页。

学位占总体抽检分析样本的比例达到 79.65%，而 21~23 岁和大于 33 岁的抽检论文作者的样本量占总体抽检论文的比例均不足 1%。从数量分布情况来看，合格论文数与"存在问题论文"数量的年龄分布情况与总体抽检论文作者的年龄分布情况大体一致。从所占比例情况来看，由于样本量在各年龄段分布差异较大，合格论文和存在问题论文各自占比情况变化很大，无固定规律。但若仅从样本量分布最大的年龄段（25~28 岁）来看，合格论文比例呈现倒"U"型分布态势，27 岁的这一比例达到峰值，此后年龄越大，合格论文所占比例越低，具体见图 9-21。

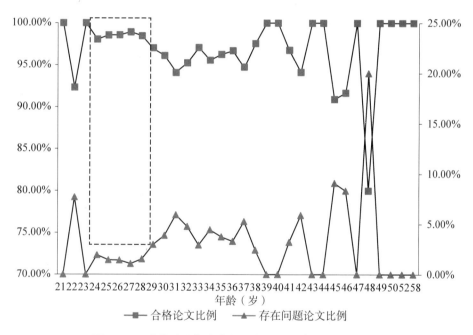

图 9-21　合格论文与存在问题论文占比情况的年龄差异

从年龄分布情况来看，抽检论文总体得分起伏变化较大，无特定的变化规律。作者得分最高的年龄为 21 岁（85.67 分），得分最低的年龄为 46 岁（72.75 分）。若仅从样本量分布最大的年龄段（25~28 岁）来看，呈现出随着年龄逐渐增大，总体得分逐渐变小的变化规律，但总体得分变化很小，仅从 25 岁的 81.79 分减小到 28 岁的 80.51 分，具体见图 9-22。

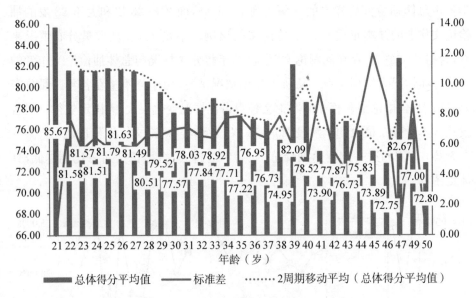

图 9-22　抽检论文总体得分情况的年龄差异

二、攻读类型差异

从论文作者攻读类型的数量分布来看,以攻读学历教育硕士学位者为主,这一群体的抽检论文总数达到 14 934 个,占总体样本的比例高达 94.26%,同等学力人员申请硕士学位的抽检样本为 909 个,仅占总体样本比例的 5.74%。统计结果表明,学历教育硕士学位论文样本的合格论文比例(98.47%)高于同等学力人员申请硕士学位论文样本的合格比例(94.83%)近 4 个百分点,相应地,同等学力人员申请硕士学位论文样本的"存在问题论文"比例(5.17%)也明显高于学历教育硕士学位论文样本的这一比例(1.53%)。学历教育硕士学位论文的总体得分平均值(81.40 分)明显高于同等学力人员申请硕士学位论文的总体得分均值(76.07 分),且学历教育硕士学位论文样本得分均值之间的差异(标准差为6.08)要小于同等学力人员申请硕士学位论文样本得分均值之间的差异(标准差为 6.89)。学历教育硕士学位论文样本得分均值略高于总体样本得分均值(81.07 分),而同等学力人员申请硕士学位论文样本得分均值则明显低于总体样本得分均值,这表明学历教育硕士学位获得者的论文质量要明显优于同等学力人员申请硕士学位获得者的论文质量。

　　从论文专家评阅意见的评价等级分布情况来看,学历教育硕士学位论文整体表现要明显好于同等学力人员申请硕士学位论文样本,具体表现为:学历教育硕士学位论文的优秀率(16.98％)和良好率(61.27％)均明显高于同等学力人员的优秀率(7.95％)和良好率(53.99％),而同等学力人员的一般率(32.63％)和不合格率(5.42％)均明显高于学历教育硕士学位获得者的一般率(19.48％)和不合格率(2.26％),具体见图9-23。

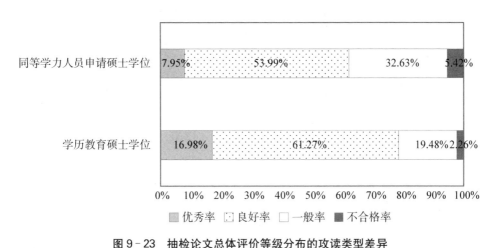

图9-23　抽检论文总体评价等级分布的攻读类型差异

三、入学方式差异

　　从论文作者入学方式的数量分布来看,以考研学生群体为主,这一群体占总体样本的比例高达80.24％。此外,推免学生群体和同等学力学生群体抽检论文总数占总体抽样样本的比例分别为13.33％和5.74％。

　　按照不同的考试方式划分,合格学位论文占总体抽检论文比例由高到低分别为推免学生(99.05％)、考研学生(98.43％)、同等学力学生(94.83％)和其他学生(92.66％),相应地,"存在问题学位论文"比例占总体抽检论文比例由高到低分别为其他学生(7.34％)、同等学力学生(5.17％)、考研学生(1.57％)和推免学生(0.95％),见图9-24。这表明,按照考试方式划分,推免学生的学位论文质量最高,其次为考研学生,而同等学力学生和其他学生的学位论文质量则明显低于前两个学生群体。

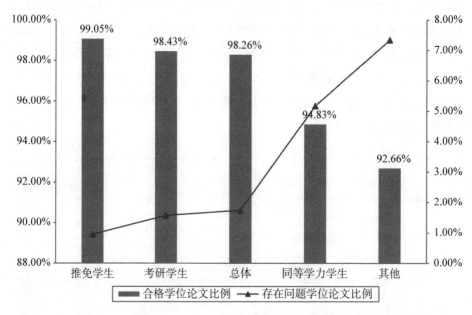

图 9-24　合格学位论文与存在问题学位论文占比情况的考试方式差异

从论文总体得分情况来看，由高到低分别为推免学生（82.98 分）、考研学生（81.12 分）、其他学生（78.79 分）和同等学力学生（76.07 分），且推免学生（标准差为 5.71）和考研学生（标准差为 6.07）样本得分之间的差异要小于其他学生（标准差为 7.69）和同等学力学生（标准差为 6.89）样本得分之间的差异。推免学生样本和考研学生样本得分均值略高于总体样本得分均值（81.07 分），而其他学生样本和同等学力学生样本得分均值则明显低于总体样本得分均值，具体见图 9-25。

从专家评阅意见的评价等级分布情况来看，推免学生和考研学生论文整体表现要明显好于同等学力学生和其他学生，具体表现为：推免学生、考研学生的优秀率（分别为 21.94% 和 16.19%）和良好率（分别为 60.76% 和 61.42%）明显高于其他学生、同等学力学生的优秀率（分别为 12.09% 和 7.95%）和良好率（分别为 55.75% 和 53.99%），而其他学生、同等学力学生的一般率（分别为 21.94% 和 16.19%）和不合格率（分别为 25.37% 和 32.63%）则明显高于推免学生群体、考研学生群体的一般率（分别为 15.82% 和 20.05%）和不合格率（分别为 1.48% 和 2.35%），具体见图 9-26。

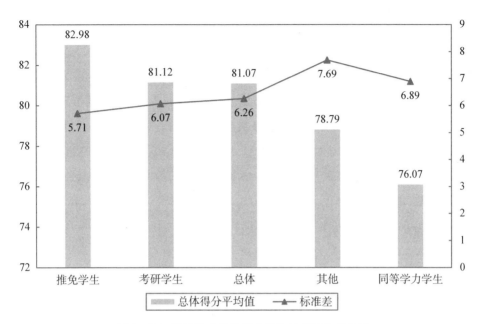

图 9‐25　学位论文总体得分均值的考试方式差异

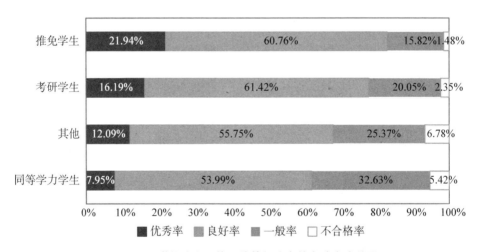

图 9‐26　学位论文总体评价等级分布的考试方式差异

四、论文类型差异

从数量分布来看,以基础研究和应用研究为主,这两类抽检论文总数分别为 7 692 篇和 5 914 篇,占总体分析论文的比例分别达到 48.55% 和 37.33%,综合研究和其他类型的论文占总体分析论文的比例分别为 9.75% 和 4.37%。

从合格论文与"存在问题论文"占比的类型差异来看,合格论文比例由高到低分别为基础研究(98.41%)、应用研究(98.26%)、综合研究(98.12%)及其他(96.97%),相应地,"存在问题论文"比例由低到高分别为基础研究(1.59%)、应用研究(1.74%)、综合研究(1.88%)及其他(3.03%),这表明,按论文类型划分,基础研究、应用研究、综合研究和其他研究类论文的质量并无明显差异。

从不同类型论文总体得分情况来看,由高到低分别为基础研究(81.66 分)、应用研究(80.61 分)、其他研究(80.60 分)和综合研究(80.56 分),且基础研究(标准差为 6.18)和应用(标准差为 6.13)样本得分之间的差异要小于综合研究(标准差为 6.53)和其他研究(标准差为 6.98)样本得分之间的差异。与总体样本得分均值相比,只有基础研究论文样本得分均值略高于总体样本得分均值(81.07分),应用研究、综合研究和其他研究样本得分均值均低于总体样本得分均值。

从不同类型论文专家评阅意见的评价等级分布情况来看,优秀率由高到低分别为基础研究(18.80%)、其他研究(16.02%)、综合研究(14.66%)和应用研究(13.69%),良好率由高到低分别为应用研究(62.09%)、综合研究(60.63%)、基础研究(60.16%)和其他研究(59.61%),而一般率和不合格率由高到低分别为其他研究、综合研究、应用研究和基础研究。综合来看,基础研究类论文的质量最高,其他三类论文质量差异并不明显,具体见图 9 - 27。

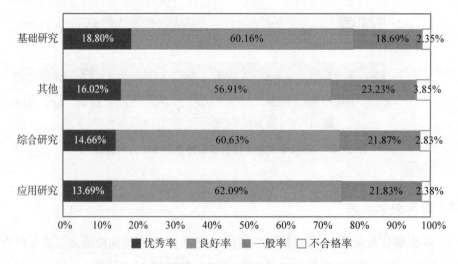

图 9 - 27　分析样本总体评价等级分布的论文类型差异

五、选题来源差异

从选题来源类型的数量分布来看,其他类型最多,占总体抽检样本的比例为38.04%,国防项目类型最少,占总体抽检样本的比例仅为0.41%。在有项目资助的学位论文中,来源于国家自然科学基金资助的学位论文数量最多,其次分别为学校自选项目、省(自治区、直辖市)项目、企事业单位委托项目、"973"和"863"项目及其他项目。

从合格论文与"存在问题论文"占比的论文选题来源类型差异来看,合格论文比例由高到低分别为国际及港澳台合作项目(100%)、国防项目(100%)、国家自然科学基金项目(99.66%)、中央及国家各部门项目(99.30%)、国家社科规划基金项目(99.29%)、"973"和"863"项目(99.28%)、省(自治区、直辖市)项目(99.27%)、教育部人文社会科学研究项目(99.12%)、企事业单位委托项目(97.86%)、非立项(97.76%)、其他(97.76%)和学校自选项目(97.51%)。总体而言,除学校自选项目资助的学位论文以外,有项目资助的学位论文合格比例要高于没有项目资助学位论文的合格比例,特别是国际及国家级项目资助的论文,其合格比例更高。这表明,依托项目和课题的学位论文,其质量相对而言要更高。

从不同选题来源抽检论文总体得分情况来看,整体而言,除学校自选项目论文以外,有项目资助的学位论文总体得分要明显高于没有项目资助的学位论文总体得分,且项目的级别和重要性越高,其论文的总体得分也越高。具体而言,抽检论文总体得分均值由高到低分别为国家自然科学基金项目(84.25分)、"973"和"863"项目(83.88分)、国防项目(83.51分)、国家社科规划基金项目(82.98分)、中央和国家各部门项目(82.88分)、省(自治区、直辖市)项目(81.79分)、教育部人文社会科学研究项目(81.66分)、国际及港澳台合作项目(81.23分)、企事业单位委托项目(80.96分)、非立项(80.34分)、其他(80.03分)和学校自选项目(79.76分)。

从论文专家评阅意见的评价等级分布情况来看,总体而言,呈现出与总体得分大体一致的分布规律,即有项目资助的学位论文评价等级分布表现要明显好于没有项目资助的学位论文总体评价等级分布表现,且项目的级别和重要性越高,其论文的总体评价等级分布表现也越好。具体而言,此处仅选取优秀率为代表性指标进行分析,优秀率由高到低分别为国家自然科学基金项目(27.14%)、国防项目(24.28%)、"973"/"863"项目(23.34%)、国际及港澳台合作项目(21.93%)、中央和国家各部门项目(21.83%)、教育部人文社会科学研究项目(19.35%)、国家社科规划基金项目(18.44%)、省(自治区、直辖市)项目(16.76%)、企事业单位委托项目(14.69%)、非立项(14%)、其他(13.11%)及学校自选项目(12.66%)。值得注意的是,在所有论文选题来源类型中,学校自选项目的学位论文整体表现一般,表明学校自选项目的质量亟待提升,具体见图9-28。

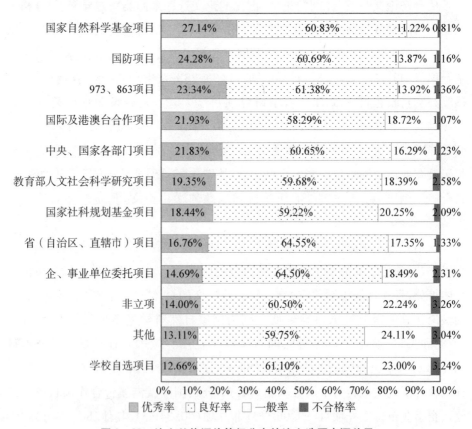

图9-28　论文总体评价等级分布的论文选题来源差异

六、总结与讨论

第一,按照年龄差异划分,近八成的抽检论文作者年龄在25～28岁之间,在这个年龄段之间,合格论文比例大体呈现倒"U"型分布态势。经过进一步的分析可以发现,在抽检量所占比例最大的25～28岁之间的学术硕士学位获得者群体中,大部分均是本科毕业后直接攻读硕士学位的学生,相比有过工作经验的年龄较大的学生群体,他们有着本科基础较为扎实、学术思维较为活跃、年龄较小等优势,因而在硕士毕业论文撰写质量方面也有着相对不错的表现。因此在未来的硕士生培养方面,应采取更加灵活多样的招生录取办法或方式,鼓励更多更有学术发展潜力和学术热情的本科生群体攻读学术型硕士学位,为我国的科学研究培养更多有发展潜力的"后备力量"。

第二,按照攻读类型划分,学历教育硕士学位获得者的论文质量明显优于同等学力人员申请硕士学位获得者的论文质量。学历教育硕士学位指含通过推荐免试、全国统考和学校单考等考试形式入学后获得学术型硕士学位者,这部分学生群体目前是我国攻读学术型硕士学位的主体,相比较在职攻读硕士学位的同等学力人员而言,学历教育硕士生具有基础扎实、学习认真、能够全身心投入科学研究且有充分的时间保证等多方面优势。未来在学术型硕士学位论文质量保障方面,培养单位、学科点及导师更应重视对同等学力硕士学位申请者的培养,敦促其严格落实培养方案规定的各个培养环节,并做好选题、开题、撰写、答辩等各个环节的指导工作,确保同等学力硕士学位申请者的学位论文质量能够达到或超越学术型硕士学位授予的基本标准。

第三,按照考试方式划分,推免学生的学位论文质量最高,其次为考研学生,而同等学力学生和其他学生的学位论文质量则明显低于前两个学生群体。在高校本科毕业生群体中,能够获得推免资格的保研学生一般都名列前茅,这部分学生一般也是各重点高校努力争取的优质生源。郭丛斌等人基于北京高校学生发展研究生调查数据的研究结果显示,保研学生的硕士成绩排名显著高于考研学生,而考研学生发表论文数明显高于保研学生。[①] 学术型硕士生的培养,优质的生源固然非常重要,但学生入学以后的精心培养则更为关键。如何进一步调动学生从事学术研究的兴趣和热情,如何在课程教学、科学研究、实习实践等诸多培养环节中激发学生的学术潜力,如何增强导师与学生、同伴之间学术互动的频

---

① 郭丛斌,闵维方,刘钊.保研学生与考研学生教育产出的比较分析——以北京高校硕士研究生为例[J].教育研究,2015(3).

率与效果,是培养单位和导师必须重视的核心问题。

第四,按论文类型划分,基础研究、应用研究、综合研究和其他研究类论文的质量并无明显差异。这一研究发现表明,学位论文的质量与论文研究的类型并无直接关系,而更多的是取决于不同的学科性质、学科文化及学科研究传统,无论论文选题是属于基础研究、应用研究抑或综合研究范畴,均可以做出有学术价值的研究成果。随着知识生产新模式的凸显,创新性的研究成果更多地出现在学科交叉和跨学科的研究领域,因此,学术型硕士学位论文应选择有重要理论价值或应用价值的选题进行研究,而不必拘泥于论文具体的类型划分。

第五,依托项目和课题的学位论文,其质量相对而言更高,且依托的项目和课题级别越高,其学位论文质量相对而言也更高。这一研究发现的启示意义是,对硕士研究生的培养需要依托一定的科研项目或课题,特别是在社会科学和自然科学领域尤为如此。依托导师课题组研究项目(特别是一些国家重点科研项目),可以直接将硕士生带入学科科研的前沿,有助于减少学生自主探索选题所带来的不确定风险,因有资金、团队、研究条件等多方面的保障,更有利于产出高水平的研究成果。需要注意的是,依托导师项目的选题,应是基于项目某一方面的拓展或深化的细致研究,应体现出硕士生本人的具体工作量和边际研究贡献,避免出现知识产权纠纷及学术不端等问题。

第四节　工学硕士学位论文状况①

一、总体状况

1. 合格论文与"存在问题论文"各自占比情况

2014 年,工学门类学术硕士学位论文抽检的整体合格率为 99.02%,比同年度全部学术硕士学位论文抽检的平均合格率 98.24% 高出 0.78 个百分点②,比

---

① 本节内容原载于《研究生教育研究》,具体参见:高耀,陈洪捷,沈文钦. 工学门类学术硕士学位论文质量的学科差异——以 2014 年全国硕士论文抽检数据为例,《研究生教育研究》,2017 年第 1 期,第 28 - 34 页。

② 全国硕士学位论文质量年度报告课题组. 全国硕士学位论文质量年度报告(2014)(内部报告)

同年度博士学位论文抽检的平均合格率95.37%高出3.65个百分点①。工学硕士学位论文合格率在12个学科门类中②仅次于农学和理学,位列第三。由图9-29可知,工学门类下的一级学科中,兵器科学与技术、船舶与海洋工程等16个一级学科合格率全部为100%,控制科学与工程、动力工程及工程热物理等8个一级学科的合格率高于工学门类整体合格率(99.02%),城乡规划学、安全科学与工程等其余12个一级学科的合格率则低于工学门类整体合格率。

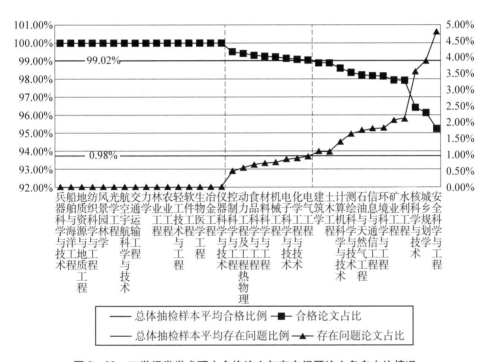

图9-29　工学门类学术硕士合格论文与存在问题论文各自占比情况

2. 抽检论文总体评价等级分布情况

2014年,工学门类下各一级学科的优秀率差异较大,从最低的7.14%(兵器科学与技术)跨度到最高的36.36%(核科学与技术)。除了风景园林学

① 2014年博士学位论文抽检工作结束[EB\OL].(2015-11-27). http://www.moe.edu.cn/s78/A22/moe_847/201511/t20151127_221409.html.

② 由于军队系统硕士学位论文抽检工作由中国人民解放军学位委员会单独组织进行,此处的学科门类并不包含军事学。

(11.11%)不合格率较高以外,其他一级学科不合格率均未超过5%,优秀率、良好率、一般率及不合格率的具体分布情况见图9-30。

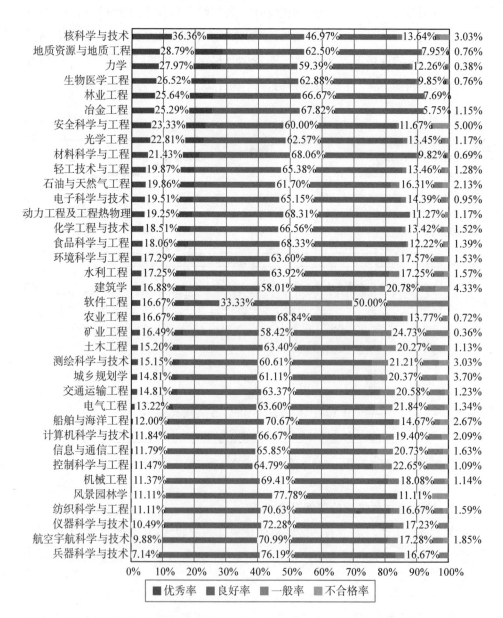

图9-30　工学门类学术硕士学位论文总体评价等级分布情况

3. 抽检论文总体得分情况

由图 9-31 可知,从整体表现来看,工学学科门类下各一级学科的总体得分均值为 82.50 分,高出总体样本得分均值 1.48 分,这表明,工学学科门类下各一级学科的硕士学位论文整体表现也要优于全部学科整体情况。具体而言,工学学科门类下,林业工程、地质资源与地质工程等 19 个一级学科的总体得分均值均在工学门类总体样本均值(82.50 分)以上,但城乡规划学、风景园林学等 16 个一级学科的总体得分均值均在总体样本均值以下。

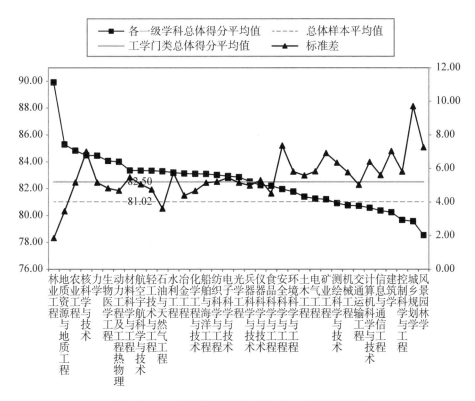

图 9-31 工学门类学术硕士学位论文总体得分情况

二、分项状况

分项质量是构成总体质量的重要基石,因此需要在总体质量分析的基础上,对硕士学位论文的分项质量进行系统和深入的研究。在衡量各个维度的分项质量时,按照研究需要,从经过赋值转换后的专家评审意见总体评价等级平均值方面进行分析和阐述,赋值依然按照优秀＝4、良好＝3、一般＝2、不合格＝1的原则进行。本部分首先对工学门类下总体抽检样本分项质量总体情况进行分析,然后分别介绍四个二级评价指标的分项质量情况。

1. 分项质量总体情况

工学门类下各一级学科在四个分项指标上的总体评价等级得分均值由高到低分别为选题与综述(3.21)、科研能力与基础知识(3.01)、论文规范性(2.96)和创新性及论文价值(2.81)。从专家等级评价均值大小可知,除风景园林学和软件工程两个一级学科以外,其他一级学科的选题与综述均在"良好"以上;而所有学科的创新性及论文价值均在"良好"以下,其中软件工程学科的创新性得分最低,评价等级仅为"一般",具体见图9-32。

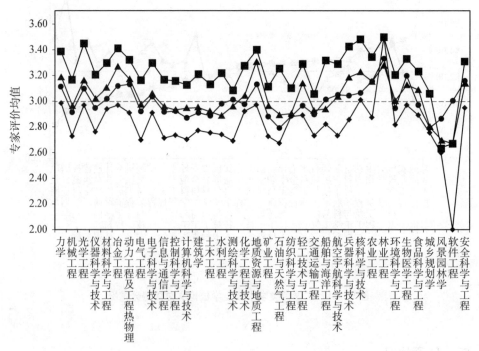

图9-32　工学门类下各一级学科分项质量总体情况

2. 选题与综述

从选题与综述上的评价等级得分分布情况来看,工学门类在该项指标上的平均得分(3.21)要高于全部抽检样本得分均值(3.15)。具体而言,林业工程、核科学与技术等 20 个一级学科得分在工学门类总体样本评价等级得分均值(3.21)以上,而软件工程、风景园林学等 14 个一级学科得分在总体样本评价等级得分均值以下,建筑学和仪器科学与技术在该项指标上的得分等于工学门类总体样本得分均值。大部分一级学科的评价等级均在"良好"以上,只有软件工程和风景园林学 2 个一级学科的评价等级在"良好"和"一般"之间,具体见图 9-33。

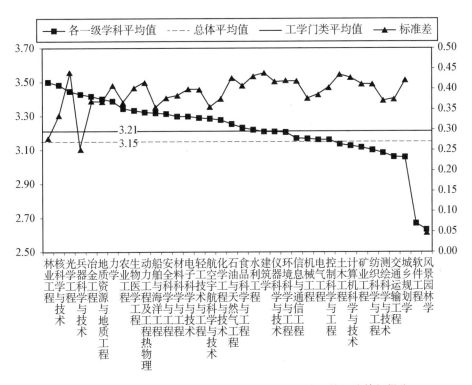

图 9-33 工学门类下各一级学科在选题与综述方面的评价等级得分

3. 创新性及论文价值

从创新性及论文价值上的评价等级得分分布情况来看,工学门类在该项指标上的平均得分(2.81)要高于全部抽检样本均值(2.76)。具体而言,有 19 个一级学科得分在工学门类总体样本评价等级得分均值(2.81)以上,有 17 个一级学科得分在总体样本评价等级得分均值以下。林业工程、核科学与技术两个一级学科的评价等级在"良好"以上，其他一级学科的评价等级在"良好"和"一般"之间，而软件工程的评价等级得分最低，仅为"一般"，具体见图9-34所示。

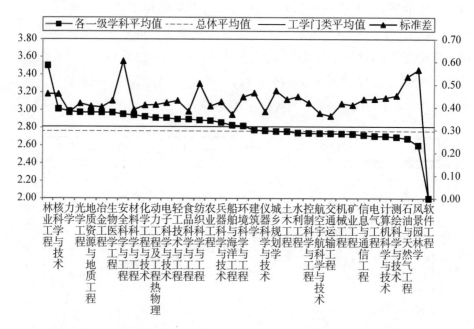

图 9-34　工学门类下各一级学科在创新性及论文价值方面的评价等级得分

4. 科研能力与基础知识

从科研能力与基础知识的评价等级得分分布情况来看，工学门类在该项指标上的平均得分(3.01)要高于全部抽检样本得分均值(2.94)。具体而言，地质资源与地质工程、林业工程等18个一级学科得分在工学门类总体样本评价等级得分均值(3.01)以上，而风景园林学、软件工程等18个一级学科得分在总体样本评价等级得分均值以下。大部分一级学科的评价等级均在"良好"以上，其他一级学科的评价等级在"良好"和"一般"之间，具体见图9-35。

5. 论文规范性

从论文规范性的评价等级得分分布情况来看，工学门类在该项指标上的平均得分(2.96)要高于全部抽检样本得分均值(2.93)。林业工程、生物医学工程等21个一级学科在该项指标上的得分均值在工学门类总体样本评价等级得分

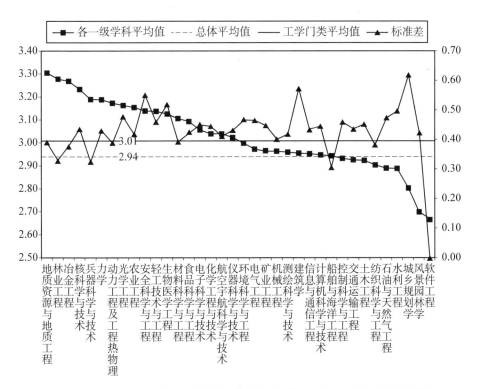

图 9-35　工学门类下各一级学科在科研能力与基础知识方面的评价等级得分

均值(2.96)以上,城乡规划学、石油与天然气工程等 15 个一级学科得分在工学门类总体样本评价等级得分均值以下,具体见图 9-36。

三、总结与讨论

本节对工学门类学术硕士学位论文质量的学科差异进行了量化研究,可以得出如下几点主要结论:

第一,工学门类学术硕士学位论文质量整体表现良好。具体表现为:工学门类抽检论文的整体合格率为 99.02%,比同年度全部学术硕士学位论文抽检的平均合格率高出 0.78 个百分点,该合格率在十二个学科门类中仅次于农学和理学,位列第三。工学门类下各一级学科的总体得分均值为 82.50 分,高出同年度全部抽检总体样本得分均值 1.48 分。

第二,工学门类下各一级学科在四个分项指标上的总体评价等级得分均值

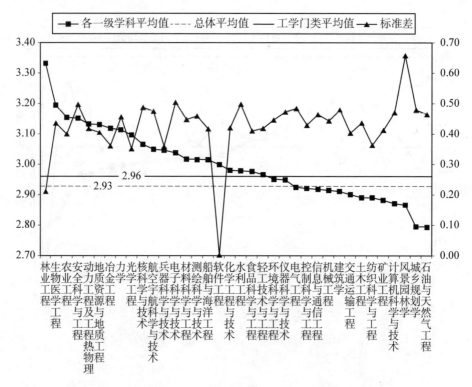

图9‐36   工学门类下各一级学科在论文规范性方面的评价等级得分

由高到低分别为选题与综述(3.21)、科研能力与基础知识(3.01)、论文规范性
(2.96)和创新性及论文价值(2.81),且工学门类在四个二级指标上的得分均值
均高于2014年全部学术硕士学位论文在这四个二级指标上的得分均值。

第三,工学门类下的各一级学科在总体质量和分项质量得分表现方面呈现
一定差异性。

工学门类在我国学术硕士培养和学位授予规模中所占比例最大,超过学术
硕士总体学位授予量的三分之一,如何保障和提升该群体学位论文的质量是政
府、高校及社会共同关注的热点问题。根据同行专家的评议意见开展定量研究,
得出的研究结论主要有如下三个方面的启示意义。

首先,学位论文的撰写是一项系统性工作,需要从结果保障转变为过程保
障,强化导师(组)的过程指导,严格把关学位论文的选题、开题、中检、预答辩、答
辩等关键性环节,尤其要加强工学硕士学位论文的写作规范性和创新性及论文

价值等方面的要求和指导,确保学位论文都能达到授予学位中对论文写作格式和内容新颖性等方面的标准和要求。

其次,工学门类学科点和导师可以根据本研究中所识别出的一级学科在总体质量和各维度分项质量差异的基础上开展针对性的质量提升工作,找准各自学科点的差距和劣势,从而寻求保障和提升硕士学位论文质量的关键点和突破口。

最后,学位授予单位可以根据本研究中的同行专家评议结果对各自单位内部的相关学科点硕士学位论文质量进行诊断性评估,并结合专家评审反馈意见进行本单位内部学位论文质量预警和监测,确保在下一轮硕士学位论文抽检中全部抽检样本都能通过论文抽检这一"底线评估"。

第五节 学位论文中的典型问题

在上述内容分析的基础上,本节继续对硕士学位论文中存在的典型问题展开分析。对 X 省"存在问题论文"文字评阅意见进行的分析采取了如下方法和步骤。首先按照人文社科和自然科学两大类进行类别划分,参考论文抽检通讯评议评价要素的划分标准,以语义分析的方法在各学科选取 3～5 篇评阅意见进行阅读,并提取有明确意义指向的词条或句子进行编码,将意义相近的词条或句子归为同一问题维度,纳入"选题与综述""创新性""科研能力和基础知识""论文规范性"四个一级问题维度之下,初步建立起一个问题维度的分类框架。

一、人文社科类

(一)选题方面

恰当的选题是一篇合格硕士学位论文必须具备的基本要求。一般而言,选题是否恰当可以从选题是否符合学位授予学科(或研究方向)研究范围的基本要求、选题是否具有重要的研究价值、选题大小是否适宜等不同层面进行综合判断。从评审专家文字评阅反馈意见来看,人文社科类硕士论文在选题方面存在的典型问题主要包括:

其一,选题偏离所申请学位的研究范畴。此类问题在人文社科类不合格硕士学位论文中非常典型。硕士学位论文是申请所在学科硕士学位的一个重要依据，从硕士学位论文的选题和研究中应该能基本判断出申请学位者对于所在学科基础和专业知识的掌握程度、使用严谨规范的研究方法对学科领域内重要问题进行独立研究的能力，但若作者选取一个不属于本学科领域内的选题进行研究，则无法对其是否具备上述能力进行综合判断。这类问题在经济学、管理学、艺术学等学科均存在，下面摘取一些典型的专家评阅意见对此类问题进行印证，例如：

论文的选题不合理，作为金融学专业的硕士研究生，本文的研究内容实际上常见于 MBA 或市场营销专业，论文的研究内容与金融学研究领域有较大距离。（应用经济学）

作者的选题聚焦于地方国有企业改革，严格意义上这是一个经济学、经济管理领域的选题，因此不属于行政管理专业范畴。作者虽然在文中交代采用监管者的视角或者在理论基础应用方面突出了某些公共管理理论，但是并不能消解这一议题的学科归属问题。（公共管理）

论文选题及写作内容与作者的专业要求不符合。从专业上来说，马克思主义理论学科，在一级学科上属于"马克思主义理论"，学科门类属于"法学"；而节俭理论则是经济学研究的一个核心问题，在一级学科上应该属于"理论经济学"，在学科门类上应该属于"经济学"。（马克思主义理论）

其二，论文选题范围过大。学位论文选题倡导"小题大做"，从一个微观角度着手，结合相关理论对所选的研究方向进行深入的分析、讨论。如若论文选题范围过大，超出论文作者的研究能力，那么作者只能就一些表面内容泛泛而谈，不能展开深入的研究，从而很难达到一篇合格的硕士学位论文的要求。例如，在下面的三篇硕士学位论文中，评审专家明确地指出论文选题太大，以致论文的研究深度不够。例如：

论文的选题总体上偏大，范围太广，倾向于宏观性分析，导致论文的研究内容很难深入，很多关键性内容仅仅是泛泛而谈，而且缺乏典型案例分析，论文研究的深度不够。（应用经济学）

本论文明显选题过大，作一篇博士论文似乎都显大，而硕士论文受字数限制，难以深入展开。（法学）

论文选题过于宏观，导致研究内容无法具体深入，且创新性不足；研究方法上过于简单，运用描述性的数据分析得出的结论无法令人信服。（应用经济学）

其三，研究问题不明确。硕士学位论文要求选题必须是研究特定的学术问题，因此必须对研究的问题与内容有清晰的阐释和界定，唯有在此基础上的研究才有深度，才能体现研究的价值。但在分析中发现，有多个专家在评审意见中明确指出论文的选题依据交代不清、针对的研究问题界定不明等问题。

该论文主要存在问题：选题依据交代不够清楚，没有阐明研究问题的来龙去脉……（体育学）

该论文选题立意不够清楚，虽然内容涉及面较广，但其课题研究的主导思路比较模糊和混乱。文章的标题和正文内容中一些概念的提出值得商榷，……，而文中对其的解释更是欠妥……（美术学）

选题在学位论文中具有极大重要性，一个好的选题不仅需要作者对专业领域内的现实问题有较为深刻的理解，而且要求作者应具备解决这些现实问题的专业知识和通用技能。克服和避免论文选题偏移的问题，不仅需要作者对本专业领域有着较为强烈的"现实关怀"和问题意识，熟练掌握本专业领域内的基本理论、专业知识和技能，而且需要校内外导师对选题进行严格把关，对选题的范围大小、难易程度与本专业领域的契合性及选题的可行性进行评判。在确定选题时，研究生与导师应进行充分的沟通交流。在论文开题时，评审专家需要对选题进行仔细把脉，并给出有针对性的修改建议。

（二）综述方面

学位论文要想有所突破、有所创新，首先必须明晰研究现状如何，既有研究都做出了哪些贡献，存在哪些不足，研究综述的主要目的就在于查漏补缺，避免低水平重复，发现研究空间，确定研究的突破口和创新之处，其重要性不言而喻。但专家们对研究综述质量的评价却普遍较低，认为部分专业硕士学位论文的研究综述"不能够把握本专业领域现状及发展情况"，"回顾梳理不完整不系统"。

规范的研究综述包括"述"和"评"两方面,既要有"述",更要有"评"。"述"存在的问题主要是缺乏条理,未按照主题分类,仅仅是个别文献的"简单堆砌",无法服务于研究问题。"评"存在的问题主要是所占篇幅比例严重不足,有些论文甚至根本没有"评"的内容。

通过对相关文献的广泛阅读、梳理和分析,可以更加详细地了解当前的学科发展现状以及国内外的研究动态,从而在对已有研究进行分析的基础之上发现自己研究的创新点。同时,在文献的选择方面更要侧重于专业核心类期刊或者经典性著作,体现研究的学术性、权威性。然而在分析中发现,有多位评审专家在意见中提到论文的参考文献数量不足、文献的参考性不强等问题。例如:

参考文献只有16篇,而且主要是教材和学位论文,没有相关研究论文作参考,文献格式也不规范。(应用经济学)

论文所引文献,以报刊、网页等为主,如何体现学术性和分析深度?(理论经济学)

文章所引文献整体水平不高,其参考性不强。全文参考文献总数只有20篇,而且有些还是统计年鉴,作为硕士论文,并没有建立在丰厚的文献研究和参阅借鉴基础之上,说明本文的研究基石不牢固。(应用经济学)

文献综述局限于文献的简单罗列,缺乏必要的讨论和分析以及最后的述评;国外研究现状,应该是国外学者就相关问题所进行的研究,而不是中国学者研究国外的相关问题。(体育学)

文献综述部分,没有真正意义上开展系统的文献检索、阅读和分析工作。仅罗列参考文献、没有进行适当评述;参考文献的代表性不足,更缺乏对国际相关理论文献的把握。在文献综述部分,采取类似于"教科书"的方式,将定义、特征等进行罗列。存在着比较明显的不足。(工商管理)

国外一手文献严重不足,而且评述性不到位;国内研究围绕一场论争展开,不符合综述写作的要求。文献综述是反思研究国内外研究所取得的成绩和存在的不足,而不是漫无边际地展开。(公共管理)

文献综述质量的好坏直接决定着论文研究起点的高低。文献综述能力是进行研究的基本功,必须加以严格训练。在进行文献综述时,以下五个问题值得注意。一是文献的主次。在搜寻和研读文献时需要注意区分主要文献和次要文献,对于与研究主题直接相关的主要文献要进行精读,寻找文献中在研究视角、设计、方法、材料及结论等不同方面可能存在的不足及研究空白点,并在后续研究中努力加以突破。而对于次要文献,只需做到一般性的泛读即可。二是文献的宽窄。文献阅读面的宽窄会影响研究的视野,此条看似虚渺,实则对研究的背景、意义和价值将产生深远的影响。三是文献的难易。在搜集和研读文献时,对质量高、难度大的文献需要仔细进行考辨,特别是对与研究主题直接相关的"重要文献"中的关键技术、方法、流程等进行仔细推敲,不能"避难就易"。四是文献的新旧。随着知识生产和文献更新速度的不断加快,新的文献层出不穷,因此需要研究者做到随时检索并了解与研究主题相关的最新文献的情况,做到"知己知彼"。五是文献的述评。述评的目的是"站在巨人的肩膀上",解决"从哪里出发"这一核心问题。文献述评质量的好坏更能直接体现出研究者的"功力",直接决定了作者论文研究质量的好坏。

(三) 内容与结构方面

论文的内容与结构是学位论文写作过程中的关键所在。通过对专家的评审意见分析发现,"存在问题"硕士学位论文在内容与结构方面主要存在以下问题:

其一,研究主题偏离。论文的研究主题偏离会导致论文内容的重点不突出,出现"文不对题"的现象。例如,在一篇应用经济学学位论文的评审意见中,专家明确指出:

主题不明确,研究内容和题目不符。"金融互联网产品"较丰富,不只是文中的"微信银行";银行零售业务还有很多,本论文涉及内容单一。(应用经济学)

同样,在另外一篇法学学位论文中也存在类似的问题:

论文题目与内容不匹配。文章题目的内涵界定不清晰。第一,既然是"生产销售伪劣产品罪",那何来"行政责任"? 又何来"行政责任与刑事责任的界分"? 第二,作者是否是要论述"生产销售伪劣产品的行为,承担行政责任还是承担刑事责任"? 在此,语焉不详! 第三,生产销售伪劣产品的行为,也应承担民事责任,例如,伪劣产品导致的人身损害赔偿等,文章对此论述缺失;第四,从副标题

"兼论该罪的销售金额"看,文章应紧紧围绕犯罪的构成来论述。(法学)

其二,核心概念界定不清。通过对核心概念的界定,研究者对于研究对象将有更深层次的理解,从而进一步聚焦研究内容。核心概念界定不清晰则会导致论文出现论述混乱、研究内容不明确等问题。例如,以下两位评审专家都在评审意见中提到了这一点:

标题中,关于"中产阶级"的提法存在问题。其实全文除了标题、主题词和关键词方面使用这一概念,在后面全文的分析中都使用了"中产阶层"一词。(应用经济学)

对核心概念"节俭"的涵义没有梳理,没有给出定义。节俭还可以从多个角度进行讨论,如经济学、哲学、社会学等。作者要从哪个角度来进行? 对节俭、节制、节欲这些概念之间的关联与差异没有进行明确的区分。(马克思主义理论)

核心概念是学位论文的立论之基,起提纲挈领之效。核心概念界定不清将会导致整篇论文始终游离于边缘而无法正中主旨,甚至南辕北辙,令评审者不知所云。首先,核心概念模糊问题表现为偷换概念。例如,论文原本研究的是某某"战略",但论述的实质却是某某"策略"。核心概念还包括学科专有词汇,在使用时更应留出专门章节予以明确阐释。其次,核心概念模糊问题表现为随意扩大或缩小核心概念范畴。题目中随意增加限定词是常见的造成核心概念模糊的原因之一。

澄清研究中的核心概念,对关键概念做清晰、明确的表达,框定概念边界、内涵及外延,是一项好的研究必须明确交代的"必要工作"。核心概念的澄清需要研究者不仅始终具备问题意识,而且应具备一定的抽象思维能力和归纳演绎能力。特别的,在定义一个核心概念的时候,不仅需要对核心概念有深入的理解,而且需要具备良好的表达能力——一方面要求自己理解,另一方面要求可以通过文字表述将意思清晰和完整地传递给读者。

其三,论文结构不严谨,逻辑不清晰。论文结构不严谨、缺乏逻辑是硕士学位论文写作中比较常见的一类问题,这说明作者的研究思路不清晰,对研究重点把握不够深刻。有多位专家在评审意见中提到这一点,例如:

　　文章结构有问题,第三章标题和写的内容不匹配,内容表达的只是资产证券化的一般原理,第四章为航空租赁资产证券化现状与存在的问题,但作者并没有针对航空租赁的特点讨论问题;另外对策建议应该完成全文研究后再写,不应该放在案例分析之中。(应用经济学)

　　……而且论文的结构安排不是十分合理。第二章应该是相关概念的界定及监管要求;第三章应该是国内外券商的相关经验与启示,但笔者目前第二章的内容有些跑题。论文的最后一章,应该是论文的不足与展望,而目前的结束语不是很妥当。笔者没有对 A 证券公司进行充分的横向比较,在提出的建议部分中,笔者把已经在做的和未来需要做的事情没有很好地划分清楚。(应用经济学)

　　结构严谨、思路清晰是一篇合格学位论文的首要准则。逻辑思路可分为顺序和层次两个维度,逻辑顺序指的是论文谋篇布局讲求一定的先后次序,一般按照"提出问题——分析问题——解决问题"的思路铺陈展开,行文切忌随意跳跃,不顾章法;逻辑层次指的是论文结构应详略得当,有主有次,逐层深入,步步递进。逻辑思路混乱的典型表现有二:其一,内容东拼西凑。例如,在一篇硕士论文中,作者一一列举了薪酬理论、培训理论和职业生涯规划理论,但仅仅是简单的阐述和介绍,并没有形成一个统一的理论分析框架,导致理论和调查部分完全割裂,理论沦为"零星和简单的装饰品"。其二,论文框架不合理。表现为各章节之间逻辑关系不清晰,结构松散甚至混乱。例如,专家在评审意见中明确指出:"论文框架结构不合理,思路较为混乱,章节安排混乱"。

　　为克服逻辑思路混乱的问题,需要研究生遵守"发现问题→分析问题→解决问题"的一般逻辑思路进行论文研究和写作,做到重点突出,主次分明,主题聚焦。思路混乱一方面是作者对研究的核心问题并未十分明确,另一方面则是作者的态度不端正,没有投入足够的时间和精力。

(四) 能力与基础方面

　　论文作者自身的科研能力和学科基础知识是影响学位论文质量的一个重要因素。通过对评审专家的意见进行总结、归纳,将人文社科类硕士学位论文在科研能力与基础知识方面存在的问题归为以下几类:

　　其一,理论分析程度不够。在研究过程中,针对研究发现进行相关的理论分

析是必不可少的一个环节,但有不少专家在评审意见中指出部分学位论文缺乏理论分析这一问题。例如:

没有较为像样的"理论分析"。没有运用相关基础理论或原理分析"金融互联网产品推广促进国内银行零售业务发展"的机理或路径等问题。论文的深度不够。(应用经济学)

文章的内容描述远远多于理性的学术分析,这不符合学术研究的基本路径和基本规范。况且,即便是照深度报道的问题要求与写作规范来看,这也不是一篇很合格的新闻报道作品。(新闻传播学)

其二,论证不充分,研究深度浅显。对研究问题进行全面、深入的分析论证是一篇合格的硕士学位论文的必要条件。相反,不能深层次地挖掘问题的关键所在,只停留在对现象的简单罗列阶段将会导致论文缺乏研究深度,甚至达不到硕士学位论文的基本要求。例如,在下面的两篇论文中,评审专家明确指出:

文章是一些资料的堆砌,几乎没有论证过程。文章出现的数个案例,案例之间没有关联,基本上没有与文章其他部分有机结合进行论证,有满足字数要求之嫌!(法学)

作者对应收账款的分析多基于定性分析,并没有很好地结合所选案例企业自身特点,其方案设计换一家企业也同样适用,因此研究的创新性较差。(工商管理)

其三,研究方法缺乏科学性。研究方法的运用是否科学、规范将会直接影响研究结果的说服力和可靠性,因此依据研究问题选择适当的研究方法是极为重要的一步。有不少专家在意见中提到研究方法存在缺陷、方法应用不当等问题。例如:

研究方法交代不清:从题目上看,本文应倾向于理论+实证研究,实证研究用调查法或者教学实验或者二者都用是较为理想的设计。文中问卷调查法没有说明是否做了信效度检验,更为严重的是问卷内容在文中体现不足或者没有体现（附录当中没有看到问卷）；有问卷调查一般应有数理统计的应用，文中没有呈现出来。即是完全开放性的问题，也应该有所交代。（体育学）

在实证分析方面，论文中进行多元回归分析所采用的数据并不满足大样本的要求；其次，论文的几个变量选择存在高度相关性，并且几个解释变量之间也高度相关，这必然导致研究结果存在严重的多重共线性，尽管估计的拟合优度达到 99%，但仍无法保证估计结构的无偏性，因为经费支出规模不仅涉及论文中所选择的 3 个变量，还与经费使用的效率高度相关，如果经费使用效率不高，经费支出规模还会扩大，但是论文并没有有效地处理这一问题，也忽略了这一重要变量；第三，论文用公式列出计量结果时，并没有按规范格式要求在公式下边列出相关检验值。第四，论文选择三个地区分别进行同样模型的对比分析，说服力不强，因为每个地区人口、经济总量、财力、案件发生率客观上存在差异，比较经费支出效率差异可能更有价值。第四，论文缺乏必要的稳健性检验。（应用经济学）

实证分析不规范。①同源数据缺少 CMV 的控制；②无关分析过多，如方差分析，有凑篇幅嫌疑；③实证结果汇报的表格不合一般惯例。（工商管理）

其四，学科基础知识薄弱。论文作者对相关学科领域专门知识的掌握程度会直接反映在论文的写作质量上，学科基础知识薄弱通常会导致论文的专业性不足，甚至出现一些低级错误等问题。例如：

……四是文章的专业性不强。政治学理论专业的论文应该要有政治学专业的研究问题、研究方法、研究思路、研究结论等等。从本文来看，作者的政治学专业概念和意识都很单薄，论文的专业水平严重不足。（政治学）

论文体现出作者对财政学、财政预算理论基础了解不深入，对财政学科及相关学科领域专门知识了解不系统。（应用经济学）

低级错误。如论文第 3 章开篇写道"总结以上文献，笔者将领导风格……，将其作为自变量，员工绩效作为因变量，工作满意度作为调节变量来进行研究"，工作满意度在文中是中介变量！图 3-1 和 3-2，论文概念模型图竟然画错了，这说明作者对于调节变量和中介变量的含义都不清楚，缺乏管理研究的一般常识！（工商管理）

论文体现出作者对金融学、证券市场理论基础了解不深入，对金融学科及相

关学科领域专门知识了解不系统。（应用经济学）

（五）态度与规范方面

论文规范性是一篇合格的硕士学位论文的基本要求，但同样也是最容易忽视的一个方面。在对评审专家的分析中发现，论文的规范性方面存在的问题突出表现在以下几点：

其一，语言表述欠规范。语言表达的规范性主要体现在语言的准确性和学术性方面，即在对研究内容进行表述时，要使用清晰、准确的学术性用语，避免论文的口语化现象。例如，不少专家在评审意见中明确指出：

全文语言不够规范。除了"借鉴"部分的相关内容，其他论文陈述过于口语化，未进行有效的"文字表述"处理。全文更像是银行内部培训讲话，而不是规范的学术论文。（应用经济学）

论文的语言表述不通顺，有很多文字错误、表达错误及句子语法错误等，很多时候读不懂作者想要表达什么意思，比如论文摘要的最后两段。（应用经济学）

其二，格式欠规范。格式规范是论文规范性的一个重要体现，可以在一定程度上反映出作者的写作态度和对论文的重视程度。通过对评审专家的意见进行分析发现，硕士学位论文中普遍存在错别字较多、目录和标注不规范等问题。例如：

论文格式很不规范，比如关键词写成了关键字，目录内容不全，图名位置放错；论文似乎不是最终版本，存在多处修改的痕迹，建议认真修改。（理论经济学）

论文的全文，特别是文献综述部分没有对相关引用的文献进行标注，使之与文后的参考文献一一对应，不符合硕士研究生学位论文的规范。（应用经济学）

摘要必须使用第三人称，这是常识，论文摘要多次出现"本文"，这不符合规范，另外摘要中没凝练论文主要成果而是罗列章节内容，这是不合适的。（管理科学与工程）

文章写法不规范。首先，作为研究论文，前言中应有的研究背景、意义、目的，研究综述、研究的主要内容，研究方法、理论基础等内容全无，使整个研究缺少根基。其次,为使文章章节之间顺理成章、过渡衔接自然,在各章节标题下应有关于本章节内容的提示性说明,本文缺少这一表现形式,故而文章各章之间过渡生硬。(新闻传播学)

其三,学术态度不端正。学术态度不端正是部分硕士学位论文存在问题的一个最本质原因,会直接影响到论文质量以及研究的可信度。例如,在评审意见中,有多位专家提到态度不认真、工作量不足等问题:

论文深度不够,简单粗糙,逻辑性欠佳,用心不够,甚至摘要、致谢都是应景敷衍之作。句子不通、用词不当等语法错误全文随处可见。(应用经济学)

论文整体体现出作者工作量不够饱满。(工商管理)

二、自然科学类

本部分的分析素材主要依据的是自然科学类硕士学位"存在问题学位论文"的专家文字评阅意见,对评阅意见进行分析和整理,从选题与综述、创新性与成果发表、科研能力与基础知识、规范性与严谨性四个方面展开分析。

(一) 选题与综述

论文选题在学位论文中具有极端重要性,一个好的选题不仅要具有理论意义与实用价值,也要具有新意。基于评审专家文字评阅反馈意见来看,自然科学类"存在问题硕士学位论文"在选题方面存在的典型问题主要包括:

第一,选题价值不大。即选题的意义不大,为研究而研究,缺乏理论意义、应用价值。具有研究价值是一篇学位论文的基本要求,但通过分析专家的评审意见可以发现,有部分"存在问题"硕士学位论文中出现这一问题。例如以下几点具有代表性的评审意见:

论文从理论和实用角度看,意义不大,有为研究而研究的目的。控制变量法研究是对的,但要分别控制变量和分别研究影响因素才行,仅研究桩间距变化无参考价值。如本案基坑从坑顶至坑底共架设四道钢支撑,他们的变化就会影响桩间距。(土木工程)

　　首先论文的选题或题目不太恰当。单从字面上来看,本论文就是一个具体基坑工程支护方案的优化研究。这样的题目作为本科生的毕业设计,应该说是可以的,但不足以作为硕士研究生的论文题目。硕士学位论文还是要求有一定的理论深度,或者一定的学术前沿。本文没有对基坑支护理论,或者计算方法有创新或贡献,对于工程的实际参考价值不大。(土木工程)

　　第二,论文选题缺乏新意。论文选题,需要有新意,即有区别于同类研究的不同之处。唯有在此基础上的研究才能更体现研究的价值。但在分析中发现,有多个专家明确指出论文的选题新颖性不足。例如:

　　论文选题有应用背景和实用价值,但创新方面略有不足。论文展现出作者有一定研发能力,掌握了一定专业知识,但论文写作和课题完成度方面有欠缺。(电子科学与技术)

　　第三,文献综述失范。学位论文是硕士生在读期间所受学术训练最为集中的体现,而对既有文献研究进行系统综述是学术训练中十分重要的一环,加之自然科学类学科的研究特别看重知识的累积性,因而需要重点关注论文中的文献综述质量。文献综述方面的问题主要表现在文献的充足性、前沿性不足。

　　研究综述不仅要明晰研究现状如何,前人做了哪些贡献,存在哪些不足,也要找到突破口与空白点,避免低水平重复。文献综述的撰写,直接影响到论文的整体质量水平,自然科学类学科在文献综述方面的问题主要表现在文献的充足性、前沿性不足。

　　充足性不足表现在参考的文献数量不足,导致无法全面了解国内外研究现状,论文仅仅是文献的简单堆砌和低水平的重复。比如,专家在评语中写道:

　　作为一篇硕士学位论文,文中的参考文献显得偏少。(物理学)

　　第一章国内外研究现状部分对目前超声测试系统的现状作了一定的介绍,但是此部分内容很单薄,调研还不够,应该重点调研国内外关于这方面的研究进展。(仪器科学与技术)

　　国内外研究进展中,1.3.1 国外相关研究不是研究进展,而是简单介绍了国外几个国家海绵城市建设一些措施。而国内研究仅仅是文献堆积,且文献梳理数量不充分。综合来看,国内外研究进展相对薄弱,没有很好地梳理国内外与海绵城市相关的研究文献。(城乡规划学)

国内外研究现状过于简单,缺乏深入的总结分析,没有从中凝练出前人研究的不足以及该文主要关注的科学问题。(土木工程)

前沿性不足说的是文献过于陈旧,文献查新不够。由于文献更新速度较快,需要研究者不断了解最新文献的情况。在多篇评审意见中,专家都指出了这一问题,例如以下两点:

相关研究文献有很多,可是作者对国内外研究现状的调研却十分不过关。调研的参考文献全都是十年前的,有的甚至是二十年前的,对于一个近年来一直热门的方向而言,十年前的那不叫研究现状,叫研究历史。应调研近十年,近五年,以及近两年的相关研究,并展现出和相关研究的不同,也就是本文的创新点。(计算机科学与技术)

作者阅读了中外文献资料,阐述了本课题研究的背景及意义,综述了国内外的研究现状,但参考文献有些陈旧。(仪器科学与技术)

参考文献近三年的文献偏少,特别是外文文献最近的一篇也是 2017 年的,建议适当增加。另外,25 篇参考文献是否偏少? 是否达到标准?(仪器科学与技术)

(二) 创新与成果

研究生教育是实施创新驱动发展战略和建设创新型国家的核心要素,是科技第一生产力、人才第一资源和创新第一动力的重要结合点,也是强大的国家创新体系的重要组成部分。《学位与研究生教育发展"十三五"规划》中也明确强调要"加强学术学位研究生创新能力的培养"。学位论文作为研究生教育阶段的重要产出,理应体现出一定的创新性。

论文的创新性体现在内容、视角、方法、研究成果、结论等多个方面。就论文结论而言,主要体现在研究结论不可靠,研究成果价值很低。很多"存在问题硕士学位论文"缺乏创新性,没有在本学科领域作出创新性的研究成果,节选专家评语摘录如下：

本论文总体未达到硕士学术水平。RFID 作为信息化管理的基础应用技术，全文关于 RFID 在服饰产品的防伪溯源中应用的创新性研究严重不足，未体现服饰产品应用 RFID 的特点和创新性。（纺织科学与工程）

论文研究较浅，内容方法无新意。（土木工程）

本文的结论较弱，没有普遍的参考价值，理论意义和学术价值欠缺。（土木工程）

论文也没有取得一定研究成果。该论文也缺乏创新性。（动力工程及工程热物理）

论文作为科研项目，虽然有实用价值，但其中少有可创新的内容，至少在论文中没有体现出来，论文创新点不清晰。（仪器科学与技术）

a. 技术上明显表现创新性不足，无法看清区块链技术在会计行业应用上的显著作用；b. 只以"电子发票为例"无法表现会计行业所涉及的应用范畴。（计算机科学与技术）

创新性不够。由于未做较充分的实地调研和案例分析，论文基本上没有发现重要的现实问题，所作的"解析"，只是对国内外若干商业场所的介绍及城市空间相关知识的资料堆积，导致观点、结论较为空泛、浅显。（城乡规划学）

(三) 能力与基础

第一，分析问题、解决问题的能力不足。主要包括：概念界定不清。概念界定既不能随意扩大或缩小，也不能偷换概念，否则会导致研究重点不清晰、文不对题；论述不严谨、推理不充分，无法建立有力的论证基础；研究缺乏深度，仅停留在表面研究，没有对深层次的问题进行探析。自然科学类"存在问题硕士学位论文"主要体现在这三个方面。评审专家的代表性文字评阅意见如下：

关于研究范畴界定问题：作者对论文中"游客行为""休闲农业园"两个核心概念界定不清楚。就"游客行为"而言，文中出现了"游客心理""游客动机"等，它们之间究竟是什么关系，令人费解；文中的"休闲农业园"究竟是指哪类？调研的案例都是休闲农业园吗？可见论文的研究目标不明确，重点不清楚。（风景园林学）

第五章没有介绍任何实质性的测试，摘要中描述的高可靠、低功耗、高精度

的控制器,没有得到实验证明。(电子科学与技术)

在一篇风景园林学的论文中,专家明确指出论文缺乏深度。

研究缺乏应有的逻辑与深度。一是在第四章中,虽然该生声称对有代表性的 13 座园子进行了调查,但在对 4 个研究样本的实际分析中,该生并没有按照自己在第三章中"3.2 规划设计原则"和"3.3 规划设计内容"所提出的内容进行逐一分析,致使前面的理论研究与后面的案例研究相互脱节。而且,对 4 个样本的分析,一律都是空洞的叙述,没有对各级道路的宽度进行测量,没有对功能布局和规模大小进行分析,也没有对地形地貌的营造和景观等方面的内容进行定性与定量的分析。(风景园林学)

第二,论文架构不合理。表现为各个章节之间联系不紧密、没有一个清晰的框架统领,逻辑混乱。论文的脉络框架对写一篇规范的学术论文十分重要,但很多问题论文存在论文架构不合理问题,下面摘取一些典型专家评阅意见:

论文结构上的不足:一是建议将第二、三章进行精简合并,许多内容属于基本常识的知识,没有必要在自己论文中重复;二是应将第二章中的"2.1.3 北京休闲农业园""休闲农业国内外研究现状"和"游客行为国外研究现状"放在第一章绪论中,此外,"休闲农业发展意义"(应为发展休闲农业的意义)也应放在绪论中阐释;三是每一章的后面都缺少小结。(风景园林学)

在一篇城乡规划学的论文中,专家也明确指出论文结构不合理,存在拼凑痕迹,章节间联系不紧密,缺乏逻辑性。

第 2 章中的 4 个理论——田园城市理论、低影响开发理论、绿色基础设施理论、可持续发展理论在论文第 3 章和第 4 章均没有体现出来,属于"为了理论而理论"的论文"装饰"行文,从框架结构来看属于"两张皮"现象,缺乏逻辑性;在 2.2 案例借鉴这部分内容中,仅仅介绍案例,没有深入归纳总结这些案例的优缺点,以及为本文实证研究提供哪些启示,如果仅仅是罗列案例介绍,则失去了在

论文中的意义,缺乏逻辑性。综上,本章内容在本文整体框架体系中是孤立的,与其他章节缺乏逻辑关系。(城乡规划学)

第三,学科知识的扎实性不足。研究生教育与本科教育有很大不同,本科教育的学科知识体现在教材学习,而研究生教育侧重于学术研究的潜力及专业知识的综合性。掌握扎实的学科知识是研究生培养的基本要求,但在不少"存在问题学位论文"中,专家明确指出学科基础知识薄弱,例如:

对学科知识掌握不够牢固,未就服装和 RFID 之间的关系进行详细分析、阐述和论证,研究深度和宽度严重不足。(纺织科学与工程)

作为学术学位硕士论文,理论分析与探讨,尤其是专业方面的力度很不够,如国内外动态、国内外案例、调研项目等不能是简单的事实或现象罗列。(风景园林学)

论文体现的理论基础不扎实,部分章节内容与题目脱节,通篇为清真寺概况罗列,缺少分析、解决相关实际问题的专业能力,研究深度不够。(风景园林学)

本论文在试验一部分的数据处理不正确,直接影响论文的结论。可见该生对学科的基础知识掌握欠佳。(中医学)

第四,研究方法不恰当。研究方法取决于研究问题,适切的研究方法是进行研究的有效手段,"存在问题学位论文"多是随意罗列研究方法,但文中并没有运用;此外还表现为研究方法不新颖、样本量不足、数据不够真实等。例如下面几条评审意见:

研究方法上存在不足。一是在"休闲农业国外研究现状"一节中,撰写的内容与研究毫无关系,只是一般的发展情况陈述;二是相关案例选择不当,文中所选的日本和中国台湾、北京的园子无论是在内容、性质和规模多方面上差距太大,不具可比性,且除了一般性的概况性简介之外,并未对三个园子进行针对规划设计方面的专业分析;三是在研究对象的选择上,尽管该生声称调查了 13 个园子,但实际介绍的却仅有 4 个(其他调查的成果或资料没有显示),相比较数量众多的农业园而言,研究的样本数量实在过少,而且所做的调查既没有实际场地的测量(各种功能区的用地百分比),也缺少具体"三生"资源种类、数量等方面的调查;四是对 4 个研究样本的问卷调查数量过少,仅从 4 个样本中选了一个实施,且数量仅有 200 份,以这样一个问卷数量的分析,让人质疑是否能够代表或者真实反映各类休闲农业园的情况。一个园子的景观要素、景观类型、娱乐项目、休闲方式、设计的艺术表现手法,通常无法具有足够的典型性和代表性。(风景园林学)

论文所涉及的基础理论与专业知识较少,没有最新的理论知识、研究方法。(动力工程及工程热物理)

作为校准,应该给出基准值。本文采用与 GPS 比对的方法进行校准,却没有给出 GPS 自身的测量精度数据,因此校准数据的精度无法评判,只能定性分析。(物理学)

(四) 规范性与严谨性

规范性与严谨性是论文质量最基本的保证,其不仅体现个人的能力,同时也关乎学术态度是否端正。通过分析专家评审意见发现,自然科学类硕士学位论文在规范性与严谨性方面存在五大突出问题。

第一,格式不规范。论文格式规范是对一名硕士研究生最基本的要求,论文格式规范直接影响论文的质量。通过分析专家的评审意见发现,格式不规范主要体现在文章排版不规范、图表或公式不规范、目录不规范、章节不规范等。例如,在一篇计算机硕士学位论文中,存在较多格式不规范问题:

从论文所做的工作看,作者具有一定的科研工作能力。但论文结构和排版上的问题较多,需要作较大修改,重新送专家评审。不足之处和建议:

1. 参考文献必须在正文中注明引用位置

2. 插图的编号不应该是整篇论文从图 1,图 2 统一编号,而是按章分类编号

3. 每章最后应该有个"本章小结",第一章和最后一章除外

4. 第一章最后应该有一节"本文章节安排",介绍下面每一章的要点

5. 插图、表也应该有个目录

6. 最关键的是,看不出来该论文有没有具体实现了"电子发票"相关的区块链系统,或者只仅仅是做了一点研究?(计算机科学与技术)

　　自然科学类硕士学位论文中图表或公式不规范比较常见,典型评语如下:

　　论文图 2.3、图 3.23、图 4.2 等中英文不匹配;图 4.13 等中,中英文混用;图 3.24、图 3.26、图 4.7 软件界面中英文混用;图 4.9 流程图不规范。(仪器科学与技术)

　　图 2.1 字过小;图 3.2 字看不清,左下角有不明元件,原理图如图 3.6 有背景颜色和网格;图 3.12 中 R21 的作用是什么? 放在图中的元件要有分析,否则要删除掉;R11 若是 0 欧姆,怎么保证 PI\DI 电路隔离的?(电子科学与技术)

　　公式写作中符号混用:比如,角频率和权系数均用 W 表示。(物理学)

　　图片与图注排版不规范。例:第 2 页图 1.1,英文图注跨行至下一页;第 13 页图 2.4,英文图注未居中;第 15 页图 2.5,图片未居中;第 20 页图 2.8,英文图注跨行至下一页;第 27 页图 2.12,英文图注未居中并且不必要换行;第 35 页图 3.2,图片未居中,等等。(物理学)

　　在一篇纺织专业学位论文中,专家也指出了格式不规范问题:

　　论文格式不规范,如许多段落文字没有两端对齐(p17‑22),有的标题后面加冒号(p4),有的首行没有缩进两个字符(p10),有的在三级目录下用单括号编号(p5),有的却用双括号(p14)编号,有的在段末出现两个句号(p10)。英文摘要有许多语法错误,有的地方语句不通顺,参考文献格式不规范。论文总体上质量较差。(纺织科学与工程)

　　第二,摘要撰写不规范。摘要不是对各章节的描述与介绍,而是对整个硕士论文的凝练与精华。写好摘要是研究生写作必须具备的基本功。但自然科学类“存在问题硕士学位论文”在摘要撰写方面存在各种问题,下面摘取一些典型专家评阅意见:

　　摘要中提到的“FLAC3D 有限元数值模型”表达有误,FLAC3D 不是有限元方法,需要修改完善。(土木工程)

论文展现出作者有一定研发能力，掌握了一定的专业知识，但论文写作方面和课题完成度方面有欠缺。具体举例如下：

1. 摘要中大量介绍水资源问题，和论文研究关系不大，应集中讨论机井灌溉控制器设计的意义和国内外进展；

2. 摘要前、第二章前、第三章前、第四章前存在空白页；12页底部空行太多。（电子科学与技术）

摘要部分针对的问题一定要明确。另外，在介绍研究内容时一定要注意段落之间的逻辑关系一定要清晰，突出所做工作的亮点。（仪器科学与技术）

写作上：a. 摘要是全文工作内容的凝练，不是对各章节内容的描述；b. 目录中缺少中英文摘要；目录页码不对，导致第1章不是从第1页开始。（计算机科学与技术）

第三，语言表达不规范。论文语言的规范性，体现在语言表述是否畅通、清晰、简洁，是否具有学术性，学术性是硕士学位论文核心的要求。但通过分析专家的评阅意见发现，自然科学类"存在问题硕士学位论文"中普遍存在语言表达不清晰、写作不简洁、学术性不强、错别字等问题。下面举几个代表性的例子进行说明：

论文结论部分写作不规范，篇幅过多，应该精炼，直接写出研究结论，而不是掺杂了研究过程的结果。（风景园林学）

论文写作规范性差，语句繁琐，语义不清，逻辑性不强。有很多的规范性错误，例如，中英文单位混用，标点符号的使用，等等。（物理学）

文章出现大量的"我们"，在论文的写作时尽量不用第一人称。（仪器科学与技术）

文字组织缺乏推敲。如在"1.1.1.2城市发展背景"中出现工业废气、汽车尾气与水生态有关系的观点，工业废气、汽车尾气与水生态有关系吗？如果有，也应该阐述出来，这么简单一列是难以体现学术研究的科学性的。（城乡规划学）

第四，引证格式不规范。自然科学类"存在问题硕士学位论文"中多存在引证不规范问题，包括引用文献没有标注来源、对所引用的文献，标注出处时缺少期刊顺序号及页码、参考文献没有编号、参考文献的罗列不规范等。典型评语如下：

文献引用不规范，没有编号，也没有对典型的文献进行较好地归纳总结，这样就不清楚本文的研究是基于前人的什么成果，与其他研究有何异同，为何需要研究。（土木工程）

参考文献没有编号，参考文献引用情况无法看到；国内的研究现状写得太少，深度不够，主要研究内容对所研究的问题提炼不够。（土木工程）

参考文献不规范，部分期刊论文没有页码。（计算机科学与技术）

第五，学术态度和行为不端正。学术态度是影响论文质量的重要因素，通过分析发现，"存在问题学位论文"较多存在作者学术态度不端正、学风不严谨、实质性工作量明显不足问题，甚至涉嫌学位论文抄袭。比如下面的学位论文中，明显体现作者学术态度与行为不端正。

第三章只是介绍监测方案，并未做研究性的工作；第四章分析内容太少，分析深度不够。（土木工程）

论文写作不够严谨，存在明显失误。比如"分量"，文中却用了"分力"。摘要中"而"应该是"从而"，等等。（物理学）

论文存在以下一些问题：①论文研究的内容不多，深度不够，创新性不足，且论文整体篇幅过短，工作量明显不够；②论文中存在整段内容直接抄袭LABVIEW 用户帮助手册并刻意修改的情况。（仪器科学与技术）

这是我看到的最短的致谢！从这方面可以看出论文写得很随意。（仪器科学与技术）

第六节　本章小结

通过本章的分析可以得出如下基本结论：

首先,从学位论文评阅整体情况来看,学术型硕士学位论文质量总体上非常有保障。以 X 省为例,按学科门类划分,硕士学位论文合格率由高到低依次为农学、理学、工学、医学、历史学、法学、哲学、管理学、文学、教育学、经济学和艺术学,这表明,自然科学类学术学位硕士论文总体质量要优于人文社科类学术学位总体质量。分项质量方面,评价等级得分均值由高到低分别为选题与综述、科研能力与基础知识、论文规范性、创新性及论文价值,且不同学科在分项维度指标上的表现存在差异性。

其次,从学位论文的个体特征差异来看,按照攻读类型划分,学历教育硕士学位获得者的论文质量明显优于同等学力人员申请硕士学位获得者的论文质量;按照考试方式划分,推免学生的学位论文质量最高,其次为考研学生,而同等学力学生和其他学生的学位论文质量则明显低于前两个学生群体;按论文类型划分,基础研究、应用研究、综合研究和其他研究类论文的质量并无明显差异;依托项目和课题的学位论文,其质量相对而言更高,且依托的项目和课题级别越高,其学位论文质量也相对而言要更高。

再次,人文社科类硕士论文存在的问题主要体现在选题与综述、内容与结构、能力与基础、规范性四个主要方面。具体而言,在选题与综述维度上存在的问题表现为论文选题偏离、论文选题范围过大、参考文献数量不足或缺乏权威性、文献综述"述而不评"等四个方面;在内容与结构上存在的主要问题表现为研究主题偏离、核心概念界定不清、论文结构不严谨和逻辑混乱、论文创新性和价值性不足等方面;在能力与基础维度上存在的主要问题表现为理论分析不足、研究深度浅显、研究方法缺乏科学性、学科基础知识薄弱等方面;在规范性维度上存在的主要问题表现为语言表述欠规范、格式欠规范、学术态度不端正等方面。

最后,自然科学类硕士论文存在的问题主要体现在选题与综述、创新性与成果发表、科研能力与基础知识、规范性与严谨性四个主要方面。具体而言,在选题与综述维度上存在的问题表现为选题价值不大、缺乏新意、文献综述失范等方面;在创新性与成果发表维度上存在的问题表现为研究结论不可靠、研究成果价值很低两个方面;在能力与基础维度上存在的问题表现为分析问题和解决问题的能力不足、论文架构不合理、学科基础知识不扎实性、研究方法不恰当等方面;在规范性与严谨性维度上存在的问题表现为格式不规范、摘要撰写不规范、语言表述不规范、引证不规范、学术态度和行为不端正等方面。

第十章
学术型硕士生的初次就业状况

在国家"双一流"建设重大宏观战略决策部署下,我国研究生教育改革正在从外延式发展向内涵式发展转变[1],主动服务多样化需求和全面提高教育质量成为未来研究生教育改革中最核心和最紧迫的任务。作为教育质量的核心指标之一,研究生就业状况越来越成为社会各界关注的焦点,实现更高质量和更充分的就业也是国家在顶层设计中提出的重要目标。中国经济进入"新常态"后,受到经济增长方式转变和产业转型升级的影响,劳动力吸纳能力有所降低,高校毕业生就业形势严峻,而硕士生夹在本科生和博士生之间,其就业面临"三重劣势":与本科生相比待遇要求高、年龄劣势在增加;与博士生相比,理论知识积累不足,社会资源缺乏;部分院校硕士生教育定位模糊,培养方案与社会需求存在脱节。[2] 相关研究报告显示,相对于本科生和博士生而言,硕士毕业生感受到的就业压力最大。[3] 随着对研究生就业问题的日益深入,学术界对就业问题的关注逐渐由就业机会转变到更为重要的就业质量内涵方面。从发达国家就业政策的演变趋势可知,只注重追求就业率单一目标已远远不够,提升劳动者就业质量已变得越来越重要。[4] 硕士研究生是重要的人力资源和科技生产力,也是国家实施创新驱动发展战略和建设创新型国家的关键要素,提升硕士研究生就业质量对

① 中国学位与研究生教育发展年度报告课题组/全国学位与研究生教育数据中心. 中国学位与研究生教育发展年度报告(2015)[M]. 北京:高等教育出版社,2016:9.

② 程子龙,管建涛. 硕士生为何沦为就业"夹心层"[N]. 新华每日电讯,2010-1-18(7).

③ 中国社会科学网. 2015年中国大学生就业压力调查报告[EB/OL]. (2015-6-15)http://www.cssn. cn/zt/zt_xkzt/gxzt/jzxl/byjzxlsdfz/byjzxlsdfzljwz/201506/t20150615_2034182. shtml.

④ 翁杰,周必彧,韩翼祥. 中国大学毕业生就业稳定性的变迁[J]. 中国人口科学,2008(2):33-41.

增进整个国家劳动力市场的知识存量和智力资本,促进我国经济社会持续健康发展具有十分重要的意义;对个人而言,硕士生教育也成为增强毕业生劳动力市场竞争力、实现社会流动的重要途径。因此,硕士生就业质量具有重要的研究价值。

我国硕士生培养主要分为学术型硕士和专业型硕士两种类型。近年来,随着国家加快硕士生分类培养改革的步伐,我国学术型硕士和专业型硕士在招生规模和毕业生规模上已逐步接近,但专业型硕士更加侧重实践能力和应用能力的培养,其就业质量的影响因素更为复杂多元,不仅和学术型硕士缺乏可比性,而且即使是不同类型的专业型硕士之间是否可比也有待商榷。同时,受研究时间和研究精力所限,也由于研究兴趣点的不同,本章以学术型硕士生作为研究对象,期望对这一群体的初次就业状况及其影响因素进行专门探讨和分析。

第一节 研究概述

根据美国劳动统计署(Bureau of Labor Statistics,BLS)的预测,到 2020年,需要研究生学位作为准入门槛的职业数目将大幅增长,其中博士或专业学位的增幅为 20%,硕士学位的增幅将达到 22%。[1] 因此,国外高度重视开展对研究生就业状况的跟踪调查。在美国,由教育部发布的《教育状况》报告(*The Condition of Education*)统计了不同学历层次毕业生的年收入差异及就业率差异情况。[2] 在澳大利亚,国家职业协会长期牵头开展研究生毕业去向调查和薪资调查,自 2016 年起该国对此项全国性系列调查进行了调整,整合为《毕业生结果调查》(*Graduate Outcomes Survey*,GOS)。这一调查由澳大利亚教育和训练部(The Australian Government Department of Education and Training)资助,由社会科研中心(Social Research Centre)主导,详细呈现了研究生的就业率、就业领域和薪资水平。[3] 在英国,该国高等教育统计局(Higher Education

① Sommers D, Franklin J C. Overview of projections to 2020 [J]. Monthly Labor Review, 2012, 135 (1):3 - 20.

② NCES. The Condition of Education [EB/OL]. https://nces.ed.gov/programs/coe/.

③ QILT. Graduate Employment [EB/OL]. https://www.qilt.edu.au/about-this-site/graduate-employment.

Statistics Agency，HESA)也于 2017 年启动毕业生结果调查,旨在为反映英国高等教育部门和毕业生劳动力市场的最新变化提供丰富翔实的数据资料。[1]

国内对硕士生就业问题的研究主要集中在硕士生迁移就业行为、迁移就业收益及迁移就业对工作满意度的影响、硕士生就业中的性别差异、硕士生求职行为与求职结果的关系、硕士毕业生就业状况、硕士生就业状况的影响因素等方面。李锋亮和何光喜的研究认为,硕士生的迁移就业行为受到以高预期工资为代表的"拉力"和以高保留工资为代表的"推力"的双重影响,[2]但迁移就业并未对硕士生带来显著正向的收益。[3] 此外,迁移就业可以显著提高硕士毕业生非经济性方面的工作满意度,但并不能显著提高他们经济性方面的工作满意度。[4] 杨钋和史祎美利用北京大学"全国高校毕业生就业调查数据"研究发现,男性和女性毕业生的求职策略和行动随时间日益分化,但求职过程中的性别差异尚未完全转化为就业质量的性别差异。[5] 张天舒和杜言敏的研究认为,学校资源是硕士生使用最多的求职资源;求职行为时间开始越早,学校社会资源使用越多,越有利于硕士生实现就业。[6] 高耀等人基于 2014 届 75 所教育部直属高校毕业生就业质量年度报告的分析发现,硕士生就业行业与所在院校及专业类型之间呈现显著相关性,且在就业地域上呈现出明显的"属地就业"特征。[7]

从硕士生就业状况的影响因素来看,既有研究考察了人力资本、社会资本和个体因素,环境因素以及先赋性和后致性因素,生师比与选课自主度等培养因素对硕士生就业的影响。代表性的研究有:王丽丽以武汉市两所高校硕士生的调研数据为例进行的实证研究发现,专业成绩、英语等级及口语水平、计算机证书等人力资本会影响硕士生的就业意向、就业态度和就业结果,而父母的教育程度等社会资本对就业状况并没有显著影响;在个体因素中,性别对就业状况的影响

[1] HESA. Graduate Outcomes [EB/OL]. https://www.hesa.ac.uk/innovation/outcomes.

[2] 李锋亮,何光喜. "拉力"与"推力":硕士毕业生迁移就业的双重驱动[J]. 高等教育研究,2011(4):25-29.

[3] 李锋亮,赵延东,郭紫墨. 对硕士毕业生迁移就业收益的实证研究[J]. 高等工程教育研究,2010(3):60-65.

[4] 李锋亮,陈鑫磊,何光喜. 硕士毕业生的迁移就业与工作满意度[J]. 人口与经济,2011(6):34-61.

[5] 杨钋,史祎美. 硕士生求职就业中的性别差异研究[J]. 教育发展研究,2013(3):62-68.

[6] 张天舒,杜言敏. 硕士毕业生求职行为与就业结果关系分析[J]. 学位与研究生教育,2012(5):34-38.

[7] 高耀,刘晓,易艳霞. 中国硕士毕业生就业状况——基于 2014 届 75 所教育部直属高校的量化分析[J]. 研究生教育研究,2016(3):12-19.

显著,男性的就业优势明显。① 刘进和苏永建统计了某教育部直属高校 20 年来的教育学科硕士生的就业数据,证实硕士生招生培养的历史环境和市场环境变化影响着毕业生就业结果,该研究将性别、年龄、民族、政治面貌等个人信息,以及前置学校层次、前置学位学科专业等信息归结为先赋性因素,将硕士学科专业、硕士学制、硕士期间学习科研表现、所获奖学金以及是否担任学生干部等情况归结为后致性因素,发现后致性因素对硕士生就业结果的影响大于先赋性因素。② 周建民和高媛基于某大学 5 年内 4121 名工科硕士生的就业数据,侧重分析高校培养因素对硕士生就业水平和岗位对口情况的影响。研究结论显示,生师比控制在 3 以内有利于工科硕士生升学,控制在 2 以内有利于实现对口就业;选课自由度控制在 0.2 以内既有利于升学,也有利于实现对口就业。③ 李敏等则特别关注了个体特征、教育特征、工作特征、就业指导和实践条件对专业型硕士生就业状况的影响。研究发现,男性、读研动机为"为了更好的职业发展做准备"和"对专业(职业)领域的兴趣"、在东部高校就读、商务类专业、学制两年、保研入学、前置学位就读于重点高校、学校就业指导服务质量高的专业型硕士生,其求职成功的概率更高。④

具体到就业质量状况的影响因素,通常的做法是将就业满意度作为就业质量的代理变量,目前围绕就业满意度的影响因素已积累了丰富的研究成果,但研究对象多聚焦于本科毕业生。例如,涂晓明以个体特征为基础,发现非自主就业方式、对起薪的过高期望以及签约工作和专业不对口会降低毕业生的就业满意度。⑤ 岳昌君分析了工作因素和非工作因素对毕业生就业满意的不同影响,其中非工作因素对就业满意度既有直接影响也有间接影响。⑥ 邢朝霞和何艺宁从毕业生在校经历和求职准备两方面研究就业满意度,发现参加社会实践和学

① 王丽丽. 硕士研究生就业现状及影响因素研究——以武汉市两所高校为例[D]. 华中科技大学硕士学位论文,2009.
② 刘进,苏永建. 硕士研究生就业影响因素分析——基于对 H 校教育学院 20 年来就业数据的统计[J]. 高等工程教育研究,2010(2):116-121.
③ 周建民,高媛. 影响我国工科硕士研究生就业的培养因素——以 S 大学 4121 名毕业生为例[J]. 现代教育管理,2010(11):122-125.
④ 李敏,陈洪捷,沈文钦,高耀. 专业硕士就业状况及其影响因素研究——基于 2016 年全国毕业生的抽样调查数据[J]. 研究生教育研究,2017(5):9-17.
⑤ 涂晓明. 大学毕业生就业满意度影响因素的实证研究[J]. 高教探索,2007(2):117-119.
⑥ 岳昌君. 中国高校毕业生就业满意度的影响因素分析[J]. 北京大学教育评论,2013(2):84-96.

生工作、较好的专业成绩、积极充分的求职准备能够提升就业满意度。[①] 在硕士层次,专业型硕士生就业满意度的影响因素已得到充分探讨,本科毕业于重点高校,硕士就读于东部高校,选择商务类、工程类和公共服务类专业,学制三年,保研入学,学校提供高质量的就业指导和实践过程管理,实践导师高度参与指导,北上广地区就业,在"体制内"单位工作,从事管理与服务岗,学用越匹配以及与期望越吻合,其就业满意度也越高。[②]

通过对已有文献的系统梳理可以发现:其一,现有研究大多并未严格区分学术型硕士和专业型硕士,学界已有研究探讨了专业型硕士生的就业状况及其影响因素,但对学术型硕士生的就业特点仍缺乏深入细致的了解,且学术型硕士由于其培养目标、就业定位及社会需求不一致,需要引起特别关注;其二,目前对硕士生就业问题的研究更多侧重于就业机会和就业行为方面,而对更为重要的就业质量内涵方面的问题缺乏研究,专门针对就业满意度影响因素的相关研究多集中于大学毕业生层面;其四,由于缺乏专门针对学术型硕士生的全国层面大样本调查数据,既有研究结果的普适性和可靠性会受到一定程度的影响。为弥补既有研究中以上几个方面的不足,本章将采用全国层面最新调查数据,对学术型硕士生的初次就业状况及其影响因素进行实证研究,从而为政府和高校制定提升硕士生就业质量的相关政策提供经验支持。

第二节　数据与变量

一、变量设定

(一) 因变量

初次就业状况既包括初次就业落实情况,也包括初次就业质量状况。对于学术型硕士生而言,就业落实情况既包括直接就业情况;也包括升学情况。因

---

① 邢朝霞,何艺宁.大学毕业生就业满意度与其影响因素的相关性分析[J].教育学术月刊,2013(12):42-46.

② 李敏,陈洪捷,沈文钦,高耀.专业硕士就业状况及其影响因素研究——基于2016年全国毕业生的抽样调查数据[J].研究生教育研究,2017(5):9-17.

此,本研究中的第一类因变量为学术型硕士生的就业机会和升学情况,在具体分析时,将这类因变量操作化为"在毕业离校时是否有明确的就业去向"和"在毕业时是否继续攻读博士学位"两个二分类变量。根据研究需要,将"学术型硕士生初次就业质量"定义为学术型硕士毕业离校后获得的第一份有报酬性工作的优劣程度以及该工作满足其心理要求和期望的程度。就业质量包括客观和主观两个方面:客观方面可以从就业单位性质、工作岗位性质、薪资及福利水平等方面进行反映,主观方面可以从就业满意度、职业发展前景等方面进行反映。国外的相关研究也表明,就业满意度是毕业生对自身就业质量状况满足其预期和期望程度的一个综合性评价指标[①],会受到性别[②]、受教育程度[③]、学用匹配情况[④⑤]、学科及专业属性[⑥⑦]等多种因素的综合影响。由于本研究使用的数据缺乏初次就业薪资及福利水平、职业发展前景方面的相关信息,因此,将第二类因变量——学术型硕士生初次就业质量具体操作化为初次就业单位性质和初次就业满意度两个方面。具体而言,将初次就业单位性质划分为政府机关、国有企事业单位、高校或科研机构、私营企业及其他四类;将初次就业满意度划分为"非常满意""比较满意""一般""比较不满意"及"非常不满意"五类。

(二) 自变量

本研究中的自变量主要包括影响学术型硕士生就业状况的各种个体层面及

① Boccuzzo G, Fabbris L, Paccagnella O. Job-major match and job satisfaction in Italy [J]. International Journal of Manpower, 2016, 37(1):135 - 156.

② Machado-Taylor M D L, White K, Gouveia O. Job Satisfaction of Academics: Does Gender Matter? [J]. Higher Education Policy, 2014, 27(3):1 - 22.

③ Mora J G, Garcia-Aracil A, Vila L E. Job satisfaction among young European higher education graduates [J]. Higher Education the International Journal of Higher Education & Educational Planning, 2007, 53(1):29 - 59.

④ Allen, J. & Van der Velden, R. Educational mismatches versus skill mismatches: effects on wages, job satisfaction, and on-the-job search, Oxford Economic Papers, 2001, 53:434 - 452.

⑤ Sabharwal Y L M. Education-Job Match, Salary, and Job Satisfaction across the Public, Non-Profit, and For-Profit Sectors: Survey of recent college graduates [J]. Public Management Review, 2016, 18(1):40 - 64.

⑥ Vila L E, Mora J G. The Distribution of Job Satisfaction among Young European Graduates: Does the Choice of Study Field Matter? [J]. Journal of Higher Education, 2007, 78(1):97 - 118.

⑦ Robst J, Vangilder J. Salary and job satisfaction among economics and business graduates: The effect of match between degree field and job [J]. International Review of Economics Education, 2015, 21: 30 - 40.

组织层面的因素,在实际分析时,将这些因素大致分为个体特征、教育特征、院校支持和工作特征四种类型。具体而言,个体特征主要包括性别、民族、政治面貌、攻读动机及录取方式五个二分类变量,其中,政治面貌划分为党员和非党员,攻读动机划分为学术动机和非学术动机,录取方式划分为保研与考研两类。教育特征主要包括院校特征、专业特征、攻读时间、在读期间课题参与情况等不同类型。其中,院校特征包括硕士就读院校层次、硕士就读院校所在区域及本科就读院校层次三个变量,具体而言,将就读学校层次划分为原 985 高校、原 211 高校和其他高校[①];就读院校所在区域划分为东部、中部及西部。专业特征包括所学专业学科门类和本硕是否同一学科两个变量,具体而言,将所学专业学科所属门类划分为人文、社科、管理、理学、工学、农学和医学七大类。院校支持主要指培养单位为学生在读期间提供的各种经费资助、就业指导及管理服务,在分析时具体操作化为在读期间首要经济来源Ⅰ(分为个人负担与家庭负担两类)、在读期间首要经济来源Ⅱ(分为个人努力与非个人努力两类)、奖助学金满足程度、就业指导与服务质量、整体管理服务水平五个变量,其中前面两个变量为二分类变量,后面三个变量为等级变量。工作特征包括就业地点、就业单位性质、工作岗位性质、学用匹配度及就业与期望吻合度五个变量,工作特征类变量在解释学术型硕士生初次就业满意度时纳入分析模型。

二、数据来源

本部分研究采用的数据来源于国务院学位委员会办公室委托项目"研究生培养质量反馈与跟踪调查"2016 年度中的"全国学术型硕士生离校调查数据",本次调查以院校为单位进行整群抽样,具体的抽样原则为:①覆盖 C9 高校、985 高校、211 高校、其他院校四个层次;②覆盖教育部高校、其他部委高校、地方院校三种类型;③覆盖东、中、西三大地区;④兼顾综合性大学、有行业特色大学;⑤兼顾研究生培养的不同规模。按照抽样原则确定出 30 所院校为本轮问卷调查的样本院校,

---

① 2015 年 10 月,国务院印发了《统筹推进世界一流大学和一流学科建设总体方案》的通知,2017 年 1 月,教育部、财政部和国家发展改革委印发了《统筹推进世界一流大学和一流学科建设实施办法(暂行)》的通知,决定对高等院校采取新的重点建设计划,但考虑到新计划正在建设阶段,此处院校层次的划分仍沿用原来的划分标准。

最终反馈问卷的高校一共有 15 所[1]。本次调查共计回收学术型硕士有效问卷11 329 份。回收样本在学科门类上的分布比例与全国比例对比情况如下：哲学（0.94％/1.10％）[2]、经济学（5.44％/4.95％）、法学（7.04％/7.61％）、教育学（1.78％/4.12％）、文学（10.53％/6.45％）、艺术学（1.48％/3.14％）、历史学（1.46％/1.31％）、理学（15.01％/14.48％）、工学（39.96％/36.22％）、农学（3.32％/3.64％）、医学（3.64％/8.86％）和管理学（9.39％/8.12％）。[3] 从上述比例对比情况可知，本次调查在学科门类上具有非常好的代表性，由此数据情况推断全国整体的学术型硕士生初次就业状况具有非常高的可靠性。

第三节　研究发现[4]

一、学术型硕士生升学和就业机会及其影响因素分析

调查结果显示，在毕业离校时，有 82％的调查者表示已有明确的就业去向，有 18％的调查者尚未明确就业去向。分院校来看，国家重点建设高校硕士生就业率（85％）要明显高于非重点建设高校（59％）；分学科来看，工学和医学的就业落实率最高，超过 90％，其次为管理（87％）和社科（81％），理学、人文及农学的就业落实率均在 75％左右。对于已确定就业去向的毕业生，课题组进一步设置了"您择业时首要考虑的因素是＿＿＿＿；次要考虑的因素是＿＿＿＿"这一选择题，从回答情况来看，首要考虑因素由高到低依次为发展前景（35％）、工作地

---

① 这 15 所高校分别为（按照反馈问卷量由高到低排序）：武汉大学（1 803 份）、华南理工大学（1 206 份）、湖南大学（1 111 份）、重庆大学（1 106 份）、安徽大学（848 份）、辽宁大学（825 份）、中国地质大学（武汉）（744 份）、西北农林科技大学（734 份）、兰州大学（673 份）、北京工业大学（554 份）、浙江工商大学（497份）、上海外国语大学（366 份）、三峡大学（328 份）、安徽工业大学（304 份）和西北师范大学（230 份）。

② 学科门类（X1％/X2％）中，X1％代表某一学科门类中本次调查样本比例，X2％代表某一学科门类占全国比例，下同。

③ 本次调查中，97％的样本群体均于 2013 年入学，因此，全国比例的相关数据均为 2013 年的入学相关数据，这样能够确保进行比对的是同一批研究生群体。

④ 本节内容原载于《中国人民大学教育学刊》，具体参见：高耀，杨佳乐.学术型硕士生初次就业状况及其影响因素——基于 2016 年全国研究生离校调查数据的实证研究，《中国人民大学教育学刊》，2018 年第 3 期，第 36 - 44 页。

区(23％)、工作岗位(15％)、工资待遇(12％)、专业对口度(8％)及工作部门(5％)等因素;次要考虑因素由高到低依次为工资待遇(40％)、发展前景(19％)、工作地区(16％)、工作岗位(13％)及专业对口度(7％)等因素。

在是否继续读博的选择上,有88％的调查者表示不会继续读博,仅有12％的调查者表示将继续攻读博士学位,七大学科门类中,农学(26％)和医学(22％)继续读博的比例最高,而管理(7％)及工学(9％)继续读博的比例不足10％。对于继续读博的毕业生,课题组进一步设置了"您攻读博士学位最主要的原因是:_____"这一选择题,回答情况显示,63％的调查者是出于对学术研究有兴趣,31％的调查者是为了找到更理想的工作,也有4％的表示受家人或朋友影响而读博。进一步对攻读博士地点的分析可知,有73％的调查者在中国大陆读博,有27％的调查者选择国外(境外)读博,在国外(境外)地区选择上,美国(8％)、德国(3％)、香港(3％)、英国(2％)、日本(2％)、澳大利亚(2％)、法国(1％)等国家和地区是主要选择地。

从表10-1的回归结果中可知,对于是否明确就业去向而言:首先,从个体特征方面来看,性别、民族、政治面貌、攻读动机及录取方式均会对学术型硕士生的就业机会产生显著影响。具体而言,男性($p<0.01$)、汉族($p<0.01$)、中共党员($p<0.01$)、不以学术研究为攻读动机($p<0.05$)及保研($p<0.01$)的学生在毕业离校时顺利实现就业的概率比女性、少数民族、非中共党员、以学术研究为攻读动机及考研的学生而言要更高。其次,从教育特征方面来看,硕士就读院校层次、硕士就读院校所在区域、本科就读院校层次、学科专业类型、课题参与情况等因素均会对学术型硕士生的就业机会产生显著影响。具体而言,985高校毕业的硕士生在离校时已确定就业去向的概率是其他类高校的1.70倍($p<0.01$),东部高校和中部高校的硕士毕业生在离校时已确定就业去向的概率是西部高校的2.78倍($p<0.01$)和2.61倍($p<0.01$),社科、管理、工学、农学和医学等学科的硕士生在离校时已确定就业去向的概率分别是人文学科的1.57倍($p<0.01$)、1.91倍($p<0.01$)、2.83倍($p<0.01$)、1.40倍($p<0.10$)和3.31倍($p<0.01$),在校期间参与过课题研究的硕士生成功就业的概率是未参与课题学生的1.16倍($p<0.10$),但攻读时间和本硕是否同一学科对就业机会的影响并不显著。最后,从院校支持方面来看,学校提供的就业指导与服务质量越高,硕士毕业生成功就业的概率也越高;在读期间首要经济来源是通过个人努力

而获得的学生,其离校时成功就业的概率也较高。

表 10 - 1　学术型硕士生升学和就业去向影响因素的二元逻辑回归模型

影响因素		明确就业去向		继续攻读博士	
		系数	优势比	系数	优势比
个体特征	男性(女性)	0.675***(0.073 4)	1.96	0.584***(0.068 0)	1.79
	汉族(少数民族)	0.371***(0.127)	1.45	0.046 1(0.138)	1.05
	政治面貌(非党员)	0.309***(0.066 5)	1.36	0.002 91(0.066 6)	1.00
	攻读动机(非学术)	−0.168**(0.072 0)	0.85	1.113***(0.063 5)	3.04
	录取方式(考研)	0.299***(0.096 9)	1.35	−0.078 3(0.087 6)	0.92
	硕士就读院校层次(其他) 985 高校	0.530***(0.119)	1.70	−0.333***(0.120)	0.72
	硕士就读院校层次(其他) 211 高校	0.012 5(0.127)	1.01	−0.021 5(0.131)	0.98
	硕士就读院校区域(西部) 东部	1.024***(0.110)	2.78	−0.898***(0.106)	0.41
	硕士就读院校区域(西部) 中部	0.958***(0.087 6)	2.61	−0.576***(0.081 1)	0.56
	本科就读院校层次(其他) 985 高校	0.329***(0.109)	1.39	0.198**(0.094 6)	1.22
	本科就读院校层次(其他) 211 高校	0.407***(0.102)	1.50	0.106(0.096 4)	1.11
	学科门类(人文) 社科	0.452***(0.106)	1.57	−0.121(0.116)	0.89
	学科门类(人文) 管理	0.646***(0.127)	1.91	−0.812***(0.161)	0.44
	学科门类(人文) 理学	0.125(0.109)	1.13	−0.001 13(0.117)	1.00
	学科门类(人文) 工学	1.041***(0.110)	2.83	−0.784***(0.114)	0.46
	学科门类(人文) 农学	0.339*(0.184)	1.40	0.128(0.174)	1.14
	学科门类(人文) 医学	1.198***(0.216)	3.31	0.444***(0.164)	1.56
	本硕同一学科(否)	0.004 15(0.076 7)	1.00	−0.064 1(0.075 3)	0.94
	攻读时间(两年) 三年	0.038 9(0.293)	1.04	−0.903***(0.201)	0.41
	攻读时间(两年) 四年	−0.531(0.388)	0.59	−1.071***(0.348)	0.34
	课题参与(否)	0.149*(0.085 7)	1.16	0.177*(0.099 8)	1.19
院校支持	奖助学金满足程度	−0.027 0(0.052 0)	0.97	−0.124**(0.051 3)	0.88
	首要经济来源-Ⅰ(个人负担)	−0.053 4(0.075 5)	0.95	0.460***(0.075 2)	1.58

（续表）

影响因素		明确就业去向		继续攻读博士	
		系数	优势比	系数	优势比
	首要经济来源-Ⅱ（个人努力）	−0.262***（0.0714）	0.77	0.209***（0.0717）	1.23
	就业指导与服务质量	0.282***（0.0432）	1.33	0.0346（0.0450）	1.04
	整体管理服务水平	−0.0169（0.0473）	0.98	−0.156***（0.0464）	0.86
截距项		−1.700***（0.368）	0.18	−0.630**（0.312）	0.53
N		8944		10423	
Pseudo R2		0.1194		0.1040	
LR chi2(26)		903.72		820.13	
Prob>chi2		0.0000		0.0000	
Log likelihood		−3333.0122		−3534.728	

注：*、**和***分别代表显著性水平为 $p<0.1$、$p<0.05$、$p<0.01$；括号内为参照组。

　　从表10-1的回归结果中可知，对于是否继续攻读博士学位的选择而言：首先，从个体特征方面来看，男性继续读博的概率是女性的1.79倍（$p<0.01$），以学术研究为攻读动机的硕士生继续读博的概率是其他类学生的3.04倍（$p<0.01$），而政治面貌、录取方式对是否继续攻读博士的影响并不显著。其次，从教育特征方面来看，985高校毕业的硕士生相比其他非重点院校的毕业生而言，不继续读博的概率更高；西部地区院校的硕士毕业生选择继续读博的概率显著高于东部和中部院校的毕业生；本科就读于985高校的学术型硕士毕业生，其选择继续读博的概率更高；与人文社科相比，医学类硕士生读博概率更高，而管理类和工学类硕士毕业生不继续读博的概率更高；另外，在校期间参与过课题研究的学生继续读博的概率是未参与课题研究学生的1.19倍（$p<0.10$），而硕士攻读时间越长，则越不倾向于读博。最后，从院校支持方面来看，经济资助对学术型硕士继续读博的选择会产生显著影响，具体而言，硕士生就读期间首要经济来源主要是学校负担（$p<0.01$）和来自于非个人努力（$p<0.01$）的学生，其继续读博的概率更高。

二、学术型硕士生初次就业工作单位选择及其影响因素分析

本次调查结果显示,在初次就业工作单位选择方面,选择国有企业及其他事业单位(包括医疗卫生机构和中小学校)的占48%,选择私营、三资企业及其他单位的占37%,选择高校或科研机构的占9%,选择政府机关的占比为6%。这表明,学术型硕士生就业单位分布呈现越来越多元化的趋势。从工作性质来看,专业技术工作(47%)是学术型硕士生就业从事的主要工作,此外,其他工作类型也包括行政管理(13%)、教学科研(12%)、企业研发(11%)及企业管理(11%)等。表10-2显示的是学术型硕士生初次就业工作单位选择的多元逻辑回归结果,从中可知:

首先,个体特征方面,学术型硕士生在就业单位选择方面存在显著的性别差异和政治面貌差异。具体而言,男性选择去企业就业的概率更高,而女性更倾向于去高校或科研机构就业;政府机关、国有企业及事业单位、高校或科研机构等"体制内"单位是吸纳中共党员就业的主要渠道,而"体制外"的私营、三资企业等单位是吸纳非党员硕士生就业的主要渠道;攻读动机为对学术研究有兴趣的硕士生选择去政府机关就业的概率更高;少数民族的硕士生去私营、三资企业就业的概率更高。

其次,教育特征方面,从院校层面来看,本科和硕士就读院校层次对毕业生就业单位选择的影响并不显著,但硕士就读院校所在区域对毕业生就业单位选择会产生明显影响,具体而言,与西部地区相比,东部地区和中部地区毕业的硕士生选择去"体制外"企业等单位就业的概率更高。从学科专业方面来看,与人文类学科相比,社科类毕业生去政府机关就业的概率更高,而理学、工学和农学等学科的毕业生去各类企业就业的概率更高,且这种影响在统计意义上非常显著。从攻读时间来看,硕士就读时间越长,去各类企业就业的概率越高。另外,相对于跨学科的毕业生而言,本科和硕士就读同一学科的毕业生去党政机关、国有企事业单位就业的概率更高。

最后,院系支持方面,院校提供的就业指导与服务质量越高,学术型硕士生去国有企业、高校或科研机构等"体制内"单位就业的概率更高;假如可以重新选择,仍会选择读研的硕士生相比不选择重新读研的硕士生而言,其去"体制内"单位就业的概率更高,且在统计意义上非常显著。因此,院系层面的支持和服务不

表 10-2 学术型硕士生初次就业单位选择影响因素的多元逻辑回归模型

影响因素		政府机关		国有企业及其他事业单位		高校或科研机构	
		系数	优势比	系数	优势比	系数	优势比
个体特征	男性(女性)	-0.0863(0.120)	0.92	0.259***(0.0570)	1.30	-0.346***(0.101)	0.71
	汉族(少数民族)	-0.614***(0.218)	0.54	-0.219(0.134)	0.80	-0.471**(0.195)	0.62
	政治面貌(非党员)	0.780***(0.127)	2.18	0.270***(0.0560)	1.31	0.445***(0.102)	1.56
	攻读动机(非学术)	0.323***(0.116)	1.38	-0.108*(0.0597)	0.90	-0.00354(0.102)	1.00
	录取方式(考研)	-0.249*(0.149)	0.78	-0.106(0.0710)	0.90	0.101(0.121)	1.11
	硕士就读院校层次(其他) 985高校	-0.372(0.238)	0.69	-0.326***(0.111)	0.72	-0.265(0.202)	0.77
	211高校	0.131(0.251)	1.14	0.0121(0.116)	1.01	0.295(0.211)	1.34
	硕士就读院校区域(西部) 东部	-0.786***(0.192)	0.46	-0.726***(0.0851)	0.48	-1.228***(0.148)	0.29
	中部	-0.573***(0.159)	0.56	-0.390***(0.0755)	0.68	-0.890***(0.123)	0.41
	本科就读院校层次(其他) 985高校	0.263(0.164)	1.30	0.167**(0.0793)	1.18	0.169(0.139)	1.18
	211高校	-0.0673(0.159)	0.93	0.0560(0.0770)	1.06	0.0875(0.133)	1.09
	学科门类(人文) 社科	0.432***(0.165)	1.54	0.121(0.110)	1.13	-0.302(0.165)	0.74
	管理	-0.0937(0.189)	0.91	-0.110(0.116)	0.90	-0.591***(0.182)	0.55
	理学	-1.259***(0.229)	0.28	-0.311***(0.112)	0.73	-0.494***(0.169)	0.61
	工学	-1.637***(0.196)	0.19	-0.154(0.0997)	0.86	-0.898***(0.156)	0.41
	农学	-0.297(0.302)	0.74	-1.049***(0.210)	0.35	-1.123***(0.304)	0.33
	医学	-2.279***(1.028)	0.10	1.447***(0.208)	4.25	0.314(0.311)	1.37

（续表）

影响因素		政府机关		国有企业及其他事业单位		高校或科研机构	
		系数	优势比	系数	优势比	系数	优势比
本硕同一学科（否）		0.247*(0.131)	1.28	0.314***(0.0678)	1.37	-0.149(0.108)	0.86
改读时间（两年）	三年	-0.700*(0.389)	0.50	0.0201(0.238)	1.02	-0.732**(0.334)	0.48
	四年	-0.928(0.667)	0.40	-0.221(0.360)	0.80	-0.464(0.502)	0.63
课题参与（否）		-0.237*(0.140)	0.79	-0.0261(0.0852)	0.97	-0.0592(0.134)	0.94
院校支持　奖助学金满足程度		0.124(0.0836)	1.13	-0.0173(0.0416)	0.98	0.106(0.0713)	1.11
首要经济来源-Ⅰ（个人负担）		0.163(0.128)	1.18	0.102*(0.0611)	1.11	0.174(0.107)	1.19
首要经济来源-Ⅱ（个人努力）		0.347***(0.122)	1.41	0.0446(0.0583)	1.05	0.121(0.101)	1.13
就业指导与服务质量		0.0608(0.0812)	1.06	0.0732*(0.0391)	1.08	0.121*(0.0680)	1.13
整体管理服务水平		0.0939(0.0872)	1.10	0.0230(0.0411)	1.02	-0.0510(0.0711)	0.95
重新选择读研（否）		0.220(0.171)	1.25	0.238***(0.0777)	1.27	0.600***(0.155)	1.82
截距项		-1.158*(0.591)	0.31	-0.0112(0.334)	0.99	-0.097(0.507)	0.91
N=7 567		LR chi2(81)=887.01		Pseudo R2=0.053 5		Log likelihood=-7 841.586 7	

注：*，**和***分别代表显著性水平为 $p<0.1$，$p<0.05$，$p<0.01$，括号内为参照组。

仅有助于毕业生顺利就业,而且有助于其进入"体制内"单位就业。

三、学术型硕士生初次就业满意度及其影响因素分析

本次调查结果显示,分别有 16% 和 55% 的调查对象对初次就业满意度表示"非常满意"和"比较满意",有 26% 表示"一般",对就业结果不满意的约占 3%。这表明,学术型硕士生的整体就业满意度比较高。表 10-3 显示的是学术型硕士生初次就业满意度的定序逻辑回归结果,从中可知:

其一,个体特征方面,性别、民族、攻读动机及录取方式均会对学术型硕士生的初次就业满意度产生显著影响。具体而言,男性($p < 0.01$)、少数民族($p < 0.05$)、因对学术研究有兴趣而读研($p < 0.01$)的学生,其感知到的初次就业满意度比女性、汉族学生和以非学术研究为攻读动机的学生更高,而是否是党员对学术型硕士的初次就业满意度并没有显著影响。

其二,教育特征方面,从院校层面来看,硕士就读院校层次和硕士就读院校所在区域对学术型硕士生初次就业满意度的影响并不显著,但是本科就读院校层次越高,硕士生的初次就业满意度也越高。具体而言,本科就读于 985 高校($p < 0.01$)和 211 高校($p < 0.01$)的毕业生其初次就业满意度要显著高于其他类高校的毕业生;从学科专业方面来看,与人文学科相比,工学($p < 0.05$)和医学($p < 0.1$)专业的毕业生的初次就业满意度要更高,而其他学科与人文学科在初次就业满意度方面并不显著差异;从攻读时间来看,相对于两年毕业的硕士而言,就读时间为三年($p < 0.05$)的学生初次就业满意度更低;在校期间是否参与课题及是否跨学科就读对就业满意度的影响并不明显。

其三,院校支持方面,奖助学金满足程度越高、院校提供的就业指导与服务质量及整体管理服务水平越高,则学术型硕士生的初次就业满意度也越高,且这种影响在统计意义上非常显著。

其四,工作特征方面,学术型硕士生的就业地点、就业单位性质、工作岗位性质、就业岗位与专业相关度及就业与期望吻合度情况均会对其就业满意度产生显著影响。具体而言,相比于在私营、三资企业及其他单位就业的毕业生而言,在政府机关($p < 0.01$)、国有企事业单位($p < 0.05$)及高校或科研机构($p < 0.01$)等"体制内"单位就业的毕业生所能感知到的就业满意度要更高;与从事管理服务类工作的学术型硕士相比,从事教学科研类($p < 0.05$)和专业技术类

表 10-3　学术型硕士生初次就业满意度影响因素的定序逻辑回归结果

影响因素	初次就业满意度 系数	优势比	影响因素	初次就业满意度 系数	优势比
个体特征 男性(女性)	0.229***(0.0550)	1.26	院校支持 奖助学金满足程度	0.353***(0.0399)	1.42
汉族(少数民族)	-0.294**(0.117)	0.75	首要经济来源-I(个人负担)	-0.194***(0.0585)	0.82
政治面貌(非党员)	0.0367(0.0550)	1.04	首要经济来源-II(个人努力)	0.0328(0.0557)	1.03
攻读动机(非学术)	0.201***(0.0570)	1.22	就业指导与服务质量	0.297***(0.0374)	1.35
录取方式(考研)	0.164**(0.0662)	1.18	整体管理服务水平	0.165***(0.0392)	1.18
硕士就读院校层次(其他)			就业地点(西部)		
985高校	-0.0706(0.104)	0.93	东部	0.324***(0.0831)	1.38
211高校	0.179(0.115)	1.20	中部	-0.0647(0.0907)	0.94
教育特征 硕士就读院校区域(西部)			工作特征 就业单位性质(私营、三资企业及其他)		
东部	0.0735(0.0894)	1.08	政府机关	0.791***(0.123)	2.20
中部	-0.00151(0.0773)	1.00	国有企事业单位	0.119***(0.0558)	1.13
本科就读院校层次(其他)			高校或科研机构	0.467***(0.106)	1.59
985高校	0.240***(0.0728)	1.27	工作岗位性质(管理服务类)		
211高校	0.245***(0.0757)	1.28	教学科研类	-0.255***(0.103)	0.78
学科门类(人文)			专业技术类	-0.304***(0.0763)	0.74

（续表）

影响因素	初次就业满意度		影响因素	初次就业满意度	
	系数	优势比		系数	优势比
社科	0.135(0.106)	1.14	其他类	0.0400(0.117)	1.04
管理	0.120(0.114)	1.13	就业岗位与专业相关度		
理学	0.0393(0.112)	1.04	与硕士专业相关度	0.444***(0.0476)	1.56
工学	0.234**(0.102)	1.26	与本科专业相关度	0.137***(0.0462)	1.15
农学	−0.246(0.195)	0.78	就业与期望吻合度（不吻合）	0.242***(0.0555)	1.27
医学	0.274*(0.159)	1.32	/cut1	−2.083***(0.364)	−2.08
本硕同一学科（否）	−0.0211(0.0660)	0.98	/cut2	−0.0929(0.317)	−0.09
攻读时间（两年）			/cut3	2.659***(0.313)	2.66
三年	−0.424**(0.211)	0.65	/cut4	5.621***(0.321)	5.62
四年	0.0998(0.339)	1.10	N=6 567	LR chi2(37)=1 053.49	
课题参与（否）	0.0683(0.0816)	1.07	Pseudo R2=0.074 5	Log likelihood=−6 540.899 1	

注：*、**和***分别代表显著性水平为 p<0.1,p<0.05,p<0.01;括号内为参照组。

（$p<0.01$）工作的毕业生所能感知到的就业满意度要更低；就业岗位与专业相关度越高、实际就业与期望越吻合，学术型硕士生所能感知到的就业满意度也越高。

课题组进一步设置了"您对当前就业结果满意或不满意的主要原因是：＿＿＿＿（请注明）"这一开放题，从回答情况来看，满意的原因归类整理提取后一级指标选择比例由高到低分别为：工作因素（58.37％）、地域因素（15.02％）、个人因素（13.31％）、教育因素（10.30％）、其他因素（6.87％）、社会因素（5.15％）及家庭因素（0.43％）；对于构成一级指标的多个二级指标在归类整理的基础上进行统计分析发现，薪资待遇（33.05％）、工作性质和内容（16.31％）、地域因素（12.45％）和专业对口（8.58％）是影响学术型硕士生对就业结果表示满意的最主要的几个因素。不满意的原因归类整理提取后一级指标选择比例由高到低分别为：工作因素（42.70％）、个人因素（23.47％）、教育因素（17.21％）、地域因素（15.25％）、其他因素（14.08％）、社会因素（0.86％）及家庭因素（0.40％）；对于构成一级指标的多个二级指标在归类整理的基础上进行统计分析发现，专业对口情况（16.72％）、薪资待遇（16.31％）、发展前景（14.28％）及工作性质和内容（13.99％）是导致学术型硕士生对就业结果表示不满意的最主要的因素。上述分析结果也进一步补充和印证了本章中实证研究的主要结论。

第四节　总结与讨论

本部分利用 2016 年全国研究生离校调查数据对学术型硕士生的初次就业状况及其影响因素进行了实证研究，下面将从主要研究发现、启示意义和研究局限等方面进行总结和讨论：

首先，从毕业去向来看，在毕业离校时，尚有接近两成的学术型硕士生毕业去向未得到落实，而这些毕业生主要集中在非重点高校和西部高校、就业相对不是很景气的专业、女性、少数民族、非中共党员及考研学生群体中，因此，必须重视这些就业弱势群体中出现的就业难问题，寻求多管齐下的破解对策。从政府层面而言，应出台更多的维护公平就业的政策，努力消除就业中可能出现的各种学历歧视、性别歧视及地域歧视，营造良好的宏观就业大环境，并在就业政策、就业资源配置方面向非重点高校以及西部高校倾斜。从培养单位层面而言,应避免盲目扩大招生规模,选拔更优秀的生源,制定更加科学合理的培养方案,切实提升学术型硕士生的培养质量。另外,本研究也发现,学校提供的就业指导和服务工作质量越高,越有助于学术型硕士生成功落实毕业去向,因此,培养单位也应切实提升院校支持的力度和水平,为毕业生搭建有效的就业信息共享平台,并提供优质的求职规划、就业过程指导等服务。从毕业生自身而言,应努力提升自身就业竞争力,夯实专业基础,提前做好职业生涯规划,树立理性的就业观念和就业预期。

本次调查的另一个重要发现是,学术型硕士生继续攻读博士学位的比例较低,约占一成左右,无论是重点高校还是非重点高校,这需要引起培养单位的高度重视。客观而言,学术型硕士生应主要以培养学术研究的"后备力量"而不是直接以就业为主要目标,博士生的招生录取也应该更多的从学术型硕士生中进行选拔。如果说非重点高校学术型硕士生继续读博的比例低可能是因为这些培养单位不具备博士生培养资格、培养质量的"学术水准"不具备充分的学术竞争力的话,那么,国家重点建设高校学术型硕士生继续读博的比例也很低的话就非常令人费解,回归结果显示,985高校的学术型硕士毕业生继续读博的比例甚至显著低于非重点高校,这可能与这些培养单位不重视学术型硕士生的培养、没有引起学生继续从事学术研究工作的兴趣和热情有很大关系。因此,如何科学、合理地制定学术型硕士生的培养目标,提升培养质量,选拔更多更优秀的硕士生进入博士生培养行列,是培养单位必须认真考虑的问题。

其次,从工作选择来看,学术型硕士生的就业单位分布呈现多元化趋势,总体而言,各类企事业单位是吸纳学术型硕士生就业的主体,专业技术、企业研发、管理及服务工作等是学术型硕士生就业从事的主要工作类型。具体而言,性别、政治面貌、硕士就读院校所在区域、专业属性等因素均会对学术型硕士生的工作选择产生显著影响。从性别方面来看,男性选择去企业就业的概率明显高于女性,而女性更加愿意选择工作相对稳定的"体制内"单位就业,女性在选择时的这种窄化的"就业偏好"可能是导致女性群体"难就业"的一个原因。随着"体制内"单位机构改革步伐的加快,"体制内"工作岗位逐渐趋于饱和,将就业预期只定位在少数单位是一种"短视行为",女性研究生更应理性选择工作单位,以顺利实现就业。从政治面貌方面来看,成为中共党员的学术型硕士生多选择"体制内"单位就业,而"体制外"单位则是吸纳非党员硕士生就业的主要渠道。由于政治面貌形成的劳动力市场分割是中国就业市场的特色现象,可能的原因在于"体制内"单位在招聘时会对应聘者的党员身份做出规定,从而导致制度性的就业市场分割。

从就读院校所在区域来看,与西部地区相比,东部和中部院校毕业的学生选择去各类"体制外"企业就业的概率更高,西部院校的硕士毕业生不愿意选择到企业就业可能会进一步加剧其实现顺利就业的难度。为此,政府层面应继续深入推进西部大开发、东北老工业基地振兴等国家重大发展战略和"一带一路"倡议,制定更多优惠政策努力培植有技术含量和发展潜力的企业到西部地区进行投资,扩大西部企业吸纳硕士生就业的规模,并提升西部企业用人水平。从专业属性方面来看,培养单位在学术型硕士生培养方面应紧密结合自身优势,突出特色,差异发展,找准自身人才培养的"生态位"。

最后,从就业满意度情况来看,在已明确就业去向的群体中,有近七成对就业结果感到满意,有三成左右对就业结果不太满意,一定程度上表明我国2016届学术型硕士毕业生的就业质量总体较高。具体来看,一方面,男性、对学术研究有兴趣而读研、本科在985、211等重点高校就读、硕士攻读时间为两年的学术型硕士生,其初次就业满意度要显著高于女性、不以学术研究感兴趣而读研、本科毕业于非重点高校、攻读时间大于两年的群体。另一方面,培养单位对学生在读期间提供的奖助学金等经济资助越能满足需求,提供的就业指导与服务质量越高,整体管理服务水平越高,则毕业生感知到的初次就业满意度也越高。此外,工作特征方面,就业地点在东部发达地区、就业单位属于"体制内"、从事管理服务类工作、学用匹配程度越高、就业与期望吻合度越高的群体,其感知到的初次就业满意度也越高。由开放题回答的统计结果可知,导致学术型硕士生对就业结果表示不满意的主要因素包括专业不对口和薪资待遇较差。

上述研究发现的启示意义是:一方面,对硕士生自身而言,在读研时应明确目标,尽早做好职业生涯规划,依专业兴趣而读研,而不仅仅是为了逃避或推迟就业而读研,在读研期间努力夯实专业基础,提升自身专业竞争力,并力争在学制年限内完成学业。此外,学用匹配情况与就业满意度呈现正向相关,这一结论与国内外既有研究[①][②]一致。因此,选择与本科或硕士专业对口的工作,保证所学与所用之间的高度匹配也是提升就业满意度的可行路径之一。另一方面,对培养单位而言,应进一步明确学术型硕士生培养定位,导师应加强学生在读期间的指导,重视对学生进行职业兴趣和能力培养,学校和院系层面应提供更好的包括经济资助、就业指导服务在内的各种管理服务,解决好学生的后顾之忧。最后,性别差异是研究就业问题的重要视角,本调查结果显示,女学术型硕士生不仅就业落实率低于男性,而且即使实现就业,其就业满意度也显著低于男性。和既有研究比较后发现,女专业型硕士生的就业落实率也显著低于男性[③],即使在本科层次,女性毕业生也更不容易找到满意度高的工作。[④] 因此,需要给予女性毕业生更多的就业帮助与支持,引导就业市场努力消除对女性求职者的显性或隐性壁垒。

本章研究的局限性主要在于:

其一,难以克服样本选择性偏误的影响。例如,研究结论显示,硕士就读于985高校、东部高校、在校期间参与过课题研究的学术型硕士,其成功落实就业的概率显著更高。但究竟是因为在东部高水平高校就读或参与课题研究提升了硕士生求职成功的概率,还是因为这类学生本身能力就很强,而正是其卓越的个人能力顺利转化为就业竞争力,仅凭现有研究还无法做出判断。

其二,本研究现阶段仅调查了学术型硕士生的初次就业状况,所得调查数据为横截面数据而非跟踪数据,但硕士生就业满意度的影响因素可能会随着就业阶段的不同发生改变,因此目前的研究结论难以反映入职一段时间后学术型硕士生就业满意度的变化情况。研究未来的改进方向包括,为克服样本选择性偏误问题,将在后续研究中尝试采用工具变量或倾向值匹配等高级计量方法,以进一步探究关键自变量对学术型硕士生就业状况的净影响。另外,课题组也将设

---

① 于洪霞,丁小浩. 高校毕业生就业专业结构匹配情况及其影响因素探析[J]. 教育学术月刊,2011(8):33-36.

② Mora J G, Garcia-Aracil A, Vila L E. Job satisfaction among young European higher education graduates [J]. Higher Education the International Journal of Higher Education & Educational Planning, 2007,53(1):29-59.

③ 李敏,陈洪捷,沈文钦,高耀. 专业硕士就业状况及其影响因素研究——基于2016年全国毕业生的抽样调查数据[J]. 研究生教育研究,2017(5):9-17.

④ 岳昌君. 中国高校毕业生就业满意度的影响因素分析[J]. 北京大学教育评论,2013(2):84-96.

计开展追踪调查,建立硕士生跟踪调查数据库,积累面板数据,以期在更长的时间跨度内考察学术型硕士生就业状况的历时性变化,从而为相关政策调整提供更为丰富、扎实的数据支持。

第十一章
硕士学位点建设状况

    在前面章节分析的基础上,本章将对硕士生培养的载体——硕士学位点建设状况进行专门分析。学科既是学术意义上的分类,同时也具有组织的形态,是一个需要进行管理的实体[①]。学科是现代大学的基石,学科具有的这种知识形态和组织形态上的"双重属性"决定了学科建设的正当性和巨大可能性。在统筹推进"双一流"建设的宏观战略背景下,学位点建设质量直接关系到我国高等教育强国战略的实施成效,因此,学科建设被赋予了更为重要的历史责任和使命担当。与美国等国家实施的大学学位制度不同,我国实行的是国家学位制度[②],即学位授予权集中在国家层面,由国家统一规定各级各类学位授予的学科门类(领域),并通过必要的审核方式授予培养单位相应的资格[③]。在研究生教育的相关改革中,学位授权审核制度的改革一直起着"牵一发而动全身"的核心作用[④],而在学位点动态调整机制引入的现实背景下,学位点获得授权后的建设质量无疑成为最重要的提振研究生教育质量的"抓手"。

    我国的学位分为学士、硕士和博士三级,其中,在研究生教育层次,硕士和博士学位又进一步分为学术型和专业型两大类,这两大类学位在人才培养的目标、培养侧重、培养方式及就业取向等方面又存在较大差异性。我国高等教育在由

---

① 龚怡祖,等.大学学科运行与学科发展战略中若干问题的理论分析[J].高等教育研究,2011(10):38-49.

② 张冉,申素平.国家学位制度与大学学位制度比较分析[J].学位与研究生教育,2013(9):39-44.

③ 陈子辰,王家平,等.我国学位授权体系结构研究[M].浙江:浙江大学出版社,2012:1-2.

④ 高耀.二级学科的生存空间与发展方向[J].研究生教育研究,2020(5):13-14.

大众化向普及化过渡过程中,硕士教育的定位一直是学界关注的焦点。例如,硕士学位的性质究竟是过渡性学位还是终结性学位? 有学者将硕士学位定位于具有过渡性质的终结性学位①。在国外,关于硕士培养定位的争议也一直不断。有学者认为,美国的硕士学位扮演着"万金油"的角色②③,或者起着"安慰剂"的作用④,培养定位模糊且尴尬⑤。英国高等教育质量保障机构 QAA 将硕士学位分为研究型(Research)、进阶型(Advanced)和专业型(Professional/Practice)三类⑥,但其一年制课程型硕士学位开设越来越广⑦。从我国的研究生培养语境和实践来看,一般将硕士学位和硕士生培养经验作为申报更高一级博士点的重要参考条件,且硕士生培养质量与博士生培养质量具有高度的正相关性。正因如此,我国一直将包括硕士点和博士点在内的学科点建设作为保障和提升研究生教育质量的关键手段,并从国家层面建立了包括学位点合格评估、水平评估、绩效评估等在内的完备的学位点评估制度。2020 年 7 月召开的新中国成立以来的第一次全国研究生教育会议,为我国研究生教育由大到强的发展转变进一步指明了发展方向,做出了全面、宏观、系统的战略部署,即未来的工作主线是"立德树人、服务需求、提供质量、追求卓越"⑧。最新统计数据显示,2018 年,全国共招收研究生 85.8 万人,其中硕士生所占比重为 88.87%,全国共有在校研究生 239 万人,其中在校硕士生占比为 83.7%,全国共授予硕士学位 66.6 万人,博士学位 6.5 万人⑨,无

① 王传毅,王瑜琪,杨佳乐. 重思硕士培养定位:争论与可能[J]. 清华大学教育研究,2019(2):115-125.
② Green J L E. The Master's Degree: Jack of All Trades [J]. Denver, Colo: State Higher Education Executive Officers. 1987:37.
③ Elder J P. Reviving the Master's Degree for the Prospective College Teacher [J]. Journal of Higher Education,1959,30(3):133-136.
④ Wendler C, Bridgeman B, Cline F, et al. The Path Forward: The Future of Graduate Education in the United States [M]. Educational Testing Service, 2010.
⑤ Spencer D S. The Master's Degree in Transition [J]. CGS Communicator, 1986,19:3.
⑥ The Quality Assurance Agency for Higher Education. Master's degree characteristics [EB/OL]. [2018-08-01]. http://www.qaa.ac.uk/quality-code/the-existing-uk-quality-code/part-a-setting-and-maintaining-academic-standards.
⑦ 戴晨. 在英国读硕士学位 需分清"研究型"和"授课型"[J]. 留学,2020(10):68-70.
⑧ 2020 教育系列发布会第三场:发布《关于加快新时代研究生教育改革发展的意见》,介绍"落实全国研究生教育会议精神 加快高层次人才培养十大专项行动"有关情况[EB/OL]. (2020-9-22)[2020-09-25] http://www.moe.gov.cn/fbh/live/2020/52461/twwd/202009/t20200922_489734.html
⑨ 中国学位与研究生教育发展年度报告课题组. 中国学位与研究生教育发展年度报告(2018)[M]. 北京:清华大学出版社,2020;20;33;45.

论从招生规模、在校生规模还是学位授予规模看,硕士群体在研究生教育中均占据绝对主体,硕士群体的培养质量和硕士学位点建设质量将直接影响到我国研究生教育的整体质量高低。因此,对硕士学位授权点建设中存在的问题进行深入分析,无疑具有非常重要的研究意义和价值。

由于相关资料的缺失,对学位授权点获批后建设过程中存在问题的相关研究一直是学术界研究中的一个薄弱点。既有文献中,对学位点建设的相关研究均围绕行政学①、图书馆学②、医疗卫生管理③、思想政治教育④等特定、单一的学科点或交叉学科点⑤展开,而缺少对学位点整体建设过程中存在问题的宏观层面研究。与学位点建设直接相关的诸多学科评估实践中,学位点合格评估是一种政府法定的许可性评估和底线评估行为⑥,自 2014 年《学位授权点合格评估办法》(简称《合格评估办法》)出台以来,在国务院学位委员会办公室和各省级学位委员会办公室的组织实施下,我国对培养单位的各类学位授权点已开展了五次专项评估和一次合格评估,这些评估对规范和引导学位授权点办学行为,保障学位点学位授予质量和人才培养质量发挥了重要的监督和约束作用。但学术界目前的研究更多聚焦在合格评估制度本身,而对合格评估过程中反馈出的学位点建设中存在的问题关注度明显不够,也非常缺乏专门、系统的研究成果。基于此,本章专门聚焦硕士学位点层面,利用相关评估材料对我国硕士点建设过程中存在的典型问题展开分析和讨论,期望为进一步保障和提升学位点质量和研究生教育质量、推动"学位挤水"和促进学位点内涵建设提供参考。

学位点合格评估是一项涉及多重利益相关主体的公共政策评估行为。美国学者弗兰克·费希尔认为,公共政策的评估焦点可以集中在政策或项目的结果("结果"评估或"影响"评估)或政策项目的形成与实施的过程("过程"评估)上,可以侧重于对政策预期效果的评估("事前"评估)或者侧重于对其运用之后的实

---

① 吴瑞坚,徐中奇,李涛.我国行政学硕士点建设存在的问题与对策[J].中国行政管理,2000(9):24 - 26.

② 葛敬民,孙震.高校图书馆硕士点建设的创新实践——山东理工大学情报学硕士点成立 10 周年回顾与思考[J].图书情报工作,2014,58(13):45 - 50+44.

③ 李维宇,杨基燕,罗兵.中医药卫生事业管理硕士点建设研究[J].医学与社会,2016,29(05):85 - 87.

④ 邢鹏飞,余双好.思想政治教育学科硕士点建设现状、问题及对策建议[J].思想理论教育,2014(12):49 - 57.

⑤ 伊继东,刘六生,段从宇.探索交叉学科学位点建设的特点和规律[J].中国高等教育,2016(11):57 - 59.

⑥ 黄宝印,徐维清,郝彤亮.建立自我评估制度　健全质量保证体系[J].中国高等教育,2015(11):7 - 9.

际结果的评估("事后"评估)①。根据研究目的的需要,聚焦评估实践所反映出的硕士学位点建设过程中存在的问题本身,构造适切的分析框架和维度展开阐述。

研究思路如下:对 2019 年学位点相关评估材料进行反复阅读,在此基础上梳理出每一章节材料表达的主旨思想,进而提取凝练核心问题,将普遍存在的共性问题进行归纳整理,一共提炼出十个典型问题进行阐述,并摘录部分专家评阅意见予以佐证。根据学术研究的一般规范,行文中对相关引证材料具体出处均进行了匿名化处理,具体的问题展开维度将在下面的行文中详细呈现。

第一节　典型问题②

一、学科方向发散

学科方向的多或寡、凝练抑或发散是一个相对的概念,与学科的办学历史、师资规模与结构、经费支撑、发展潜力等多种因素密切相关。学科点建设中的一个关键问题就是在诸多环境、政策等多重约束条件下寻找到最佳的学科方向设置,方向过宽或过窄、过多或过少,均不利于学科点的长远和可持续发展。从实践中的评估反馈结果来看,目前硕士学位点建设中学科方向不凝练是一个关键问题,主要表现为:学科方向设置贪大求全,重外延式的数量发展而轻内涵式的质量提升。学科研究方向设置过多,则难以形成稳定的研究队伍和高显示度的科研成果;学科方向过于分散,则使资源配置存在割裂,学科难以集中发力,不利于综合性人才的培养。例如,一些省市在评估报告中指出:"学科方向凝练有待加强,学科方向特色不鲜明,发展不均衡。"(J1,2019);"学科方向凝练不够。有的学位点研究方向分散,力量难以聚焦,需要紧密对接区域、行业需求进一步凝练学科方向。"(H1,2019);"学科方向与特色还需进一步凝练。个别学位点的学

---

① 弗兰克·费希尔.公共政策评估[M].吴爱平,李平,等,译.北京:中国人民大学出版社,2003:2.
② 本节内容原载于《学位与研究生教育》,具体参见:高耀,徐茜茜.硕士学位点建设中存在的十个典型问题——基于 2019 年评估材料的分析,《学位与研究生教育》,2021 年第 9 期,第 78-85 页。

科方向设置贪大求全，数量过多，特色不够鲜明，存在因人设方向的问题，导致师资队伍分散、个别方向力量薄弱。如个别学位点的学科方向多达 10 个（基本条件要求至少 5 个），专家建议进一步凝练学科方向。有些学位点则是过于追求学科特色，因特色而设方向，不注意基础学科方向的建设。"（G1,2019）

学科方向凝练是学科建设的重中之重，学位授予点必须根据实际情况凝练学科方向，平衡师资队伍。学科之间也应形成合力，形成稳定的研究队伍。聚焦核心重点学科方向，立足当前形势，国内高校应充分发挥战略规划部门的智库作用，加强顶层设计，结合现有学科的历史积淀和优势，集中整合有限资源，在核心、重点学科方向上狠下功夫、力抓成效[①]。此外，高校也应转变发展观念，即从追求数量与规模转变到追求质量与效益，进而实现资源的合理配置，推动学位点建设质量提升。

二、学科布局趋同

合理建构学科发展框架是大学学科发展战略运行中的一个核心问题[②]，而学科布局无疑是学科发展框架中最重要的"考量维度"之一。学科布局是学科发展的基础，决定着学科建设的质量和长远规划。作为一种制度化的知识运行的学科形态，其成长过程天然受到学科逻辑和社会需求逻辑的双重交互影响[③]，其建构过程交织着内在逻辑与外在逻辑两种力量[④]，并受到知识逻辑、学科逻辑、社会逻辑和创造逻辑的支配[⑤]。换言之，什么知识能够进入研究者的视野通常会受到社会关系的影响和制约。从实践中的评估反馈结果来看，目前硕士学位点建设中学科布局方面存在的典型问题表现为：

其一，学科布局与国家和地方的发展需求不够契合，服务需求意识不强，支撑引领作用不足。若学科布局与区域经济发展契合度较弱，则难以对接地方需求，难以符合社会需要，容易失去竞争力。例如：一些省份在抽评报告中指出：

---

① 陈天凯，等. 基于需求导向的一流学科建设路径分析[J]. 学位与研究生教育,2020(3):13-18.
② 龚怡祖,等. 大学学科运行与学科发展战略中若干问题的理论分析[J]. 高等教育研究,2011(10):38-49.
③ 周光礼."双一流"建设中的学术突破——论大学学科、专业、课程一体化建设[J]. 教育研究,2016(5):72-76.
④ 龚怡祖. 学科的内在建构路径与知识运行机制[J]. 教育研究,2013(9):12-24.
⑤ 刘贵华,孟照海. 论研究生教育的发展逻辑[J]. 教育研究,2015(1):66-74.

"学位点特色需要进一步凝练,并要保持相对稳定,与国家重大发展战略和我省数字经济、生命健康、八万亿产业的契合度需要进一步提升。"(Z1,2019);"专业学位教育特色不明显。部分专业学位点与学术学位点的培养方案基本一样,没有凸显专业学位培养特点,主动对接产业不够,校外导师和实践导师的选拔和作用发挥有待加强。"(H1,2019)

其二,学科布局趋同严重,特色缺失;学科布局贪大求全、面面俱到,难以凸显优势学科。例如:某省份在抽评报告中指出:"特色还需进一步下功夫。具有本校和本地特色的学科方向不够明显和突出。"(S1,2019)

剑桥大学校长艾莉森·F. 理查德说过:"每一所大学都应有自己的特色,不是所有大学都该变成一流大学。不同的大学有不同的功能,一个国家需要一些世界知名大学,绝不需要所有大学都变成有名的大学。"[①]因此,高校应加强重点学科建设,加大对优势特色学科的投入力度,建立与经济社会发展相适应的学科布局,凸显办学特色,没有特色就没有优势所在,对此应科学调整学科布局,遵循学科发展规律,提升学科特色。此外,学科发展必须紧密契合区域经济社会发展需要,瞄准需求,加强与区域发展的密切联系,服务社会关切,提升其服务社会的能力。

三、师资结构失衡

师资队伍结构是硕士学位点建设的重要保障和有力支撑,成为影响和制约学位点可持续发展的重要因素。师资结构指教师队伍中各组成部分之间的比例关系以及相互之间的组合情况,一般可以从年龄结构、学历结构、职称结构、学缘结构、类型结构等重要维度展开分析。具体而言,年龄结构是指教师队伍的平均年龄和各个年龄段教师的组合比例,它是衡量一个教师群体创造力高低的重要指标;学历结构是指具有不同层次的学习经历的教师数量的分布状况和比例关系,它是教师学术水平和科研能力高低的一个重要标志;职称结构是指教师队伍中不同层级职称的教师数量构成状况和比例关系;学缘结构是指学历来源的结构,教师队伍中本校毕业生和非本校毕业生的比例[②];类型结构是指教师类别的

---

① 何晓聪,林仲豪. 新制度主义视域下的学科发展趋同机制分析[J]. 高教探索,2014(5):126 - 128.

② 刘莉莉. 高校师资队伍结构优化及其对策研究——基于世界一流大学的经验分析[J]. 东南大学学报(哲学社会科学版),2010,12(6):126 - 129 + 136.

丰富程度,它是衡量教师类型多样化的一个重要指标。

从实践中的评估反馈结果来看,目前硕士学位点建设中在师资结构方面存在的典型问题主要表现在如下五个方面:

第一,从年龄结构来看,师资梯队存在"断层"现象,"板凳深度"不够,老中青三代导师的结构不合理,中青年骨干教师比例较低等问题凸显。例如,某省份在抽评报告中指出:"师资队伍方面,具体表现为部分学位授权点师资队伍规模较小,中青年骨干教师比例较低,研究方向较为分散,博士学位教师比例有待提高,年龄结构有待优化,专业学位授权点的教师实践经验有待加强。"(B1,2019)

第二,从学历结构来看,部分硕士学科点中具有博士学位教师和海外学历背景教师的比例较低。例如,某省份在抽评报告中指出:"师资队伍学历结构待优化,具有博士学位的教师比例较低,具有海外背景的教师较少。"(Q1,2019)

第三,从职称结构来看,一些硕士学位点中具有高级职称教师的比例较低。例如,一些省份在抽评报告中指出:"在 24 个抽评学位点中,25%的学位点师资队伍不足,有 6 个学位点专任教师数量低于教育部立项建设标准,7 个学位点教授数低于立项标准,6 个学位点博士学位教师数低于立项标准。"(X1,2019);"硕士研究生导师队伍力量较为薄弱,师资队伍的规模、结构和整体实力还存在不足,师资队伍人数较少,在全国有影响的学者不多;学科、学术领军人物缺乏,很难形成有影响的学科方向和学术团队。"(N2,2019)

第四,从学缘结构来看,一些硕士学位点中本校毕业生留校任教比较偏高,一定程度上存在"近亲繁殖"现象,海外学位教师比例较低。

第五,从类型结构来看,在一些专业学位硕士点中,来自行业企业的高水平专家参与专业学位研究培养全过程的比例偏低,未能真正打造出能够有力支撑专业学位研究生教育发展的"双师型"师资队伍。例如:某省在抽评报告中指出:"缺少高层次人才和领军人才,双师型导师队伍建设需加强。"(Q1,2019)

四、师资水平薄弱

师资队伍中,除了师资结构因素外,学科带头人等高层次人才队伍的质量和水平将在很大程度上直接决定着学科点建设的质量和成效。从实践中评估相关材料的反馈结果来看,一些硕士学位点在建设过程中存在高层次人才缺乏,学科带头人学术和社会影响力不足等问题,特别是对于一些中西部欠发达省份而言,其面临的高层次人才瓶颈问题更为明显。例如,部分学位授权点中学科带头人教授比例低,甚至一些学科方向带头人止步于副教授,这将直接影响到学科点的发展潜力。一些省份在抽评报告中指出:"高层次、有影响的学科带头人尚不能充分满足发展需要,青年拔尖人才培养机制待进一步完善,高层次人才引进和培养的力度需进一步加大。"(T1,2019);"师资队伍:缺少顶级高水平学科带头人。"(H2,2019);"部分学位点师资队伍结构不合理,中青年教师数量不足,尤其领军人才匮乏;学科方向缺乏有影响的学科带头人。"(S2,2019)

导师队伍建设的关键在于学科带头人及各研究方向带头人能切实发挥引领作用,在深入了解全国院校中同类学科的发展现状、研究特色和未来趋势,以及学位点自身发展的现状、实力、潜力、特色、优势及不足的基础上,找准自身发力方向,不断充实师资队伍质量,为学科点建设奠定坚实的人力资源基础。因此,积极培育和扶植更多的学科带头人,进一步加大高层次人才引育力度,充分发挥学科带头人的领头羊作用是未来硕士学科点建设中的一项核心任务。

五、招生选拔困境

入口环节的招生选拔所表征的生源质量是学科点建设的前提和基础,招生选拔机制改革也是深入推进研究生教育机制改革的重要突破口之一[①]。换言之,若没有生源质量作为保障,学科点建设将变为无源之水和无本之木。从评估材料的反馈结果来看,一些硕士学位点在建设过程中,在招生选拔方面存在的典型问题包括招生数量过少和生源质量不高两大典型问题。一方面,一些地方高校硕士学位点覆盖面窄,导致部分学位点招生人数过少,进而影响研究生培养质量,尤其是科研单位招生人数少之又少;此外,有的硕士学位点设立了多个研究方向,但每年招生人数却很少,学科建设过程中存在生源不足的隐患。例如,一些省份在抽评报告中指出:"部分学位点招生人数少。"(H3,2019);"部分单位招生宣传不够,第一志愿生源不足,生源质量不高,且调剂生源比例较大。"(H1,2019);"科研单位普遍招生人数少。"(B1,2019);"个别硕士学位授权点还存在经费不足、师资队伍薄弱、相关制度不完善、科研院所招生计划太少等问题。"

---

① 高耀,沈文钦,陈洪捷,刘瑞明.贯通式培养博士生的学位论文质量更高吗——基于 2015、2016 年全国抽检数据的分析[J].高等教育研究,2019,40(7):62-74.

（H4，2019）另一方面，生源质量不高问题主要体现在优秀生源不足，部分学位点多为本校学生，第一志愿录取率低，跨专业调剂生源比例较高等方面。例如，一些省份在抽评报告中指出："有的点报考人数不多，且多为本校学生，录取比例偏高，优秀生源不足。"（J2，2019）；"招生规模不足、生源质量较差。部分专家认为我区的多个被抽评学位点招生规模偏小，授予学位人数不足。生源质量普遍不高，第一志愿录取率偏低，跨专业调剂招生的比例较高，来自三本院校和一些新办院校考生较多。"（G1，2019）

招生选拔涉及研究生与高校的切身利益，具有风向标、指挥棒作用，因此，要严把入口关。针对招生选拔方面人数少和生源质量不高的困境，硕士学位点应从完善生源质量保障机制，加大招生宣传力度，努力提升培养单位和学科点的综合实力和社会声誉，不断促进生源多样化等方面综合寻求突破的路径。

六、课程教学随意

课程教学是研究生培养的重要环节，是研究生创新与科研能力培养的基本途径。广义上的课程教学既包括课程结构设置的合理与否，也包括课程教学内容和教学效果的良好与否。2018 年全国学术型硕士生就读体验调查报告结果显示，硕士生对课程教学维度上的满意感指数仅为 76.87，而硕士生就读体验满意感指数均值为 80.65[①]。从评估材料的反馈结果来看，硕士学位点建设过程中在课程教学方面存在如下四个方面的典型问题：

其一，课程结构设置随意，课程设置与人才培养目标存在脱离，一定程度上存在因人随意设课的问题，还有些硕士学科点设置课程的标准仅仅是依靠师资而忽视研究生自身的需求与质量规格。例如，某省份在抽评报告中指出："课程体系还需进一步优化。个别学位点课程设置不合理，存在因人、因研究方向设置课程的问题，不注意与本学科相关的基础课程、核心课程的设置；研究生课程与本科生课程没有区别，缺乏前沿性课程。"（G1，2019）

其二，课程设置区分度不够问题，主要表现为研究生课程"本科化"，即研究生课程教学不能很好地区分本科与硕士层次，研究生课程与本科生课程存在不

---

① 全国研究生毕业调查课题组. 全国学术型硕士生就读体验调查报告（2018）（内部报告）[R]. 2019（6）：6-7.

同程度的重复;专业学位研究生学术化倾向严重,出现学术学位与专业学位的课程同质化问题,缺乏课程应该具备的层次区分度。例如:"有些单位,专业学位硕士研究生和学术型硕士研究生培养的区分度不够;有的学位授权点还需要在提高办学基本条件上狠下功夫。"(S3,2019)

其三,课程讲授内容陈旧问题,主要表现为课程体系和内容陈旧,缺乏前沿性课程,未能把握学科最新动态、最新研究成果、最新进展,缺乏学术前沿内容的讲授等方面。例如:"课程体系存在不完善情况。特别是面向学术前沿与国民经济主战场的结合不够,优质课程设置不够,课程教学质量提升及持续改进机制不足。"(S1,2019)

其四,课程教学质量评价标准不明确,课程教学质量提升及持续改进机制缺失。此外,专业学位研究生培养缺乏稳定的实践基地和合作平台,没有针对学生的实践能力建立有效的评价体系问题在一些学科点中也较为突出。例如:"专业学位研究生的案例课程建设有待加强;课程教学质量评价标准不明确。"(G1,2019)

课程教学对于研究生形成坚实宽广的知识结构和创新能力和素养的涵育具有重要意义。因此,针对课程教学中存在的这些"随意"行为,有必要从以下几个方面进行规范:首先,针对课程设置随意性大的问题,硕士学科点在建设过程中进一步应加强对课程教学的管理,去除因人设课、因研究方向设课的弊端,注重与本学科相关的基础课程、专业(领域)核心课程的设置,实行"因课聘人"策略,提升课程质量。其次,针对课程设置区分度不足问题,有必要进一步明确不同层次课程的针对性,设计出层次分明、衔接合理的课程体系,硕士生的课程设置应保持与本科生课程的合理距离,体现各自的培养目标、定位与特色[①]。再次,针对课程内容陈旧问题,应扩展深度与前沿性。课程内容要密切关注学科前沿领域的热点,将最新知识、国际化学术成果融入到课程之中,甚至可以借鉴国外相关经验,将学术前沿课程列为必修课程,以期培养和拓展学生的创新能力及国际化视野。最后,针对课程教学质量评价标准不明确问题,各硕士学科点应建立规范的课程教学评估体系,明确课程教学质量评价标准,构建稳定的实践基地和合作平台,明确体现出学术型硕士和专业型硕士培养的各自侧重和差异。

---

① 孙健.研究生教育课程结构及其优化的理性思考[J].中国高教研究,2012(3):36-39.

七、科研训练虚浮

是否接受系统的科研训练是区分本科生教育和研究生教育的关键所在,而科研训练的效果又直接受到科研环境、科研平台和学术文化等多重显性和隐性因素的综合影响。在科研训练过程中,提出问题是学术研究的起点,没有提问,就没有研究[①]。研究生提不出问题,责任在大学和教授[②],而这种责任最终当然应落实到学科点建设上来。从评估材料的反馈结果来看,硕士学位点建设过程中在科研训练方面存在如下三个方面的典型问题:

其一,科研条件与平台薄弱,具体表现为:缺乏良好的科研设备,教学科研条件对研究生学习与科研工作支撑不足,缺乏国家级和省部科研平台建设等。例如:"教学科研支撑:缺少高水平科研平台和科研成果。"(H2,2019);"从抽评情况来看,学生对于教学、科研及实践基地的硬件条件满意度不高,不少学位点的教学硬件条件亟需进一步改进和提高。"(J2,2019)

其二,科研基础和成果缺乏显示度,具体表现为:科研基础薄弱,缺乏高影响力和标志性的重要成果。例如:"标志性成果较少。一些学位点无国家级奖项,有的学位点省级奖项也极少。"(J1,2019);"高质量科研成果产出较少,尤其缺乏体现学科前沿和一定显示度的科研成果,如我区研究生导师队伍在《科学》《自然》《中国科学》《中国社科科学》《历史研究》《哲学研究》等国际、国内知名核心刊物上发表的成果少。"(N2,2019)

其三,科研成果转化率低,服务经济社会发展需求和行业企业发展需求的力度欠缺,这一点在一些专业学位硕士点建设过程中表现得更为明显。例如:"科研成果产出不足、层次和水平不高、转化率低,缺乏重要的标志性成果。"(G1,2019)

充分的、高水平的学术训练是提升硕士生科研水平的重要手段,也是提高研究生培养质量的必经之路。因此,要为硕士生提供学术训练的支撑条件,促进其科研能力与创新能力的提升。将硕士生的学术训练由虚浮推向扎实,不仅需要良好的科研条件和平台作为前提保障,而且有赖于雄厚的科研基础和标志性科

---

① 陈洪捷.学术训练的三个核心[N].中国科学报,2020-09-01(005).
② 王蓉.研究生提不出问题,责任在大学和教授[N].中国科学报,2020-09-22(005).

研成果作为引领。从更深层次来看,学位点还需要尊重学术研究的自发秩序,构筑良好的学科文化氛围,并努力营造鼓励创新和宽松容错的研究环境①。

八、学术交流欠缺

学术交流是学术研究和学术训练的题中之义,离开了学术交流,学术研究和训练也就缺乏了思想的活力和思维的碰撞。在研究生的科研训练中,学术交流的机会和质量扮演着重要的"催化剂"作用。从评估材料的反馈结果来看,硕士学位点建设过程中在学术交流方面存在如下两个方面的典型问题:

其一,硕士生参与学术交流的机会偏少,具体表现为学科点为硕士生提供的参与学术会议的机会不足和学术交流活动经费不足两个方面。

其二,学术交流质量有进一步提升空间,具体表现为:一些硕士学位点的国际化程度不高、硕士生参与国际学术交流的机会更少,硕士生国际合作培养欠缺。例如,一些省份在抽评报告中指出:"学生境外学术交流人数偏少,未承办省级以上高水平学术会议,学术训练缺乏长效机制及评价制度;师资队伍中境外学习研究经历较少。"(C1,2019);"国际化程度不高。不少学位点参加国际学术交流或出国访学的机会明显偏少。"(J1,2019);"研究生国内外学术交流的层次及覆盖面不够。"(H3,2019);"硕士研究生培养对外学习交流的途径和通道太少。在本次学位点评估过程中,研究生学习交流,尤其是赴国外交流人数严重偏低,这是本次评估中失分较多的一个指标,反映出我区研究生在国内外学习交流方面尚有很大的提升空间。"(N2,2019)

针对硕士生学术交流机会欠缺的问题,硕士学位点在建设过程中有必要加强认识,设立常态化的经费资助机制,充分调动广大导师和研究生的积极性,采取"主动出击、多管齐下"的方式,从"走出去"和"引进来"两个方面发力,努力将学术交流做到实处,真正提升学术交流的广度。鼓励高校与国际高水平大学建立双向交流机制,推动硕士学位点建设以及高水平人才的培育。

九、保障机制宽松

学位点质量保障机制应包含两个方面的含义:一是质量保障机制和体系是

---

① 高耀.学科评估机制失衡的效率损失与补偿策略——兼论一流学科建设的路径取向[J].中国高教研究,2018(1):23—27.

否完备和健全;二是对相关质量保障机制和政策的执行是否严格和到位。从评估材料的反馈结果来看,硕士学位点建设过程中在质量保障方面存在如下两个方面的典型问题:

其一,研究生学业预警机制和分流淘汰机制等制度不健全,或制度虽然健全但执行不严格。例如,一些省份在评估报告中指出:"(硕士点的)分流淘汰机制、学业预警制度和保障措施不明确。"(T1,2019);"分流淘汰:与全国情况相似,制度流于形式,管理欠严格。"(H2,2019)

其二,一些硕士学位点对学位论文撰写的过程监管不够到位或质量把关方面存在漏洞,导致个别硕士学位点在国家实施的研究生学位论文抽检审查中出现"存在问题论文"①。例如,某省在评估报告中指出:"论文质量有待进一步提高。个别学位点论文质量过程监管不够到位,质量标准执行和把关不够严格。"(H1,2019)

尽管我国已经在宏观上建立了包括中央政府、省级政府、培养单位、行业企业、社会组织在内的"五位一体"的研究生教育质量内外部双重保障体系②,但学位点建设质量的重心依然在"底部",除了学位点自身保障机制建设的完备这一"底线要求"之外,真正努力将制度、政策的实际执行能够落到实处才是学科点建设的核心工作。

十、服务支撑缺漏

管理服务等支撑性条件是学位点建设成效的重要外显指标,将直接影响到研究生的就读体验。2018年全国学术型硕士生就读体验调查报告结果显示,硕士生对管理服务维度上的满意感指数仅高于课程教学,表明学科点建设过程中在管理服务的水平方面仍有较大提升空间③。从评估材料的反馈结果来看,硕士学位点建设过程中在服务支撑方面存在如下两个方面的典型问题:

其一,一些学位点对硕士生的就业指导与服务工作不到位,缺乏对毕业生去

---

① 高耀,陈洪捷,沈文钦,李敏.学术型硕士学位论文质量的学科差异——基于X省学位论文抽检结果的量化分析[J].学位与研究生教育,2017(2):54-61.
② 王战军.构建研究生教育质量保障体系——理念、框架、内容[J].研究生教育研究,2015(1):1-5.
③ 全国研究生毕业调查课题组.全国学术型硕士生就读体验调查报告(2018)(内部报告)[R].2019(6):6-7.

向的跟踪分析调查,缺少用人单位意见反馈和毕业生发展状况调查,也未建立起常态化的就业服务改进机制。例如,某省份在评估报告中指出:"对研究生的就业指导与服务不够,缺乏创新创业能力培养,缺少毕业生去向分析、跟踪调查,缺少用人单位意见反馈和毕业生发展质量调查情况。"(J2,2019)

其二,研究生奖助体系不够健全,奖助覆盖面偏低,奖励项目也与专业联系不紧密。研究生奖助体系是研究生服务体系的重要组成部分,是提升研究生待遇的基本保证,发挥着导向、激励、保障作用。例如,省份在评估报告中指出:"授权点学生奖助体系不够健全,奖助覆盖面偏低,奖励项目也与专业联系不紧密。"(J2,2019);"需要加大投入,进一步加大力度推进学术交流与合作,支持研究生参加国内外学术交流,进一步完善研究生奖助制度。"(Z1,2019)

对于硕士学位点建设过程中在管理服务支撑方面存在的缺漏,有必要实施针对性的健全举措。一方面,随着硕士生就业领域的多元化和职业发展能力素质的综合化,硕士学位点在建设过程中不仅要关注研究生的培养质量,还要更加重视研究生未来的发展质量[1],并及时根据毕业生的职业发展状况对培养方案和培养模式进行更新。另一方面,对于研究生奖助体系不健全问题,可适度扩大奖学金的覆盖面,并针对各种类别奖学金制定不同的评审范围和标准[2],这样不仅有助于激励在不同方面表现突出的优秀研究生脱颖而出,而且有助于提升硕士生的就读体验。

第二节　本章小结

硕士学位点建设中存在的上述十个典型问题可以进一步提炼和归纳为学科布局与特色、师资结构与质量、培养过程与效果、质量保障和支撑四个一级核心范畴,这些核心范畴之间相互影响、互为一体。

具体而言,学科布局与方向设定是学科点建设伊始需要首先考虑的核心问题,这是学位点建设的前提和基础,也从根本上决定了学科点建设的人、财、物等

---

① 王战军,李明磊. 研究生质量评估:模型与框架[J]. 高等教育研究,2012(3):54 - 58.
② 程翠玉. 研究生奖助体系改革的实践与思考[J]. 学位与研究生教育,2015(12):33 - 36.

资源向哪个方向发力和挺进,从长远来看,也会决定着学科点的未来潜力和活力。在一个高度竞争化的社会及组织环境下,学科点能否找准自身的"生态位"①,能否凝练和形成清晰、明确的学科特色,将直接决定着学科点建设的成效。师资队伍无疑是学位点建设过程中最为重要的人力资源基础,该群体的结构与质量将直接决定着学科点研究生培养质量和学位点建设质量的高低。人才培养工作始终是学科点建设的核心任务和根本落脚点,人才培养效果是学科点建设质量的最集中反映。从过程论的视角来看,人才培养包括招生选拔、培养过程、人才输出三个核心环节,而培养过程中的课程教学、科研训练环节又是育人的关键所在,这些环节中的执行效果均能反映和体现出学科点的建设质量。因此,立足人才培养本位,提升人才培养质量是学科点建设的本质追求。质量保证与支撑是保障学位点建设质量和人才培养质量的关键所在,质量保障机制和管理服务支撑可以视为学位点建设这"一体"的"两翼",共同影响甚至决定着学科点建设质量和人才培养质量。

　　总之,本章围绕 2019 年的评估材料,分析了我国硕士学位点建设中存在的典型问题与面临的挑战,基于此,提出通过加强重点学科建设、凸显办学特色,推动学科良性发展;夯实人才队伍质量,为学科建设储备力量;立足人才培养本位,提升人才培养质量;完善质量保证监督机制,推动学位点理性发展等针对性政策建议。未来我国研究生教育发展中坚持的核心主线是"立德树人、服务需求、提高质量、追求卓越",这就要求各硕士学位点建设主体必须切实向内涵式发展方向转变,着力从学科布局与特色、师资结构与质量、培养过程与效果、质量保障和支撑四个核心范畴上不断努力,并从内外部发展定位、软硬环境、制度建设、资源投入等多层面综合寻求突破之路,从而形成良好的学位点建设路径,推动研究生教育质量持续提升。

---

① 苏林琴.综合性大学教育学科发展的生态学考察[J].教育研究,2020,41(2):101-110.

参考文献

中文文献

［1］［法］米歇尔·福柯. 规则与惩罚:监狱的诞生［M］. 刘北成,等,译. 北京:三联书店,2003.

［2］［美］伯顿·克拉克. 探究的场所——现代大学的科研和研究生教育［M］. 王承绪,译. 杭州:浙江教育出版社,2001.

［3］［德］哈特穆特·罗萨. 加速:现代社会中时间结构的改变［M］. 董璐,译. 北京:北京大学出版社,2015.

［4］［德］哈特穆特·罗萨. 新异化的诞生:社会加速批判理论大纲［M］. 郑作彧,译. 上海:上海人民出版社,2018.

［5］［美］艾尔菲·科恩. 奖励的恶果［M］. 冯杨,译. 太原:山西人民出版社,2016.

［6］［美］弗兰克·费希尔. 公共政策评估［M］. 吴爱明,李平,等,译. 北京:中国人民大学出版社,2003.

［7］［美］赫伯特·马尔库塞. 单向度的人:发达工业社会意识形态研究［M］. 刘继,译. 上海:上海译文出版社,2014.

［8］［美］杰罗姆·凯根. 三种文化:二十世纪的自然科学、社会科学和人文学科［M］. 王加丰,宋严萍,译. 上海:上海世纪出版集团,2014.

［9］［美］克利夫顿·康拉德,珍妮弗·格兰特,苏珊·博雅德·米勒著. 美国如何培养硕士研究生［M］. 袁本涛,刘帆,等,译. 北京:北京大学出版社,2016.

［10］［美］林赛·沃特斯. 希望的敌人:不发表就灭亡如何导致了学术的衰落［M］. 王小莹,译. 北京:商务印书馆,2011.

［11］［美］玛莎·努斯鲍姆. 功利教育批判:为什么民主需要人文教育［M］. 肖津,译. 北京:新华出版社,2017.

［12］［美］唐纳德·肯尼迪. 学术责任［M］. 阎凤桥,等,译. 北京:新华出版社,2002.

［13］［美］威廉·克拉克. 象牙塔的变迁:学术卡里斯玛与研究性大学的起源［M］. 徐震宇,译. 北京:商务印书馆,2013.

[14] [英]阿尔弗雷德·怀特海.教育的目的[M].徐汝舟,译.北京:北京师范大学出版社,2018.

[15] [英]托尼·比彻,保罗·特罗勒尔著.学术部落及其领地:知识探索与学科文化[M].唐跃勤,蒲茂华,陈洪捷,译.北京:北京大学出版社,2015.

[16] [美]艾里希·弗洛姆.逃避自由[M].刘林海,译.北京:人民文学出版社,2018.

[17] 包水梅,杨冰冰.基于内容分析法的研究生导师指导风格概念模型构建[J].学位与研究生教育,2019(2):12-18.

[18] 包志梅.高校课程教学对学术型博士生科研能力提升的影响[J].现代教育管理,2022(3):119-128.

[19] 包志梅.我国高校博士生课程设置的现状及问题分析[J].研究生教育研究,2021(2):53-60.

[20] 鲍威.未完成的转型:高等教育影响力与学生发展[M].北京:教育科学出版社,2014.

[21] 别敦荣.高等教育普及化背景下研究生教育发展的特点、要求和战略重点[J].学位与研究生教育,2022(2):15-27.

[22] 蔡基刚.期刊论文发表与研究生学术素养和专业素养培养[J].学位与研究生教育,2020(7):40-45.

[23] 曾静平.打造符合学科特色的研究生课程体系[J].中国高等教育,2019(11):56-58.

[24] 曾赛阳.我国研究生推免制度研究[D].南京:南京师范大学,2019.

[25] 陈洪捷.德国古典大学观及其对中国的影响(第三版)[M].北京:北京大学出版社,2015.

[26] 陈洪捷.学术训练的三个核心[N].中国科学报,2020-9-1(005).

[27] 陈洪捷,等.博士质量:概念、评价与趋势[M].北京:北京大学出版社,2010.

[28] 陈华瑞,闻优瑜,陈俊春.COVID-19疫情下不同类型医学研究生心理健康状况调查及分析[J].中国高等医学教育,2020(05):22-23.

[29] 陈会昌,叶子.群体社会化发展理论述评[J].教育理论与实践,1997(4):49-53.

[30] 陈俊珂.文化反哺视野中研究生师生关系构建之思考[J].学位与研究生教育,2010(9):56-59.

[31] 陈天凯,等.基于需求导向的一流学科建设路径分析[J].学位与研究生教育,2020(3):13-18.

[32] 陈廷柱,蒋凯,胡钦晓,王建华,吴立保,曹永国,沈文钦,文雯,张东海,曹妍.高等教育评价体系创新(笔会)[J].苏州大学学报(教育科学版),2021,9(2):1-26.

[33] 陈子辰,王家平,等.我国学位授权体系结构研究[M].杭州:浙江大学出版社,2012.

[34] 程翠玉.研究生奖助体系改革的实践与思考[J].学位与研究生教育,2015(12):33-36.

[35] 程子龙,管建涛.硕士生为何沦为就业"夹心层"[N].新华每日电讯,2010-1-18(7).

[36] 戴晨.在英国读硕士学位 需分清"研究型"和"授课型"[J].留学,2020(10):68-70.

[37] 董雪,刘晓瑞.研究生焦虑调查分析[J].教学研究,2006(2):129-131.

[38] 冯蓉.当"精英理想"遭遇现实落差——在校博士生群体焦虑心理研究[J].中国青年社会科学,2021,40(6):63-70.

[39] 傅小兰,张倪等.中国国民心理健康发展报告(2019—2020)[M].北京:社会科学文献出版社,2021.

[40] 高耀,陈洪捷,沈文钦,李敏.学术型硕士学位论文质量的学科差异——基于 X 省学位论文抽检结果的量化分析[J].学位与研究生教育,2017(2):54-61.

[41] 高耀,陈洪捷,杨佳乐.全国学术型硕士学位论文质量差异研究——基于个体属性特征的视角[J].中国高教研究,2017(10):51-56.

[42] 高耀,刘晓,易艳霞.中国硕士毕业生就业状况——基于 2014 届 75 所教育部直属高校的量化分析[J].研究生教育研究,2016(3):12-19.

[43] 高耀,沈文钦,陈洪捷,刘瑞明.贯通式培养博士生的学位论文质量更高吗——基于2015、2016 年全国抽检数据的分析[J].高等教育研究,2019,40(7):62-74.

[44] 高耀,王洁,许丹东,沈文钦,陈洪捷.中国学术型硕士生的培养现状与问题——基于2021 年全国硕士毕业生离校反馈调查的分析[J].学位与研究生教育,2022(6):27-37.

[45] 高耀,王立,杨佳乐.学术型硕士生就读体验满意度的学科差异——基于 2016 年全国研究生离校调查数据的实证研究[J].高教探索,2018(12):40-48.

[46] 高耀,杨佳乐,沈文钦.学术型硕士生的科研参与、科研产出及其差异——基于 2017 年全国研究生离校调查数据的实证研究[J].研究生教育研究,2018(3):36-44.

[47] 高耀,杨佳乐.学术型硕士生初次就业状况及其影响因素——基于 2016 年全国研究生离校调查数据的实证研究[J].中国人民大学教育学刊,2018(3):82-101.

[48] 高耀.二级学科的生存空间与发展方向[J].研究生教育研究,2020(5):13-14.

[49] 高耀.学科评估机制失衡的效率损失与补偿策略——兼论"一流学科"建设的路径取向[J].中国高教研究,2018(1):23-27.

[50] 高耀.论文发表激励与硕士生能力增值——基于 2021 年"研究生培养质量反馈调查"数据的分析[J].高等教育研究,2022,43(4):53-65.

[51] 葛敬民,孙震.高校图书馆硕士点建设的创新实践——山东理工大学情报学硕士点成立10 周年回顾与思考[J].图书情报工作,2014,58(13):45-50+44.

[52] 龚怡祖.从"李白现象"看教育创新之路[J].北京大学教育评论,2004(2):103-107.

[53] 龚怡祖.学科的内在建构路径与知识运行机制[J].教育研究,2013(9):12-24.

[54] 龚怡祖,等.大学学科运行与学科发展战略中若干问题的理论分析[J].高等教育研究,2011(10):38-49.

[55] 郭丛斌,闵维方,刘钊.保研学生与考研学生教育产出的比较分析——以北京高校硕士研究生为例[J].教育研究,2015,(3):47-55.

[56] 郭丛斌,孙启明.中国内地高校与世界一流大学的比较分析——从大学排名的视角[J].教育研究,2015(2):147-157.

[57] 何晓聪,林仲豪.新制度主义视域下的学科发展趋同机制分析[J].高教探索,2014(5):126-128.

[58] 洪大用.研究生教育的新时代、新主题、新担当[J].学位与研究生教育,2021(9):4.

[59] 黄宝印,徐维清,郝彤亮.建立自我评估制度　健全质量保证体系[J].中国高等教育,2015(11):7-9.

[60] 黄希庭.心理学[M].上海:上海教育出版社,1997.

[61] 黄雨恒,周溪亭,史静寰.我国本科课程教学质量怎么样?——基于"中国大学生学习与发展追踪研究"的十年探索[J].华东师范大学学报(教育科学版),2021,39(1):116-126.

[62] 康德荣,张敏强,梁正妍,夏园林,李嘉,梁警丹.疫情期间研究生的心理健康现状及其影

响因素——基于2829名中国研究生的调查数据[C]//.第二十三届全国心理学学术会议摘要集(上),2021:677-678.

[63] 李澄锋,陈洪捷.主动选择导师何以重要——选择导师的主动性对博士生指导效果的调节效应[J].高等教育研究,2021,42(04):73-83.

[64] 李澄锋.论文发表与博士生科研能力增值的倒U型关系——基于"全国博士毕业生调查"数据的分析[J].高等教育研究,2021(10):61-72.

[65] 李锋亮,陈鑫磊,何光喜.硕士毕业生的迁移就业与工作满意度[J].人口与经济,2011(6):34-61.

[66] 李锋亮,何光喜."拉力"与"推力":硕士毕业生迁移就业的双重驱动[J].高等教育研究,2011(4):25-29.

[67] 李锋亮,赵延东,郭紫墨.对硕士毕业生迁移就业收益的实证研究[J].高等工程教育研究,2010(3):60-65.

[68] 李连江.不发表 就出局[M].北京:中国政法大学出版社,2016.

[69] 李琳琳.时不我待:中国大学教师学术工作的时间观研究[J].北京大学教育评论,2017(1):107-119.

[70] 李敏,陈洪捷,沈文钦,高耀.专业硕士就业状况及其影响因素研究——基于2016年全国毕业生的抽样调查数据[J].研究生教育研究,2017(5):9-17.

[71] 李涛,孙嫒,邬志辉.2021年疫情背景下中国高校应届毕业生就业状况有何变化?——一项基于2021年和2020年全国调查数据的实证研究[J].华东师范大学学报(教育科学版),2022,40(2):100-113.

[72] 李维宇,杨基燕,罗兵.中医药卫生事业管理硕士点建设研究[J].医学与社会,2016,29(5):85-87.

[73] 李醒民.知识的三大部类:自然科学、社会科学与人文学科[J].学术界,2012(8):5-33.

[74] 李永刚.知识经济时代博士生的核心素养框架及发展趋势[J].学位与研究生教育,2021(10):51-58.

[75] 李宇航.推免制度下硕士研究生学业表现的差异研究[D].大连:大连理工大学,2021.

[76] 联合国教科文组织编.反思教育:向"全球共同利益"的理念转变?[M].联合国教科文组织总部中文科,译.北京:教育科学出版社,2015.

[77] 廖文武,程诗婷,廖炳华等.C9高校学术学位研究生教育现状的调查研究[J].复旦教育论坛,2016(5):67-74.

[78] 林梦泉等.学位授予单位内部质量保障体系的战略选择[J].中国高等教育,2015(11):10-13.

[79] 林小英,薛颖.大学人事制度改革的宏观逻辑和教师学术工作的微观行动:审计文化与学术文化的较量[J].华东师范大学学报(教育科学版),2020,38(04):40-61.

[80] 蔺亚琼,李紫玲.知识生产视角下博士生科研训练的两种模式[J].中国高教研究,2021(02):84-90.

[81] 刘超,付金梅.导师苛责式督导对研究生人际促进行为影响机制的探究[J].学位与研究生教育,2012(8):14-18.

[82] 刘娣,吕林海.追踪选拔后的学习质量:硕士推免生与考研生的学习经历比较——基于南京大学的案例分析[J].教学研究,2018,41(4):12-18.

[83] 刘贵华,孟照海.论研究生教育的发展逻辑[J].教育研究,2015(1):66-74.

[84] 刘进,苏永建.硕士研究生就业影响因素分析——基于对 H 校教育学院 20 年来就业数据的统计[J].高等工程教育研究,2010(2):116-121.

[85] 刘军,廖振宇,高中华.高校导师辱虐型指导方式对研究生自我效能的影响机制研究[J].管理学报,2013,10(6):839-846+861.

[86] 刘莉莉.高校师资队伍结构优化及其对策研究——基于世界一流大学的经验分析[J].东南大学学报(哲学社会科学版),2010,12(6):126-129+136.

[87] 刘宁宁.本硕阶段学生创新能力培养体系衔接现状及其成效研究——基于 1 464 名学术型硕士生的分析[J].现代教育管理,2019(1):108-113.

[88] 刘雪倩,崔学敏,宋雨林,李姿.学术型研究生课程满意度调查研究[J].大学(研究版),2019(6):53-62+52.

[89] 刘云杉.拔尖的陷阱[J].高等教育研究,2021(11):1-17.

[90] 刘志,马天娇.和谐导生关系如何构建?——基于深度访谈的分析[J].学位与研究生教育,2021(10):43-50.

[91] 龙立荣,杨英.研究生指导行为的评价与分类[J].高等教育研究,2005(6):50-53.

[92] 陆一,史静寰.志趣:大学拔尖创新人才培养的基础[J].教育研究,2014,35(3):48-54.

[93] 罗尧成.对我国研究生教育课程体系改革的思考[J].高等教育研究,2005(11):61-67.

[94] 罗尧成.我国研究生教育课程体系研[D].上海:华东师范大学,2005.

[95] 马杰,别敦荣.我国研究生教育师生关系调查研究[J].华东师范大学学报(教育科学版),2021,39(12):81-98.

[96] 马莉萍,卜尚聪.重点大学自主招生政策的选拔效果分析[J].北京大学教育评论,2019,17(2):109-126+190.

[97] 马陆亭,王小梅,刘复兴,周光礼,施晓光.深化新时代教育评价改革研究(笔谈)[J].中国高教研究,2020(11):1-6.

[98] 马瑞克·科维克.科学全球化[J].北京大学教育评论,2022(1):2-35.

[99] 孟大虎.专用性人力资本研究:理论及中国的经验[M].北京:北京师范大学出版社,2009.

[100] 孟万金.研究生科研能力结构要素的调查研究及启示[J].高等教育研究,2001(11):58-62.

[101] 倪士光,杨瑞东,董蕊等.辱虐型指导方式对研究生学业拖延的影响:多重中介模型的验证[J].中国临床心理学杂志,2015,23(6):1112-1115.

[102] 牛晶晶,周文辉.谁更愿意读博士——学术型硕士研究生读博意愿影响因素分析[J].中国高教研究,2021(4):82-88.

[103] 牛新春,杨菲,杨滢.保研制度筛选了怎样的学生——基于一所研究型大学的实证案例研究[J].教育发展研究,2019,38(9):1-10.

[104] 欧阳硕,胡劲松.从"相安的疏离"到"理性的亲密"——基于扎根理论的研究生导学关系探析[J].高等教育研究,2020,41(10):55-62.

[105] 彭湃,胡静雯.控制型指导与研究生能力增长——基于 2021 年"全国硕士研究生学习

和发展"调查数据的分析[J]. 高等教育研究,2021(9):52-61.

[106] 彭湃. 情境与互动的形塑:导师指导行为的分类与解释框架[J]. 高等教育研究,2019,40(9):61-67.

[107] 瞿振元,张炜,陈骏,郝清杰,林梦泉,王战军,秦惠民. 深化新时代教育评价改革研究(笔谈)[J]. 中国高教研究,2020(12):7-14.

[108] 沈红,张青根. 我国大学生的能力水平与高等教育增值——基于"2016全国本科生能力测评"的分析[J]. 高等教育研究,2017,38(11):70-78.

[109] 沈文钦,高耀,赵世奎. 单一导师制抑或联合指导制——博士生对不同指导方式的偏好及其满意度[J]. 学位与研究生教育,2017(7):54-59.

[110] 施春宏. 研究生学术能力的发展与培养[J]. 学位与研究生教育,2022(3):8-15.

[111] 史静寰,罗燕,赵琳,文雯,等. 本科教育:质量与评价(2009—2011)[M]. 北京:教育科学出版社,2014.

[112] 苏林琴. 综合性大学教育学科发展的生态学考察[J]. 教育研究,2020,41(2):101-110.

[113] 孙健. 研究生教育课程结构及其优化的理性思考[J]. 中国高教研究,2012(3):36-39.

[114] 涂晓明. 大学毕业生就业满意度影响因素的实证研究[J]. 高教探索,2007(2):117-119.

[115] 汪霞. 研究生课程层次性设计的改革:分性、分层、分类[J]. 苏州大学学报(教育科学版),2019(4):42-47.

[116] 王传毅,黄俭. 基于价值取向分析的我国研究生课程体系优化研究[J]. 学位与研究生教育,2017(6):55-64.

[117] 王传毅,王瑜琪,杨佳乐. 重思硕士培养定位:争论与可能[J]. 清华大学教育研究,2019(2):115-125.

[118] 王春业. 高校办学自主权与学生学位获得权的冲突与平衡——以博士学位授予需发表论文为视角[J]. 东方法学,2022(1):174-184.

[119] 王东芳. 学科文化视角下的博士生培养[M]. 北京:中国社会科学出版社,2017.

[120] 王建华. 加速社会视野中的大学[J]. 高等教育研究,2021(7):35-44.

[121] 王丽丽. 硕士研究生就业现状及影响因素研究——以武汉市两所高校为例[D]. 武汉:华中科技大学,2009.

[122] 王蓉. 研究生提不出问题,责任在大学和教授[N]. 中国科学报,2020-09-22(005).

[123] 王燕华. 从工具理性走向交往理性——研究生"导学关系"探析[J]. 研究生教育研究,2018(1):60-66.

[124] 王尧骏. 论导师在研究生心理危机干预中的责任与作用[J]. 思想教育研究,2012(4):80-83.

[125] 王战军,李明磊. 研究生质量评估:模型与框架[J]. 高等教育研究,2012(3):54-58.

[126] 王战军. 构建研究生教育质量保障体系——理念、框架、内容[J]. 研究生教育研究,2015(1):1-5.

[127] 翁杰,周必彧,韩翼祥. 中国大学毕业生就业稳定性的变迁[J]. 中国人口科学,2008(2):33-41.

[128] 吴东姣,郑浩,马永红. 博士生导师指导行为的内容与类型——基于人文社科博士生培

养的质性研究[J].高教探索,2020(7):35-44.

[129] 吴价宝.导师的学术心态、指导行为与绩效透视[J].学位与研究生教育,2002(4):34-35.

[130] 吴琪.推免生更优秀吗?[D].南京:南京大学,2019.

[131] 吴瑞坚,徐中奇,李涛.我国行政学硕士点建设存在的问题与对策[J].中国行政管理,2000(9):24-26.

[132] 吴晓刚,李忠路.中国高等教育中的自主招生与人才选拔:来自北大、清华和人大的发现[J].社会,2017,37(5):139-164.

[133] 夏瑾.研究显示:我国研究生群体抑郁焦虑问题显著[N].中国青年报,2021-04-13(第008版).

[134] 向智男,熊玲.关于推进学术型研究生课程建设国际化的思考与探索——基于美国著名高校研究生课程设置的特点分析[J].学位与研究生教育,2016(12):39-44.

[135] 谢安邦.构建合理的研究生教育课程体系[J].高等教育研究,2003(5):68-72.

[136] 谢佳宏,祝军,沈文钦.专业学位研究生的能力提升了吗?——公共管理硕士能力增值状况及其影响因素分析[J].学位与研究生教育,2021(6):74-82.

[137] 谢治菊,李小勇.硕士研究生科研水平及其对就业的影响——基于8所高校的实证调查[J].复旦教育论坛,2017(1):62-69.

[138] 邢朝霞,何艺宁.大学毕业生就业满意度与其影响因素的相关性分析[J].教育学术月刊,2013(12):42-46.

[139] 邢鹏飞,佘双好.思想政治教育学科硕士点建设现状、问题及对策建议[J].思想理论教育,2014(12):49-57.

[140] 徐岚.导师指导风格与博士生培养质量之关系研究[J].高等教育研究,2019,40(6):58-66.

[141] 徐伟琴,岑逾豪."读博"还是"工作"——基于扎根理论的硕士生读博意愿影响机制研究[J].高等教育研究,2021,42(7):67-77.

[142] 薛其坤.对我国杰出人才培养的一些思考[J].科学与社会,2022,12(1):4-7.

[143] 研究生教育质量报告编研组.中国研究生教育质量年度报告(2016)[M].北京:中国科学技术出版社,2016.

[144] 研究生教育质量报告编研组编著.中国研究生教育质量年度报告(2015)[M].北京:中国科学技术出版社,2015.

[145] 杨佳乐,高耀,陈洪捷.推免政策人才选拔效果评价——基于学术型硕士调查数据的实证研究[J].复旦教育论坛,2022(6):80-87.

[146] 杨佳乐,高耀,沈文钦,李敏.国外博士生调查主要调查什么?——基于美、英、澳、日四国问卷的比较分析[J].研究生教育研究,2017(6):90-95.

[147] 杨佳乐,王传毅.研究生招考中综合审核何以实现——来自美国的经验[J].研究生教育研究,2019(4):84-90.

[148] 杨钋,史祎美.硕士生求职就业中的性别差异研究[J].教育发展研究,2013(3):62-68.

[149] 叶继红.高校研究生论文发表状况、存在问题与应对策略——兼论研究生论文发表规定[J].研究生教育研究,2015(6):44-49.

[150] 伊继东,刘六生,段从宇.探索交叉学科学位点建设的特点和规律[J].中国高等教育,2016(11):57-59.

[151] 尹奎,孙健敏,邢璐等.研究生科研角色认同对科研创造力的影响:导师包容性领导、师门差错管理氛围的作用[J].心理发展与教育,2016,32(5):557-564.

[152] 于洪霞,丁小浩.高校毕业生就业专业结构匹配情况及其影响因素探析[J].教育学术月刊,2011(8):33-36.

[153] 俞婷婕,杨丽婷.试析地方大学学术型硕士生之学习力:现状、影响因素及提升对策[J].浙江师范大学学报(社会科学版),2021,46(06):94-102.

[154] 袁本涛,王传毅,胡轩,冯柳青.我国在校研究生对国际高水平学术论文发表的贡献有多大?——基于ESI热点论文的实证分析(2011—2012)[J].学位与研究生教育,2014(2):57-61.

[155] 袁本涛,王传毅,吴青.我国在校研究生的学术贡献有多大?[J].高等工程教育研究,2015(1):154-160.

[156] 袁本涛,王传毅,赵琳.解码研究生科研体验调查:基于澳、英的比较分析[J].现代大学教育,2015(3):70-77.

[157] 袁本涛,延建林.我国研究生创新能力现状及其影响因素分析——基于三次研究生教育质量调查的结果[J].北京大学教育评论,2009(2):12-20.

[158] 袁本涛,杨佳乐,王传毅.变革中的硕士生培养目标:概念、动力与行动[J].学位与研究生教育,2018(12):14-20.

[159] 袁光锋,李晓愚."最近比较烦":论焦虑文化的社会生成机制、对抗实践及其后果[J].西北师大学报(社会科学版),2022,59(5):72-80.

[160] 岳昌君.中国高校毕业生就业满意度的影响因素分析[J].北京大学教育评论,2013(2):84-96.

[161] 张东海.研究生指导效果及其影响因素的调查研究[J].复旦教育论坛,2013,11(2):37-41.

[162] 张宏.工具理性与价值理性的整合——教育技术发展的现实思考[J].教育研究,2016(11):28-32.

[163] 张俊华.对高校研究生发表论文制度的思考[J].北京理工大学学报(社会科学版),2003(5):26-27.

[164] 张青根,唐焕丽.课程学习与本科生批判性思维能力增值——基于2016—2019年"全国本科生能力追踪调查"数据的分析[J].高等教育研究,2021,42(8):79-88.

[165] 张冉,申素平.国家学位制度与大学学位制度比较分析[J].学位与研究生教育,2013(9):39-44.

[166] 张颂昀,龚向和.博士学位授予资格论文要求的法理分析——以40所法学一级学科博士点院校为例[J].学位与研究生教育,2019(8):28-35.

[167] 张天舒,杜言敏.硕士毕业生求职行为与就业结果关系分析[J].学位与研究生教育,2012(5):34-38.

[168] 张旭菲,卢晓东.推荐免试研究生"保内"还是"保外"?——基于院士学缘异质性分析的视角[J].现代大学教育,2019(3):26-33+112.

[169] 赵世奎,张帅,沈文钦.研究生参与科研现状及其对培养质量的影响——基于部分高校

和科研单位的调查分析[J].学位与研究生教育,2014(4):49-53.

[170] 赵祥辉.博士生发表制度的"内卷化":表征、机理与矫治[J].高校教育管理,2021(3):104-113.

[171] 甄月桥,王月明.研究生尽责性、时间监控观与学业拖延的关系研究[J].浙江理工大学学报,2015,34(12):543-550.

[172] 中国教育在线.2022全国研究生招生调查报告[R/OL].https://www.eol.cn/e_ky/zt/report/2022/index.html.

[173] 中国学位与研究生教育发展年度报告课题组,全国学位与研究生教育中心.中国学位与研究生教育发展年度报告(2014)[M].北京:高等教育出版社,2015.

[174] 中国学位与研究生教育发展年度报告课题组/全国学位与研究生教育数据中心.中国学位与研究生教育发展年度报告(2015)[M].北京:高等教育出版社,2016.

[175] 中国学位与研究生教育发展年度报告课题组.中国学位与研究生教育发展年度报告(2016)[M].北京:高等教育出版社,2017.

[176] 中国学位与研究生教育发展年度报告课题组.中国学位与研究生教育发展年度报告(2018)[M].北京:清华大学出版社,2020.

[177] 中国学位与研究生教育发展年度报告课题组.中国学位与研究生教育发展年度报告(2019)[M].北京:社会科学文献出版社,2021.

[178] 中国研究生院院长联席会.中国研究生教育年度报告(2011)[M].北京:高等教育出版社,2012.

[179] 2017年全国教育工作会议召开[EB/OL].http://www.moe.edu.cn/jyb_xwfb/gzdt_gzdt/moe_1485/201701/t20170114_294864.html.

[180] 2020教育系列发布会第三场:发布《关于加快新时代研究生教育改革发展的意见》,介绍"落实全国研究生教育会议精神　加快高层次人才培养十大专项行动"有关情况[EB/OL].http://www.moe.gov.cn/fbh/live/2020/52461/twwd/202009/t20200922_489734.html

[181] 国务院学位委员会　教育部关于加强学位与研究生教育质量保证和监督体系建设的意见[EB/OL].http://old.moe.gov.cn//publicfiles/business/htmlfiles/moe/s7065/201403/165554.html.

[182] 国务院学位委员会　教育部关于印发《博士硕士学位论文抽检办法》的通知[EB/OL].http://www.moe.edu.cn/publicfiles/business/htmlfiles/moe/s7065/201403/165556.html

[183] 教育部　国务院学位委员会关于印发《学位与研究生教育发展"十三五"规划》的通知[EB/OL].(2017-01-20).http://www.moe.gov.cn/srcsite/A22/s7065/201701/t20170120_295344.html.

[184] 教育部2017工作要点[EB/OL].http://www.moe.edu.cn/jyb_xwfb/moe_164/201702/t20170214_296203.html.

[185] 教育部印发《关于破除高校哲学社会科学研究评价中"唯论文"不良导向的若干意见》的通知[EB/OL].http://www.moe.gov.cn/srcsite/A13/moe_2557/s3103/202012/t20201215_505588.html.

[186] 教育部　国家发展改革委　财政部关于加快新时代研究生教育改革发展的意见[EB/

OL]. http://www. moe. gov. cn/srcsite/A22/s7065/202009/t20200921 _ 489271. html.

[187] 教育部关于改进和加强研究生课程建设的意见[EB/OL]. http://www. moe. gov. cn/srcsite/A22/s7065/201412/t20141205_182992. html.

[188] 教育部关于全面落实研究生导师立德树人职责的意见[EB/OL]. http://www. moe. gov. cn/srcsite/A22/s7065/201802/t20180209_327164. html.

[189] 孙春兰副总理在全国研究生教育会议上的讲话[EB/OL]. http://www. moe. gov. cn/jyb_xwfb/xw_zt/moe_357/jyzt_2020n/2020_zt15/.

[190]《研究生核心课程指南(试行)》出版发行[EB/OL]. http://www. moe. gov. cn/jyb_xwfb/gzdt_gzdt/s5987/202009/t20200922_489842. html.

[191] 中共中央 国务院印发《深化新时代教育评价改革总体方案》[EB/OL]. http://www. gov. cn/zhengce/2020-10/13/content_5551032. htm.

[192] 周光礼."双一流"建设中的学术突破——论大学学科、专业、课程一体化建设[J]. 教育研究,2016(5):72 - 76.

[193] 周洪宇. 深化教育评价改革 加快推进教育现代化——《深化新时代教育评价改革总体方案》解读[J]. 中国考试,2020(11):1 - 8.

[194] 周建民,高媛. 影响我国工科硕士研究生就业的培养因素——以 S 大学 4 121 名毕业生为例[J]. 现代教育管理,2010(11):122 - 125.

[195] 周文辉,黄欢,牛晶晶,刘俊起. 2020 年我国研究生满意度调查[J]. 学位与研究生教育,2020(8):28 - 36.

[196] 周文辉,黄欢,牛晶晶,刘俊起. 2021 年我国研究生满意度调查[J]. 学位与研究生教育,2021(8):11 - 20.

[197] 周文辉,李明磊. 基于高校调查的研究生培养质量保障机制研究[J]. 教育研究,2013(3):59 - 65.

[198] 周文辉,吴晓兵,李明磊. 研究生参与导师课题研究的现状与对策[J]. 清华大学教育研究,2011(4):113 - 117.

[199] 朱红,李文利,左祖晶. 我国研究生创新能力的现状及其影响机制[J]. 高等教育研究,2011(2):74 - 82.

[200] 朱志勇,刘婷."挣扎的尘埃":研究生学术热情变化的个案研究[J]. 教育学术月刊,2019(2):68 - 76+111.

英文文献

[1] Abiddin, N., & West, M. Effective meeting in graduate research student supervision [J]. Journal of Social Science, 2007,3,27 - 35.

[2] Ali P, Watson P, Dhingra K. Postgraduate research students' and their supervisors' attitudes towards supervision [J]. International Journal of Doctoral Studies, 2016,11: 227 - 241.

[3] Allen, J. & Van der Velden, R. Educational mismatches versus skill mismatches: effects on wages, job satisfaction, and on-the-job search, Oxford Economic Papers, 2001,53:434 - 452.

［4］ Alvesson, M. , & Sandberg, J. Has management studies lost its way? Ideas for more imaginative and innovative research ［J］. Journal of Management Studies, 2013, 50, 128 - 152.

［5］ Anderson, M. S. , Ronning, E. A. , De Vries, R. , & Martinson, B. C. The perverse effects of competition on scientists' work and relationships ［J］. Science and Engineering Ethics, 2007, 13, 437 - 461.

［6］ Baker V L, Pifer M J. Antecedents and Outcomes: Theories of Fit and the Study of Doctoral Education ［J］. Studies in Higher Education, 2015, 40(2):296 - 310.

［7］ Bartkowski J P, Deem C S, Ellison C G. Publishing in Academic Journals: Strategic Advice for Doctoral Students and Academic Mentors ［J］. American Sociologist, 2015, 46(1):99 - 115.

［8］ Bekkouche, N. S. , R. F. Schmid, and S. Carliner, "Simmering Pressure": How Systemic Stress Impacts Graduate Student Mental Health ［J］. Performance Improvement Quarterly, 2022. 34(4):547 - 572.

［9］ Boccuzzo G, Fabbris L, Paccagnella O. Job-major match and job satisfaction in Italy ［J］. International Journal of Manpower, 2016, 37(1):135 - 156.

［10］ Brown L, Holloway I. The initial stage of the international sojourn: excitement or culture shock? ［J］. British Journal of Guidance & Counselling, 2008, 36(1):33 - 49.

［11］ Buhrmester, F. D. Age and sex differences in perceptions of networks of personal relationships. Child Development, 1992, 63(1):103 - 115.

［12］ Cassuto, L. , The graduate school mess. 2015: Harvard University Press.

［13］ Cho, S. Challenges of entering discourse communities through publishing in English: Perspectives of nonnative-speaking doctoral students in the United States of America ［J］. Journal of Language, Identity, and Education, 2004, 3, 47 - 72.

［14］ Chris Park. New Variant PhD: The changing nature of the doctorate in the UK ［J］. Journal of Higher Education Policy and Management, 2005, 27:2, 189 - 207.

［15］ Comley-White N, Potterton J. The perceived barriers and facilitators in completing a Master's degree in Physiotherapy ［J］. South African Journal of Physiotherapy, 2018, 74 (1):1 - 5.

［16］ Curry M J, Lillis T. Problematizing English as the Privileged Language of Global Academic Publishing: Policies, Perspectives and Pedagogies ［M］. 2017.

［17］ Davis D F. Students' Perceptions of Supervisory Qualities: What do Students want? What do they believe they receive? ［J］. International Journal of Doctoral Studies, 2019, 14:431 - 464.

［18］ Davis D. The ideal supervisor from the candidate's perspective: what qualities do students actually want? ［J］. Journal of Further and Higher Education, 2020, 44(9): 1220 - 1232.

［19］ Deem, R. New Managerialism' and Higher Education: The Management of Performances and Cultures in Universities in the United Kingdom ［J］. International Studies in Sociology of Education, 1998, 8(1), pp. 47 - 70.

［20］ Drennan J, Clarke M. Coursework master's programmes: the student's experience of research and research supervision ［J］. Studies in Higher Education, 2009,34(5):483 – 500.

［21］ Elder J P. Reviving the Master's Degree for the Prospective College Teacher ［J］. Journal of Higher Education, 1959,30(3):133 – 136.

［22］ Evans, T., Bira, L., Gastelum, J. et al. Evidence for a mental health crisis in graduate education. Nat Biotechnol 36, 282 – 284(2018). https://doi. org/10. 1038/ nbt.4089.

［23］ Evans, T. M., et al., Evidence for a mental health crisis in graduate education ［J］. Nature Biotechnology, 2018.36(3):282 – 284.

［24］ Filippou K. Identifying thesis supervisors' attitudes: Indications of responsiveness in international master's degree programmes ［J］. Innovations in Education and Teaching International, 2020,57(3):274 – 284.

［25］ Frischer J, Larsson K. Laissez-faire in research education—an inquiry into a Swedish doctoral program ［J］. Higher Education Policy, 2000,13(2):131 – 155.

［26］ Gatfield, Terry. An Investigation into PhD Supervisory Management Styles: Development of a dynamic conceptual model and its managerial implications ［J］. Journal of Higher Education Policy & Management, 2005,27(3):311 – 325.

［27］ Golde, C. M., The Role of the Department and Discipline in Doctoral Student Attrition: Lessons from Four Departments ［J］. The Journal of Higher Education, 2005.76(6): 669 – 700.

［28］ Grant, B. M. (2005). The pedagogy of graduate supervision: Figuring the relations between supervisor and student.(PhD), University of Auckland.

［29］ Green J L E. The Master's Degree: Jack of All Trades ［J］. Denver, Colo: State Higher Education Executive Officers.1987:37.

［30］ HESA. Graduate Outcomes ［EB/OL］. https://www. hesa. ac. uk/innovation/outcomes.

［31］ Hu A, Kao G, Wu X. Can greater reliance on test scores ameliorate the association between family background and access to post-collegiate education? Survey evidence from the Beijing College Students Panel survey ［J］. Social Science Research, 2020,88: 102425 – 102442.

［32］ Hyun, J., et al., Mental health need, awareness, and use of counseling services among international graduate students ［J］. Journal of American College Health, 2007.56(2): 109 – 118.

［33］ Ioannidis, J. P. A. (2005). Why most published research findings are false. PLoS Medicine ［EB/OL］. https://doi. org/10. 1371/journal. pmed. 0020124.

［34］ Jackson D. Completing a PhD by Publication: A review of Australian practice and a personal journey ［J］. Higher Education Research and Development, 2013,32(3):355 – 368.

［35］ Jim M K. Identity Construction in Learning English Academic Writing in a Japanese University ［J］. Journal of Asia TEFL, 2017,14(2):228 – 243.

[36] Kiley M. Doctoral supervisory quality from the perspective of senior academic managers [J]. The Australian Universities' Review, 2019,61(1):12 - 21.

[37] Latona K, Browne M. Factors associated with completion of research higher degrees [M]. Higher Education Division, Department of Education, Training and Youth Affairs, 2001:1615.

[38] Lee H, Lee K. Publish (in international indexed journals) or perish: Neoliberal ideology in a Korean university [J]. Language Policy, 2013,12(3):215 - 230.

[39] Levecque K, Anseel F, Beuckelaer A D, et al. Work organization and mental health problems in PhD students [J]. Research Policy, 2017,46(4):868 - 879.

[40] Li W, De Costa P. Problematizing enterprise culture in global academic publishing: Linguistic entrepreneurship through the lens of two Chinese visiting scholars in a U. S. university [J]. Multilingua. 2021;40(2):225 - 250.

[41] Li, Y. Chinese doctors connecting to the English publishing world: Literature access, editorial services, and training in publication skills [J]. Publications, 2014,2,1 - 13.

[42] Li, Yongyan. "Publish SCI papers or no degree": practices of Chinese doctoral supervisors in response to the publication pressure on science students [J]. Asia Pacific Journal of Education, 2015:1 - 14.

[43] Lipson, S. K. and D. Eisenberg, Mental health and academic attitudes and expectations in university populations: results from the healthy minds study [J]. Journal of Mental Health, 2018.27(3):205 - 213.

[44] Machado-Taylor M D L, White K, Gouveia O. Job Satisfaction of Academics: Does Gender Matter?[J]. Higher Education Policy, 2014,27(3):1 - 22.

[45] Marnewick A L. A supervision approach to facilitate learning during the master's research journey [J]. Teaching in Higher Education, 2020:1 - 16.

[46] Mateos-González J L, Wakeling P. Exploring socioeconomic inequalities and access to elite postgraduate education among English graduates [J]. Higher Education, 2022, 83 (3):673 - 694.

[47] Millin T, Spronken-Smith R, Millin M. Master's Research Supervision and Academic Support: A Benchmarking of Best Practice at a New Zealand Research-Intensive University [J]. New Zealand Journal of Educational Studies, 2021:1 - 22.

[48] Moghaddam A K, Esmaillzadeh A, Azadbakht L. Postgraduate Research Mentorship Program: An approach to improve the quality of postgraduate research supervision and mentorship in Iranian students [J]. Journal of Education and Health Promotion, 2019,8 (1):109 - 109.

[49] Mora J G, Garcia-Aracil A, Vila L E. Job satisfaction among young European higher education graduates [J]. Higher Education the International Journal of Higher Education & Educational Planning, 2007,53(1):29 - 59.

[50] Murphy N, Bain J D, Conrad L. Orientations to research higher degree supervision [J]. Higher Education, 2007,53(2):209 - 234.

[51] NCES. The Condition of Education [EB/OL]. https://nces.ed.gov/programs/coe/.

[52] Neupane Bastola M, Hu G. Supervisory feedback across disciplines: does it meet students' expectations? [J]. Assessment & Evaluation in Higher Education, 2021,46 (3):407 - 423.

[53] Obbell, J., V. O'Donnell, and M. Zammit, Exploring transition to postgraduate study: shifting identities in interaction with communities, practice and participation [J]. British Educational Research Journal, 2010.36(2):261 - 278.

[54] Pyhältö K, Stubb J, Lonka K. Developing scholarly communities as learning environments for doctoral students [J]. International Journal for Academic Development, 2009,14(3): 221 - 232.

[55] QILT. Graduate Employment [EB/OL] [2018 - 7 - 27]. https://www. qilt. edu. au/ about-this-site/graduate-employment.

[56] Raddon, Arwen E. A changing environment: narratives of learning about research [J]. International Journal for Researcher Development, 2011,2(1):26 - 45.

[57] Roach A, Christensen B K, Rieger E. The essential ingredients of research supervision: A discrete-choice experiment [J]. Journal of Educational Psychology, 2019, 111 (7):1243.

[58] Roberts C M. The dissertation journey: A practical and comprehensive guide to planning, writing, and defending your dissertation [M]. London: Corwin Press, 2010.

[59] Robins, et al. PhD by Publication: A Student's Perspective [J]. Journal of Research Practice, 2008,4(2):20.

[60] Robst J, Vangilder J. Salary and job satisfaction among economics and business graduates: The effect of match between degree field and job [J]. International Review of Economics Education, 2015,21:30 - 40.

[61] Rui S, Carvalho T. Academics in a New Work Environment: The Impact of New Public Management on Work Conditions [J]. Higher Education Quarterly, 2008,62(3):204 - 223.

[62] Sabharwal Y L M. Education-Job Match, Salary, and Job Satisfaction across the Public, Non-Profit, and For-Profit Sectors: Survey of recent college graduates [J]. Public Management Review, 2016,18(1):40 - 64.

[63] Sandy, W., Shen, H. Publish to earn incentives: how do Indonesian professors respond to the new policy? [J]. Higher Education, 2019,77(2):247 - 263.

[64] Sheil T. Ellen Hazelkorn, Rankings and the reshaping of higher education: the battle for world-class excellence, Palgrave Macmillan, 2011 [J]. Higher Education, 2012,63 (3):397 - 399.

[65] Sommers D, Franklin J C. Overview of projections to 2020 [J]. Monthly Labor Review, 2012,135(1):3 - 20.

[66] Spencer D S. The Master's Degree in Transition [J]. CGS Communicator, 1986, 19:3.

[67] Talebloo B, Baki R B. Challenges faced by international postgraduate students during their first year of studies [J]. International Journal of Humanities and Social Science,

2013,3(13):138 - 145.

[68] The Quality Assurance Agency for Higher Education. Master's degree characteristics [EB/OL]. http://www. qaa. ac. uk/quality-code/the-existing-uk-quality-code/part-a-setting-and-maintaining-academic-standards.

[69] Thomas C. Buchmueller, Jeff Dominitz, W. Lee Hansen. Graduate training and the early career productivity of Ph. D. economists [J]. Economics of Education Review, 1999,18(1):65 - 77.

[70] Vila L E, Mora J G. The Distribution of Job Satisfaction among Young European Graduates: Does the Choice of Study Field Matter? [J]. Journal of Higher Education, 2007,78(1):97 - 118.

[71] Wagener B. The importance of affects, self-regulation and relationships in the writing of a master's thesis [J]. Teaching in Higher Education, 2018,23(2):227 - 242.

[72] Wakeling P, Laurison D. Are postgraduate qualifications the 'new frontier of social mobility'? [J]. The British journal of sociology, 2017,68(3):533 - 555.

[73] Weidman J C, Twale D J, Stein E L. Socialization of Graduate and Professional Students in Higher Education—A Perilous Passage? [R]. ASHE-ERIC Higher Education Report, 2001:49.

[74] Wendler C, Bridgeman B, Cline F, et al. The Path Forward: The Future of Graduate Education in the United States [M]. Educational Testing Service, 2010.

[75] Wenqin Shen, Yao Gao & Shikui Zhao. Single-Advisor System or Joint Advisor System: The Preference and Satisfaction of PhD Students for Different Supervision Models [J]. Chinese Education & Society, 2018,51:3,222 - 231.

[76] Wesel V, Maarten. Evaluation by Citation: Trends in Publication Behavior, Evaluation Criteria, and the Strive for High Impact Publications [J]. Science & Engineering Ethics, 2016,22(1):199 - 225.

[77] Woolston, C. PhDs: the tortuous truth. Nature 575, 403 - 406(2019). https://doi. org/10. 1038/d41586-019-03459-7.

[78] Y, Ding. Chinese Academy of Sciences. In China, publish or perish is becoming the new reality [J]. Science (New York, N. Y.),2001,291(5508):1477 - 1479.

[79] Zhao, C. M. , C. M. Golde, and A. C. McCormick, More than a signature: how advisor choice and advisor behaviour affect doctoral student satisfaction [J]. Journal of Further and Higher Education, 2007. 31(3):263 - 281.

后 记

我于 2015 年 7 月至 2018 年 6 月在北京大学中国博士教育研究中心师从陈洪捷教授从事博士后合作研究。在站期间，我有幸参与了"全国研究生毕业离校调查""中国学位与研究生教育发展年度报告"等多项大型跨年度连续性课题研究工作，并开始将学位与研究生教育作为主要的研究方向。

2018 年 6 月出站之后，我有幸加入天津大学教育学院/研究生教育研究中心从事教学科研工作，并在研究生教育学学科点开始招收研究生。天津大学研究生教育学学科点是我国自设的首个研究生教育学专业，开辟了我国培养专门从事研究生教育理论与实践研究专业人才之先河。

我国的研究生教育具有典型的后发外生特征，在国家和社会各界的持续努力下，我国的学位与研究生教育事业取得了举世瞩目的辉煌成就。当今国际竞争日趋激烈，如何持续提升研究生培养质量，助力我国由研究生教育大国真正转变为研究生教育强国，为创新型国家建设奠定最坚实的人力资源基础，依然是任重道远的重要任务。

从学位结构设置来看，我国的研究生教育从纵向上可以分为硕士生教育和博士生教育两个层次，从横向上可以分为学术学位和专业学位两大类型，横向和纵向交叉可将研究生划分为学术型硕士、学术型博士、专业型硕士和专业型博士四大类。由于培养定位、培养目标、培养方式、培养过程等方面的差异，这四大类基本划分是理解我国研究生教育"复杂图景"的初始切入口，有必要分别进行研究。本书专门聚焦于学术型硕士生群体的培养状况和就读体验，希望在翔实的数据和访谈材料的基础上去反思学术型硕士生群体培养的路径和模式，并在此基础上提出相关政策建议和改进举措。

　　本书的前期研究工作是我在北京大学博士后期间和天津大学工作期间完成的,这些研究工作与博士后合作导师陈洪捷教授和沈文钦长聘副教授对于我一直以来的关心、指导和帮助密不可分。我指导的第一个硕士、现就职于中国社会科学评价研究院的杨佳乐博士参与了本书部分章节的撰写工作,我指导的硕士毕业生徐茜茜、林秋梦、王洁等也参与了本书相关章节的撰写工作。

　　作为研究生教育领域学术共同体中的晚辈,我的研究工作离不开博士生导师刘志民教授以及阎凤桥教授、王战军教授、刘慧琴教授、马永红教授、周文辉教授、李立国教授等诸多学界前辈的关心和指导,也离不开赵世奎教授、王顶明教授、王东芳教授、李敏副教授等诸多学术同仁的指导、交流和讨论。

　　特别感谢天津大学教育学院闫广芬教授、马廷奇教授、郤海霞教授、王梅教授等领导和老师对我研究工作给予的关心、支持和帮助,也感谢高等教育学和研究生教育学科点的代玉副教授、程伟副教授、李永刚副教授、李莞荷副教授等同事对我研究工作的支持和帮助。

　　本书有幸纳入由顾建民教授和吴伟副教授主编的科教创新研究文库,特表感谢。特别感谢上海交通大学出版社的易文娟、姜艳冰和黎佳琪三位老师对本书内容框架、文字表达及编辑排版等诸多方面付出的专业、高效、严谨、细致、热情的辛苦工作。

高耀
2023 年 7 月